映雪堂国学讲读丛书

U0881012

国学经典跟我读

儒家十三经

侯会◎著

中国长安出版社

图书在版编目（CIP）数据

儒家十三经 / 侯会著. – 北京：中国长安出版社，2015.6

（国学经典跟我读）

ISBN 978-7-5107-0923-4

Ⅰ. ①儒… Ⅱ. ①侯… Ⅲ. ①儒学 – 文集 Ⅳ. ①B222.05-53

中国版本图书馆CIP数据核字（2015）第118603号

国学经典跟我读：儒家十三经

侯会　著

出版：中国长安出版社

社址：北京市东城区北池子大街14号（100006）

网址：http://www.ccapress.com

邮箱：capress@163.com

发行：中国长安出版社　全国新华书店

电话：（010）85099947　85099948

印刷：北京凯达印务有限公司

开本：700mm × 1000mm　16开

印张：21.5

字数：250千字

版本：2015年9月第1版　2015年9月第1次印刷

书号：ISBN 978-7-5107-0923-4

定价：39.80元

目录

第二辑 《尚书》：历久弥新的古史档案

第三辑 “三礼”（上）：百年人生，与礼同行

第四辑 “三礼”（下）：婚丧礼乐，师严道尊

第五辑 《周易》不仅是占卜书

第六辑 《春秋》三传（上）：听“故事”，品“书法”

第七辑 《春秋》三传（下）：征伐以礼，舌辩以理

第八辑 《论语》是一部“君子手册”

让我们跟国学拉拉手

——“映雪堂国学讲读丛书”序

国学是什么

近年来兴起国学热，“国学大师”帽子满天飞，地摊上也摆满国学书籍。可“国学”到底是什么？

简单地说，“国学”是指我国固有的文化和学术——五经四书、诸子百家、二十四史、诗词歌赋，几乎全都涵括在国学研究范围之内。

“国学”最早是指设在京城的“国立大学”，称“太学”或“国子监”。拿“国学”来指代中国学术，是近百多年的事。

是谁开的头，已很难考察。1902年，学者邓实在上海《政艺通报》发表《国学保存论》的文章，是已知“国学”新用法的最早记录。其后章太炎、刘师培等学者在上海成立“国学保存会”，四年后章太炎又在日本开办“国学讲习会”。——作为文化意义上的“国学”，就这么叫开了。

那阵子，带“国”字的名词儿可真不少：“国画”“国医”“国剧”“国术”……“国画”是指中国传统绘画，也称“中国画”；“国医”是指中国传统医学，也称“中医”；“国剧”是指中国传统戏曲的代表——京剧，“国术”则指中国的传统武术。

为啥纷纷冠以“国”字呢？主要为了跟域外传来的西画、西医、西洋歌剧、西洋搏击相区别。而“国学”呢，自然也是为了跟“西学”（西洋传来的文化学术）分庭抗礼。那时正逢“西学东渐”的高潮，从一系列“国”字头名称的问世，我们不难体察中国文化所面临的危机。

“西学东渐”有两个高潮，一是明末清初，一是清末民初。尤其是这后一时期，大清帝国紧闭的国门被列强的炮舰轰开，中国人一面接纳着西方的先进文明，一面体验着丧权辱国的痛苦，真可谓五味杂陈、恨爱交织！

于是爱国者的阵营分作两派，一派拼命抵制“洋鬼子”文化，结果如螳臂挡车，又怎么挡得住？另一派则彻底被西来文明所折服，认为抛弃传统、“全盘西化”才是中国的唯一出路。这两派公说公有理、婆说婆有理，争论百年、难有定论。

记着钱穆先生的话

还是让我们听听大师的意见。

钱穆先生是当代首屈一指的历史学家，他在《国史大纲》开篇说过这样一席话：

凡读本书请先具下列诸信念：

一、当信任何一国之国民，尤其是自称知识在水平线以上之国民，对本国已往历史，应该略有所知。（否则最多只算一有知识的人，不能算一有知识的国民。）

二、所谓对其本国已往历史略有所知者，尤必附随一种对其本国已往历史之温情与敬意。（否则只算知道了一些外国史，不得云对本国史有知识。）

三、所谓对其本国已往历史有一种温情与敬意者，至少不会对其本国已往历史抱一种偏激的虚无主义，（即视本国已往历史为无一点有价值，亦无一处足以使彼满意。）亦至少不会感到现在我们是站在已往历史最高之顶点，（此乃一种浅薄狂妄的进化观。）而将我们当身种种罪恶与弱点，一切诿卸于古人。（此乃一种似是而非之文化自谴。）

四、当信每一国家必待其国民备具上列诸条件者比数渐多，其国家乃

再有向前发展之希望。（否则其所改进，等于一个被征服国或次殖民地之改进，对其国家自身不发生关系。换言之，此种改进，无异是一种变相的文化征服，乃其文化自身之萎缩与消减，并非其文化自身之转变与发皇。）

类似的话，大学者陈寅恪先生也说过。他认为，我们面对祖先及本民族的历史，应秉持一种“了解之同情”。——钱穆、陈寅恪都是中国文化界的大师级人物，他们的话，无疑有着很高的参考价值，也应成为我们对待“国学”的正确态度。

因而当我们汲取“西学”营养的同时，先应对自家家底儿做一番审视和清理，“考镜源流，辨章学术”，比较中外文化的优劣，看看哪些可继承，哪些当扬弃，哪些需移植，哪些要修正。在比较鉴别之后取长补短、弃伪扬真，才有望如学者所说，实现中国文化“自身之转变与发皇”！

而阅读“国学”经典，也正是对本国传统文化审视清理、虔心学习的开始。

陪你走近国学

八〇后、九〇后的年轻人跟父母、祖父母聊天，总觉得在话题、观念上多有隔阂；其实双方的年龄差距不过二三十岁，至多五六十岁。由此可见阅读古代经典是件多么不容易的事——读者和作品的时间距离少说也有几百年，多者甚至可达两三千年！

文字的古奥难懂自不必说，单是数量庞大，就让人望而却步。以先秦典籍中的十三部儒家经书而言，加起来就有六十多万字！若用古代的竹简抄写，可以装满几辆大车！

这事有点悲摧：一个历史辉煌的大家族，祖上留下价值连城的金鼎玉璧，因年深月久而土掩尘封、暂失光泽，子孙不知宝爱，只当废铜顽石对待，岂不可惜！

有没有办法，让经典的表情变得柔和些？有没有办法，让佶屈聱牙的语言变得通俗入耳？有没有办法，让鸿篇巨制化身文化小品，使经典阅读变得有滋有味儿？

这是我早年的一个理想。在后来的二十几年中，也尝试着用轻松的文笔、通俗的形式，写一些普及性的学术入门著作；陆续出版了《文学五千年》系列（再版后更名《讲给孩子的文学经典》系列），在大陆和台湾获得广泛肯定和好评。

眼下的“映雪堂国学讲读丛书”，是笔者总结多年写作心得、参考读者反馈，耗时五年用心结撰的新作。目前完成的三册是《国学经典跟我读：儒家十三经》《国学经典跟我读：诸子百家》和《国学经典跟我读：历史典籍》。比较重要的国学经典，基本涵括其中。这也是国学的根基所在。

书名题为“跟我读”，内容上自然以“读”为主。除了介绍典籍的作者、由来及概貌，还选取每部经典的精华内容，用通俗的语言边读边讲。一些精彩段落，还以“文摘”形式附于相关章节之后。总的目的，是引领读者朋友入其门、观其貌，跟国学拉拉手。读者若有兴趣，自可顺藤摸瓜、继续钻研，相关参考书并不难找。

古人读书，有囊萤映雪之典，“映雪堂”的命名即缘于此。这是一间虚拟的厅堂，您在哪里读书——窗边、枕上、树下、车中，哪里就是您的“映雪堂”！

侯会

甲午秋日

写在《国学经典跟我读：儒家十三经》前面

话说“经书”

国学的核心是儒家经典，学国学首先要读经。——这个“经”可不是“远来和尚会念经”那个“经”。

“经”的概念本是地地道道的“国货”。先秦时，人们把有分量的学术著作尊称为“经”。荀子劝人读书，说“始乎诵‘经’，终乎读《礼》”。这里所说的“经”，是指《诗》和《书》，也就是《诗经》和《尚书》，后者也称《书经》。至于和尚所念的佛经，只是借用“经”的字眼儿罢了。佛教传入中国，要晚上好几百年哩。

为什么叫“经”呢？原来“经”的本义是指布帛上的经线。布帛是由经线和纬线交织而成的，纬线跟布幅的宽度相等，经线却是绵绵不绝。后人便拿“经”来比喻永恒不变的真理和法则。

有六部儒家典籍，相传都经过孔子的整理，除了前头提到的《诗》《书》《礼》，还有《易》《乐》《春秋》，统称“六经”。孔夫子是大教育家，他拿这六部书当课本，教他的学生。

“六经”最早的次序是《诗》《书》《礼》《乐》《易》《春秋》。后来《易经》地位提升，次序变为《易》《书》《诗》《礼》《乐》《春秋》了——不过我们阅读时，还是选择前一种顺序，据说孔子授徒时，便是先读《诗经》的。

“六经”与“十三经”

《诗》是中国最古老的诗歌总集，捧着这本厚厚的诗集，人们不难发现：我们的老祖宗一点也不呆板——他们情感丰富、语言曼妙，无论贵族还是农夫、小伙儿还是姑娘，几乎个个都是诗人！

《尚书》是一部古老的历史文献汇编。中国人“敬天法祖”，对老祖宗说的话、写的文章，自然也都奉为瑰宝。

《礼》是探讨礼制的书。儒家最重视礼仪规矩，上至国家政治，下到吃饭穿衣，都有一套严格的礼仪规定。《礼》就是记录并讲解礼仪的书。

“礼”的重要内容之一是祭祀，除了奉献祭拜，还要奏乐歌咏。于是《礼经》之外又有研究音乐的《乐经》。礼、乐并举，成为儒家的最高政治理想。——这个“乐”，可不是随便吹吹柳叶、哼哼小调！

《易》本是一部占卜书，不过后人对它的兴趣远远超出占卜的范围，达到哲学的层面——也许这便是后来它地位窜升的原因吧？

《春秋》则是一部编年史，主要记录东周前期的历史。

可惜的是，六经中的《乐》很早就失传了，有人说是被秦始皇“焚书坑儒”一把火烧掉了，也有人说相关内容并入了《礼》——这样一来，“六经”也便瘦身为“五经”。西汉时，朝廷设“五经博士”，便是研究传授这五部经书的学官。

后来又有几本先秦著作陆续受到儒家重视，“经”的队伍也便不断扩展。例如《礼》由原来的一部扩展为三部——《周礼》《仪礼》和《礼记》；《春秋》也派生出三部解经之作——《左氏传》《公羊传》和《穀（gǔ）梁传》。

此外，《孝经》《论语》《尔雅》《孟子》等也相继被儒家学派接纳为“经书”。到南宋时，经书的规模基本固定下来，总共十三部，俗称“十三经”——其中《尔雅》是一部字典，你瞧，“十三经”还自带工具书呢！

让我们来读经典

笔者不揣冒昧，尝试对这十三部经典做一点浅显的解说。纵然没有生花妙笔，也力求使人人听得懂、读得进。

也只有读进去，才能发现经典之美：《易》的超然深邃、《诗》的优美纯粹、《书》的宏深古朴、《礼》的庄重谨敬、《左传》的生动流畅、《论语》的仁厚亲切、《孟子》的雄辩畅达……

这还只是从文学角度欣赏；进一步阅读你还会发现，我们今天的道德观念、伦理准则、生活哲学、行为逻辑、思维模式、语词积累……大半都来自这些经典，只是你我浸润其中、浑然不觉罢了！

读读这些书吧，了解我们的祖先和文化——只有清楚我们从何处来，才能知晓我们往何处去；这也是我们今天必须要做的事。

古人有“尝鼎一脔”之说，意思是说：尝一片肉可知一锅滋味。这本书若能以“一脔”之微引发朋友对传统文化的兴趣，进而深入钻研、获得更多的思想启迪和人生感悟，笔者即便被嗤为浅薄，也心甘情愿！

1

第一辑

Part One

《诗经》：情歌唱彻三千年

《诗三百》的作者与编者

有人说中国是“诗的国度”，一点不错。

打开文学史，第一流的文学家差不多全是诗人：屈原、陶潜、李白、杜甫、白居易、苏轼、李清照、陆游、辛弃疾……诗歌又是中国兴盛最早的文学样式——谓余不信，有《诗》为证。

《诗》是中国第一部诗歌总集。早先只称《诗》，后来被尊为《诗经》，又有别名叫《诗三百》，因为集子里收录了三百多首诗，准确地说是三百零五首，称“三百”是取其整数。

这三百首诗的作者，少说也有二三百人，可惜绝大多数没留下名字，只有个别例外。如《小雅·节南山》末句为“家父作诵，以究王讻”。“家父”据考是位大夫。再如《小雅·巷伯》末句为“寺人孟子，作为此诗”，这位“孟子”可不是儒家大师孟轲，他是个“寺人”，也就是宦官。

另外还有位叫吉甫的将军，能武能文，《大雅》中的《嵩高》《烝民》便都是他的大作。另据汉代人考证，《鄘风·载驰》的作者是许穆夫人，真的如此，她应是中国最早留下名字的女诗人了！

《诗经》作者有上层人物，也有不少平民百姓乃至农奴。他们的作品怎么会跑到经典里去了呢？原来这跟周代的政治制度有关。周朝统治者重视文化，天子听政的途径之一，便是让公卿、列士“献诗”，借此听取他们的意见。

公卿的诗只能反映公卿的见解，民间的舆论又怎么采集？天子会定时派官吏到民间“采风”，也就是搜集民间诗歌。

采风一般是在春天进行，“行人”（官名）敲着“木铎”（木梆子）一路走一路搜集民歌民谣，把它们交给宫廷乐师，配上曲子唱给天子听。于是天子不出宫门，便知天下百姓的喜怒哀乐。

还有一种说法，是让一些无儿无女的老年男女到民间搜集诗歌，官方则出钱供养他们（《公羊传》）。——那时读书识字的人少，这种采集记录，大概全凭耳听心记吧？

既然形成制度，所收集的诗歌当然不止三百首。有人说，孔子时代本来保留着三千多首，后经孔子编选删节，只剩了三百首！——这话并不可靠，酷爱古文献的孔夫子怎么下得去狠手？

学者给出的研究结果是：《诗》大概是由周太师（周代乐官）整理加工的。历朝乐官把公卿列士及百姓所做的诗歌加工润色、分类编辑，一来在宫廷配乐演唱，二来用以教导贵族子弟，并提供给诸侯士大夫们诵读。

那时的士大夫总喜欢在言谈话语中引几句诗，以显示自己的学养。更多时候，他们不是自己朗诵，而是在宴会或谈判桌上点名让乐队演唱，他要表达的见解、立场，也便隐含在诗句中。这叫“赋诗言志”，也叫“断章取义”。

总之，那时的《诗》几乎成了“文化”的同义语。

《诗经》六义：风雅颂，赋比兴

《诗经》有“六义”——风、雅、颂，赋、比、兴。这“六义”其实是两码事儿：“风、雅、颂”指的是《诗》的文体分类；“赋、比、兴”呢，说的是《诗》的表现手法。

不错，《诗经》是由《风》《雅》《颂》三部分组成的。那时吟诗要配乐，因此有人认为“风”“雅”“颂”的叫法跟音乐有关。

"风"就是土风、土乐，也就是民谣小调。为什么叫"风"呢？大概因为风声是最自然的音乐吧？《诗经》里的《风》又称"十五国风"，简称"国风"——据说最早叫"邦风"，汉代为避高祖刘邦的名讳，改称"国风"的。

"十五国风"是从十五个邦国、地区采集来的，按区域分为《周南》《召（shào）南》《邶（bèi）风》《鄘（yōng）风》《卫风》《王风》《郑风》《齐风》《魏风》《唐风》《秦风》《陈风》《桧（kuài）风》《曹风》《豳（bīn）风》。总共一百六十篇，大半是民间百姓吟唱的诗歌——学者们很重视这部分诗歌，认为它们最能表达民众的心声。

"雅"又是指什么？有人说，"雅"就是"正"，雅乐指的是周朝王畿（京城周围）的音乐，"京腔京韵"，有别于乡曲土风。

"雅"共一百零五篇，又分大、小《雅》。《大雅》多为周前期的贵族之作；《小雅》时间较晚，里面掺有一些民间歌谣，跟"国风"相近。《雅》乐多半是在诸侯朝会或贵族宴饮时演唱的。

"颂"则是赞美诗，一般是天子或诸侯在宗庙祭祖等典礼上演唱，等级也最高，属于庙堂乐诗。演唱时不但奏乐，有时还配有舞蹈，隆重而庄严。"颂"又分《周颂》《鲁颂》《商颂》，合称"三颂"，共四十篇。

那么"赋、比、兴"又是怎么一回事？

"赋"是平铺直叙的写作手法，也就是原原本本把事说明白，不拐弯抹角，也不夸张粉饰。后来"赋"的手法发展成一种文体，铺排的特点也更加突出了。

"比"是打比方。如《卫风·硕人》描写美人庄姜，一连用了五六个比喻，像"手如柔荑""肤如凝脂"……是说她的手指像茅草嫩芽、又细又长；皮肤像凝结的脂油、洁白滑腻。这些比喻形象而生动！

再如《小雅·小旻（mín）》结尾的三句"战战兢兢，如临深渊，如履薄冰"，警告统治者小心执政，要有身临深谷、脚踩薄冰的警戒之心，也是运用比喻的好例子。

"兴"呢？是先借别的事物作个由头，再引到要吟咏的事物上来。也举个例子：《周南·桃夭》首章为“桃之夭夭，灼灼其华。之子于归，宜其室家”[①]。

这是祝贺人家娶新娘的诗，上来先描摹桃花盛开、艳丽如火的景色，烘托出喜庆的气氛；然后引出姑娘出嫁、和顺持家的主题，显得自然而和谐。

有时候，“比”和“兴”又很难区分，例如《桃夭》这一首，如若把前两句理解为用盛开的桃花比喻美丽的新娘或预示未来的红火日子，也未尝不可呢。

比兴的手法使诗歌形象变得鲜明生动，也成为诗人们最爱运用的手法。

温柔敦厚，孔子“《诗》教”

拿经典比作老人，《诗经》差不多有两千六百岁了！人们研究《诗经》，少说也有两千四五百年的历史。而资格最老的研究者，要数孔子。

孔子重视《诗》，还拿《诗》作课本来教学生。他鼓励学生学《诗》说：小子们，为什么没人学《诗》啊？学《诗》可以训练联想，可以学习观察，可以培养合群观念，可以学习讽刺手法；往近处说呢，可以侍奉父母；往远处说可以服事君王；至少还能多认识些鸟兽草木的名字呢。[②]

孔子不但对学生这么说，对儿子也这么讲。儿子孔鲤从庭院前经过，孔子叫住他问：学《诗》了吗？孔鲤回答：还没有。孔子说：不学《诗》

① 夭夭：茂盛的样子。灼灼：鲜花艳丽盛开貌。华：花。之子：这姑娘。于归：古代称女子出嫁为“归”或“于归”。宜：和顺。

② 子曰：“小子何莫学夫诗？诗，可以兴，可以观，可以群，可以怨。迩之事父，远之事君；多识于鸟兽草木之名。”（《论语·阳货》；莫：无人。兴：比兴，联想。观：观察。群：合群。怨：讽谏。迩：近。）

就不会讲话啊。孔鲤回去后，便专心学《诗》。①

另一回，孔子又对孔鲤说：学《周南》《召南》了吗？不学这个，人就像面墙而立，啥也看不见啊。②由此可见，《诗经》在孔夫子心目中的地位。

孔子还说过“兴于诗，立于礼，成于乐”的话（《论语·泰伯》），即是说，学习始于《诗》，立身于礼，完成于乐。在他老人家看来，诗是礼乐的基础，是学习的开端。

孔子还常在聊天中提到《诗经》，例如那句“《诗》三百，一言以蔽之曰：思无邪”（《论语·为政》），即认为《诗经》中全是真情流露的好诗。这是孔子对《诗经》的由衷称许，老人家可不是那种“顺情说好话”的人。

不过也有人说，孔子有点言不由衷：他曾明确表示不喜欢郑、卫之音，说过“郑声淫”（《论语·卫灵公》）及“恶郑声之乱雅乐”（《论语·阳货》）的话——“淫”是过度，“乱”是混淆；可能孔子不喜欢过度激烈放纵的音乐吧？可为什么又说“一言以蔽之、思无邪”呢？或许“思无邪”指的是诗歌的内容，“郑声淫”指的是音乐形式？

孔子不曾删《诗》，但确实整理过《诗经》的音乐。他说过：我从卫国返回鲁国，才把音乐篇章搞定，使《雅》归《雅》、《颂》归《颂》，各得其所。③——是不是此前《雅》和《颂》的乐调有些混淆，精通音乐的孔夫子经过实地考察，予以整理纠正呢？

孔子最喜欢《周南》里的《关雎》，说是“《关雎》乐而不淫，哀而不伤”（《论语·八佾》），这是说《关雎》的情调愉悦而有节制，哀怨

① 陈亢问于伯鱼曰：“子亦有异闻乎？”对曰：“未也。尝独立，鲤趋而过庭。曰：‘学《诗》乎？’对曰：‘未也。’‘不学《诗》，无以言。’鲤退而学《诗》。”（《论语·季氏》；陈亢：孔子的学生。伯鱼：孔子的儿子孔鲤。趋：小步快走，以示恭敬。）

② 子谓伯鱼曰：“女为《周南》《召南》矣乎？人而不为《周南》《召南》，其犹正墙面而立也与？”（《论语·阳货》；女：即汝，你。为：学习。）

③ 子曰：“吾自卫反鲁，然后乐正，《雅》《颂》各得其所。”（《论语·子罕》；反：同“返”。）

而不过分——在孔子心目中，好的诗歌应该就是这个样子；这符合孔子的“中庸”理念，也契合他的“诗教”原则。

“诗教”是孔子的重要教育理念，就是拿《诗》来教导子弟，培养他们的君子风度。《礼记·经解》引孔子的话说：“其为人也，温柔敦厚，《诗》教也。”——这“温柔敦厚”四字，便是“诗教”的核心。读《诗》的人受着诗歌内容的涵养熏陶，人也变得温文尔雅、诚恳厚道。

这是孔子心目中的君子形象，也为几千年来的中国人树立了楷模。直到今天，仍有教导意义。

《毛诗序》：谈《诗》论文它最早

秦始皇焚书坑儒，《诗经》也在劫难逃。多亏学者们口诵心传，才使这部宝贵的诗集保存下来。

孔子对《诗》的理解全面而通透；可是汉代学者的《诗经》研究却像是走进了窄胡同。汉儒机械地认为，《诗》三百的作者都是史官，而且每首诗背后都有着郑重的政治含义。就说那首《关雎》吧，明明是恋爱题材的诗歌，可汉儒偏说这诗讲的是什么“后妃之德”——《毛诗》里就是这么说的。

《毛诗》又是什么书？原来汉代研究《诗经》的有四家：齐、鲁、韩、毛。可惜前三家的讲《诗》著作都没能传下来，只有毛亨、毛苌（cháng）讲解的《诗经》得以流传，是称《毛诗》。

毛氏师徒俩都是西汉时人，他们讲解《诗经》，有不少望文生义、牵强附会之处。不过这部《毛诗》对后世影响非常大——毕竟只此一家啊。

毛氏为每首诗都写了题解，称为《小序》；而第一首《关雎》还附有一篇总序，称《大序》。大小序合称《毛诗序》。《诗经》“六义”的说法即见于《大序》，不过顺序却是“风、赋、比、兴、雅、颂”。

诗是怎么产生的呢？在《尚书·舜典》中曾有阐释。据说舜命令夔

（kuí）掌管音乐时曾说：

诗言志，歌永言，声依永，律和声。

◎志：思想情感。永：咏唱。声：歌声。律：音律。

这是说：诗可以表达心志情感，歌则把这种心志情感咏唱出来。歌声要与心志情感一致，也要合于音律。

《毛诗·大序》接受了“诗言志”的观点，又加以发挥说：“诗者，志之所之也；在心为志，发言为诗。”——诗是人们心志情感的产物，藏在心里叫“志”，发为语言就成了“诗”。

《大序》还说：情感在心中酝酿激荡，脱口而出就成了语言；语言不足以表达，便又加上感叹；感叹还不能充分抒发，再加上歌唱；歌唱仍不能充分宣泄，便不由自主地手舞足蹈起来！[①]——看啊，两千年前的学者，已能形象描述文学艺术生发的原理了！

《大序》还特别强调诗歌跟政治的关系，认为时局不同，诗歌的风格音调也不同：治世之音“安以乐”、乱世之音“怨以怒”、亡国之音“哀以思”。因而在位者要了解政治得失、国家兴衰，听听诗歌就能知道个八九不离十！[②]

《大序》还提出“变风”“变雅”及“美”“刺”等概念。说是王道衰微时，诸侯百姓都不再遵守礼仪，这时的“风”“雅”也都变了味，于是产生了“变风”“变雅”。那是指以讽刺、怨恨为基调的衰世诗歌。跟太平盛世的“正风”“正雅”相对立。

至于“美”和“刺”，都是指诗的社会功能。“美”是歌颂赞美，“刺”是讽刺批评。汉儒解诗，便常常用到这些概念。

① 情动于中而形于言，言之不足，故嗟叹之，嗟叹之不足，故永歌之，永歌之不足，不知手之舞之、足之蹈之也。

② 治世之音，安以乐，其政和。乱世之音，怨以怒，其政乖。亡国之音，哀以思，其民困。（乖：乖背，不合于仁政。思：愁思。按：这段文字还有一种断句方式：“治世之音安，以乐其政和；乱世之音怨，以怒其政乖；亡国之音哀，以思其民困。”可作参考。）

有两句熟在人口的成语“言者无罪，闻者足戒”，原来也出自《诗大序》。据《大序》说，诗的作用不小，在位者可以用它来讽谕教化百姓，百姓也可用它来讽刺批判在位者，“言之者无罪，闻之者足以戒”，说的人不因言论获罪，听的人则足以引起警戒。这当然只是作者的一厢情愿，那时的在位者，能有这个雅量吗？

其实，诗仅仅是文学作品而已，一旦挑起沉重的政治担子，理解上也便很难做到客观、准确。

读着《毛诗序》，你是否常能看到毛亨、毛苌摇头晃脑又自以为是的身影、神态？

《关雎》：中国版“少年维特之烦恼”

我们来看看《关雎》吧，它是《国风·周南》第一篇，也是《诗经》第一篇。

关关雎鸠，在河之洲。窈窕淑女，君子好逑。
参差荇菜，左右流之。窈窕淑女，寤寐求之。
求之不得，寤寐思服。悠哉悠哉，辗转反侧。
参差荇菜，左右采之。窈窕淑女，琴瑟友之。
参差荇菜，左右芼之，窈窕淑女，钟鼓乐之。

◎关关：鸟鸣声。雎鸠（jū jiū）：鸟名。◎窈窕（yǎo tiǎo）：形容女子文静美好。淑女：美好的女子。好逑（qiú）：好的配偶。◎参差：不齐貌。荇（xìng）菜：一种水生植物，可食。流：通摎（liú），摘取。下文中的“采”“芼（mào）”也是这个意思。◎寤寐（wù mèi）：醒着睡着，犹言日夜。服：思念。◎友：亲。◎乐：娱悦。

你瞧，河当中有座小洲，水鸟咕咕叫个不停。那儿有位文静、苗条的姑

《关雎》诗意

娘，小伙子（君子）心里喜欢她、想跟她做个朋友——这开头两句既是环境描写，也是起兴。

第二章写姑娘在小船上采摘荇菜，左边采采、右边采采；她那优美的姿态让小伙子着了迷，日思夜想不停息。姑娘哪知小伙子的心呢？每日依旧那么采啊、摘啊。可小伙子早已魂不守舍，夜晚在床榻上翻来覆去、觉也睡不安稳。

接下来的两章，写小伙子梦想弹着琴向姑娘求爱，并敲钟击鼓地把姑娘迎回家、拜堂成亲。这正应了那句“剃头挑子一头热”，又如同是中国版的“少年维特之烦恼”！

诗写得既抒情又热烈，不但文字优美，大概曲调也很悦耳。孔子就曾赞美说：《关雎》从开始到尾章，满耳的音乐声，真是好听极了！①

诗中的“君子”，应当是位贵族青年吧；他喜欢的“淑女”能亲自参加劳动，大概是个普通人家的姑娘。然而《毛诗序》却说《关雎》是在歌颂“后妃之德”，目的是“风天下而正夫妇”（给天下夫妻做个好榜样）。

还有人干脆说这位“后妃”就是周文王的妻子大姒（sì）；又说“左右流之（采之、芼之）”只是比兴手法，并非姑娘真的在劳动。还说夫妇匹配是“生民之始，万福之原”，婚姻关系理正了，天地万物也便和顺了。连南宋学者朱熹也对此深信不疑，尽管他不大赞同《毛诗》的许多解释。

其实，男大当婚、女大当嫁，男欢女爱、琴瑟和谐，这是天地间最自然的人伦关系，还用谁来作榜样吗？无论哪个时代、哪个民族，爱情与婚恋都是民歌民谣的主题，《诗经》当然也不例外。

《诗经》中的爱情婚恋诗歌多半集中在《国风》《小雅》中。除了

① 子曰：“师挚之始，《关雎》乱，洋洋乎盈耳哉！”（《论语·泰伯》；师挚：鲁国乐官太师挚。始、乱：音乐的开端和尾章。洋洋：形容声音响亮。）

这篇《周南·关雎》，还有“郑风”中的《萚（tuò）兮》《狡童》《褰（qiān）裳》《风雨》，“卫风”中的《木瓜》《氓》，“王风”的《采葛》，“邶风”的《谷风》，“鄘风”的《柏舟》，“小雅”的《隰（xí）桑》……简直数不胜数！

有女怀春，吉士诱之

周朝那阵子，民间的“规矩”大概还没有后来那么多，姑娘、小伙儿相互爱恋、私下幽会是常有的事。《国风》中的爱情诗篇，也因此占了大量篇幅。

“卫风”中有一首《木瓜》，作者应当是个小伙儿。有位姑娘喜欢他，随手摘了果子送给他。他心领神会，用随身的玉佩回赠姑娘：

投我以木瓜，报之以琼琚。匪报也，永以为好也！
投我以木桃，报之以琼瑶。匪报也，永以为好也！
投我以木李，报之以琼玖。匪报也，永以为好也！

◎木瓜：同下面的木桃、木李都是植物果实。◎琼琚：与下面的琼瑶、琼玖，都是玉质配饰。◎匪：非，不是。

木瓜、木桃、木李都是极普通的果实，但由姑娘主动“投”给小伙儿，其中含义不言自明。小伙儿用贵重的玉佩回赠姑娘，当然也不是“摆阔”。玉石是坚贞的象征，同时也表达着小伙儿对爱情的珍重。

诗共三章，句式完全相同，只是所赠之物小有区别。这样吟咏，是不是有点啰嗦？其实这正是民谣土风的特点：用回环复沓的形式、表达心愿的真诚、誓约的牢靠！这样的形式，我们在《诗经》中还会屡屡碰到。

男女之爱是天底下最自然、最正当的情感，民歌对此毫不隐讳。“有女怀春，吉士诱之”，这是《召南·野有死麕》中的句子，表达男欢女爱，说得直截了当：

野有死麕，白茅包之。有女怀春，吉士诱之。

林有朴樕，野有死鹿。白茅纯束，有女如玉。

舒而脱脱兮，无感我帨兮，无使尨也吠！

◎麕（jūn）：小獐。白茅：白茅草。◎怀春：指女子动情。吉士：好青年。◎朴樕（sù）：小木，可以做婚礼上的灯烛。◎纯（tún）束：捆绑。◎舒而：慢慢地。脱脱（tuì）：舒缓地。帨（shuì）：佩巾。尨（máng）：多毛的狗。

诗的前两章说：田野里有只死獐子，用白茅草把它包好。有个姑娘对小伙儿动了情，好小伙儿把她来引逗。树林里长着灌木，田野里有只死鹿，拿白茅草把它捆起，姑娘啊如花似玉。

下面是姑娘的话：轻点儿、慢点儿，别乱碰我的佩巾，别引得狗儿叫！——你不觉得这是一幅男女幽会的生动图画吗？

不过诗中用白茅包裹的獐、鹿又是什么意思？大概可以理解为“起兴”手法吧；当然也可看作小伙儿送给姑娘的见面礼——《木瓜》中的男主角应当是个年轻贵族，所以对姑娘“报之以琼琚”；《野有死麕》的男主角大概是个年轻猎手，獐鹿野味可是他手到擒来的见面礼！

大声唱出心中的爱

在爱情交往中，不光小伙儿主动，姑娘照样可以表现出炽烈的热情。有个姑娘想邀心爱的人唱歌，于是唱道：

萚兮萚兮，风其吹女。叔兮伯兮，倡予和女！

萚兮萚兮，风其漂女。叔兮伯兮，倡予要女！（《郑风·萚兮》）

◎萚（tuò）：草木的皮和叶。女：同汝。◎叔、伯：这里指爱人。虽说叔、伯，实指一人。倡：同“唱”。和（hè）：应和，跟着唱。◎漂：同飘。◎要：邀请。

木皮啊、草叶啊，风来把你吹起。弟啊哥啊，你先唱、我来和！以下又重复一遍，只改了两个字：木皮啊、草叶啊，风来把你飘起。弟啊哥啊，你唱时别忘了邀我！你瞧，姑娘一旦心中有爱，表现得一点也不扭捏！

然而爱情表白最为直接的，还要数《小雅·隰桑》中的姑娘。全诗四章，前三章大同小异：

隰桑有阿，其叶有难，既见君子，其乐如何。
隰桑有阿，其叶有沃，既见君子，云何不乐。
隰桑有阿，其叶有幽，既见君子，德音孔胶。

◎隰（xí）：低洼地。阿：通婀，柔美的样子。难（nuó）：茂盛的样子。下两章中的“沃”和“幽”有肥厚、青黑的意思。◎德音：情话。孔胶：很牢固，如漆似胶。

前三章写女子思念恋人，想象着跟他在桑林里约会。洼地的桑林枝干婀娜、树叶浓密。一旦在那儿跟恋人见面，情话绵绵、多么快乐！可到了第四章，结构忽然变化，姑娘唱道：

心乎爱矣，遐不谓矣？中心藏之，何日忘之？

◎遐不：何不。谓：告。

心中有爱，为什么不说来？藏在心里，哪一天忘得了？——说是“不谓”，说是“中心藏之”，其实一句“心乎爱矣”，早把一个“爱”字大声唱出来了！

恋爱中的人，恨不得时刻相聚不分离。可是姑娘有姑娘的活计，小伙儿有小伙儿的营生。当姑娘去采摘葛藤、草药时，小伙儿觉得时间真难熬：

《采葛》诗意

彼采葛兮，一日不见，如三月兮！

彼采萧兮，一日不见，如三秋兮！

彼采艾兮！一日不见，如三岁兮！（《王风·采葛》）

◎彼：指对方。◎葛：一种植物，藤条可编篮筐，纤维可织布。下面的萧、艾也都是植物，往往由女性采摘。

此刻姑娘、小伙儿隔山隔水，听得见声儿、见不到影儿。小伙儿于是唱道：姑娘你去采葛，一日不见如三月！这种渴盼很快升级为“一日不见如三秋（三季）”和“一日不见如三岁”！姑娘听到这歌声，能不动心吗？

同样的心思，也会发生在女孩儿身上。《郑风·子衿》是姑娘想念情郎的诗：

青青子衿，悠悠我心。纵我不往，子宁不嗣音？
青青子佩，悠悠我思。纵我不往，子宁不来？
挑兮达兮，在城阙兮。一日不见，如三月兮！

◎衿（jīn）：衣领。◎宁：难道；嗣：这里意为寄、送。◎佩：佩玉的带子。◎挑、达：往来。城阙：城门两边的观楼。

第一、二章唱道：青青的是你的衣衿（佩带），悠长的是我的思念；纵然我不去找你，难道你就此再无音信？第三章，姑娘约小伙儿在城楼见面，那里八成是以前幽会的老地方吧。姑娘感叹说：“一日不见，如三月兮！”小伙子听到这热切的邀请，一定会飞跑着来赴约的。

爱情心理，形形色色

并非所有的恋爱都那么甜蜜，其中也不乏苦涩。像那首《郑风·狡童》，同样是模拟女孩子的口吻：

> 彼狡童兮，不与我言兮。维子之故，使我不能餐兮！
> 彼狡童兮，不与我食兮。维子之故，使我不能息兮！
> ◎狡童：坏小子。◎维：只因。

“狡童”是爱恨交织的昵称，犹如后世骂所爱之人为“冤家”“挨千刀的”！诗中的女孩儿因受到男友冷落而难过，骂道：你这坏小子，不跟我讲话，因为你的缘故，害得我茶饭不思！你这坏小子，不跟我共食，因为你的缘故，害得我辗转难眠！——是两人闹别扭呢，还是男子另有新欢？这成了千古谜团，也描画出古今恋人的共同心态。

跟《狡童》类似的，还有那篇《郑风·褰裳》：

> 子惠思我，褰裳涉溱。子不我思，岂无他人？狂童之狂也且！
> 子惠思我，褰裳涉洧。子不我思，岂无他士？狂童之狂也且！
> ◎子：你。惠：敬词。褰（qiān）裳：提起衣裳；裳，下衣。溱（zhēn）：与下文中的洧（wěi）都是水名，源出河南，汇为双洎河。◎狂童：傻小子。狂也且：痴，傻。且，助词。

这诗仍用女孩儿口吻，面对的也是个不够专注的男孩儿。两章复沓，只换了一个字。女孩儿说：你若想我，就提着衣裳蹚过溱水（洧水）跟我约会；你若不想我，这世上难道没有别的小伙儿吗？你这个傻得可以的傻小子！——话是这么说，女孩儿当然还是希望这“傻小子”赶紧提着衣裳蹚过来，别管是溱水还是洧水！

《诗经》里也有悲喜交集的苦恋诗，看看这篇《郑风·风雨》：

风雨凄凄，鸡鸣喈喈。既见君子。云胡不夷？
风雨潇潇，鸡鸣胶胶。既见君子，云胡不瘳？
风雨如晦，鸡鸣不已。既见君子，云胡不喜？

◎凄凄：寒苦之意。下面的“潇潇”“如晦”是指风雨急骤、昏黑如夜。喈喈（jī jī）：与下文中的“胶胶（jiū jiū）”同是鸡鸣声。◎云：发语词；胡：何；夷：平。◎瘳（chōu）：病愈。

这是个凄风苦雨之夜，鸡窝里的鸡也唧唧啾啾、惊恐不已。然而苦恋的女子恰在此刻见到心上人，她的欣喜之情难以言说！她自问：能见到“君子”，还有什么不心满意足（豁然而愈、兴高采烈）的呢？鬼天气又能怎样！

这是一段怎样的恋情？幽会为什么要选在天气恶劣的夜晚？环境的凄苦跟情感的热烈形成强烈对比，给人以独特的感受。听女子的口气，只要能见到心上人，一切都不在乎，管它风风雨雨或者什么别的东西！——“风雨如晦，鸡鸣不已”后来成了形容天气恶劣、时局危难的成语。

《风雨》中这个女子，看样子是“豁出去了”！可是一般的女孩子交男友，总还是顾虑重重。《郑风·将仲子》就记录一个思前虑后又放不下爱的女孩子的心声：

将仲子兮，无逾我里，无折我树杞。岂敢爱之？畏我父母。仲可怀也，父母之言亦可畏也！

将仲子兮，无逾我墙，无折我树桑。岂敢爱之？畏我诸兄。仲可怀也，诸兄之言亦可畏也！

将仲子兮，无逾我园，无折我树檀。岂敢爱之？畏人之多言。仲可怀也，人之多言亦可畏也！

◎将：请。仲子：人名，此人大概行二，故称。逾：翻越；里：这里指里弄的墙。下文的“墙”“园”分别指院墙和菜园的墙。◎树杞：杞树。下面的树桑、树檀分别指桑树、檀树。◎爱：吝惜。◎怀：怀念，喜欢。

女孩儿的话里带着央求的语气：求求小二哥啊，不要翻我家的里墙，别折断墙边的杞树吧。我哪里是小气，我是怕爹娘啊！小二哥，你知道我心里有你，可爹娘的训斥实在让我心虚！

以下两章大同小异，无非是担心哥哥的教训、邻居的闲话——那年月，当个女人可真不容易！

今夕何夕，莫不静好

步入婚姻殿堂的男女又怎样？《诗经》中不乏描述婚姻生活的诗篇。有一篇《唐风·绸缪》，写的是新婚之夜新郎的欣喜：

绸缪束薪，三星在天。今夕何夕，见此良人？子兮子兮，如此良人何？

绸缪束刍，三星在隅。今夕何夕，见此邂逅？子兮子兮，如此邂逅何？

绸缪束楚，三星在户。今夕何夕，见此粲者？子兮子兮，如此粲者何？

今夕何夕，见此良人

◎绸缪（móu）：紧紧缠缚。束薪：柴禾捆。下文的“束刍”“束楚”，是指草捆、荆条捆。三星：即参星。◎良人：好人。这里是男子称女子。一说指丈夫。◎隅：屋角。◎邂逅：本义是会合，这里意为喜悦，指爱人。◎在户：对着门。◎粲者：漂亮人。

新郎在灯下面对漂亮的新娘，简直有点手足无措、不知说啥好！三章都以捆得紧紧的柴草捆儿起兴，是不是象征着紧紧相拥的新婚男女？新郎说：柴禾捆得紧紧，参星正在半空。今晚是啥日子，见到我的好人？你啊你啊，让我拿你这好人儿怎么办啊！

诗中借着参星的移转，抒写“欢娱恨夜短”的心情：那参星一会儿斜对着屋角，一会儿正对着屋门，时光过得真快。可新郎的热情丝毫未减，不断叨念：你啊你啊，让我拿这可喜人儿怎么办！你啊你啊，让我拿这漂亮人儿怎么办！

爱情是永恒的、炽热的，相隔两千多年，那热度仍能被现代读者感受到。

一般而言，蜜月过后，日子也渐趋平淡。可平凡的生活仍不乏美好的时刻。《郑风·女曰鸡鸣》便描述了一对劳动夫妻的幸福生活：

女曰鸡鸣，士曰昧旦。子兴视夜，明星有烂。将翱将翔，弋凫与雁。

弋言加之，与子宜之。宜言饮酒，与子偕老。琴瑟在御，莫不静好。

知子之来之，杂佩以赠之。知子之顺之，杂佩以问之。知子之好之，杂佩以报之。

◎昧旦：天将明时。◎兴：起来。明星：金星，又叫启明星。有烂：灿烂。◎将翱将翔：本指鸟飞，这里形容猎人大显身手。弋：用带丝绳的箭射鸟。凫：野鸭。◎言：语助词。加：射中。宜：烹调菜肴。◎偕老：一齐到老。◎御：侍。静好：这里形容琴瑟之音安详和乐。◎来：和顺，体贴。杂佩：用玉石、牙骨等不同材料穿起来的珠串。◎问：赠送。◎好：爱。

女人说：鸡叫了。丈夫说：天还没大亮。女人说：你起来看看天，启明星亮闪闪。快点起来施展一番，去射几只野鸭、大雁。你打得野味，我炒个好菜；有菜再来点儿好酒，共祝我俩白头到老。你弹琴、我鼓瑟，平静和谐多美好！

丈夫说：感知你的体贴，这串玉石杂佩赠给你；感知你的柔顺，这串玉石杂佩送给你；感知你的爱意，这串玉石杂佩回报你！

看来，自食其力的生活也可以过得有滋有味——不过这是现代人的阐释，古代学者却不这么看。他们说，这是“贤夫妇相警戒之词”，这对好夫妻不贪恋热被窝儿，早早起床、各司其职，这是“好德不好色”的表现。又说后面的饮酒、赠佩等都是对宾客说的。

这虽然也讲得通，可那暖融融的生活味道却冲淡了不少，恐怕还是现代人的解释，更接近诗人原意。

《氓》：痴心女遇上负心汉

并不是家家婚姻都那么美满和谐，“痴心女子负心汉”的悲剧在《诗经》时代已频频上演。《卫风·氓》和《邶风·谷风》，便都是弃妇的哀歌。

《氓》是一首长诗，六章六十行，记录了一个女人的不幸遭遇。诗的前两章写她与丈夫从相识到结婚的经过。“氓”即民，犹言“这家伙”。

氓之蚩蚩，抱布贸丝。匪来贸丝，来即我谋。送子涉淇，至于顿丘。匪我愆期，子无良媒。将子无怒，秋以为期。

乘彼垝垣，以望复关。不见复关，泣涕涟涟。既见复关，载笑载言。尔卜尔筮，体无咎言。以尔车来，以我贿迁。

◎蚩蚩：嘻笑的样子。布：钱币。贸：交易。◎匪：非。谋：商量。◎淇：淇水。顿丘：地名。◎愆（qiān）期：过期，失约。◎将（qiāng）：请。

◎乘：登。垝（guǐ）：倒塌。垣（yuán）：墙。复：返回。关：门。◎涟涟：流泪貌。◎载笑载言：又说又笑。◎尔卜尔筮：指对方为婚姻事而卜卦求签。体：卜筮的结果。咎言：不吉的判断。◎贿：财货，嫁妆。

女子唱道：你这家伙笑咪咪地揣着钱来买丝——哪里是买丝啊，是来求我嫁给你。痴心的我送你过了淇水，一直送到顿丘才回头。后来误了婚期不怪我，是你没请到好媒人。我当时求你别发火，又把婚期改到秋天。

我天天站在墙缺口那望着城门，却总也等不到你，闹得我泪珠儿不断。直到把你等来，我才有说有笑。你说已经求签问卜，一切顺遂。于是你赶着车来，拉走我的嫁妆，咱俩算是成了夫妻。

可是几年下来，女子真是后悔死了：

桑之未落，其叶沃若。于嗟鸠兮，无食桑葚。于嗟女兮，无与士耽。士之耽兮，犹可说也。女之耽兮，不可说也。

◎沃若：滋润貌。◎于嗟：感叹词。鸠：斑鸠。桑葚（shèn）：桑树的果实。◎耽：迷恋。◎说（tuō）：摆脱。

女子打比方说：桑叶没落的时候多滋润，（我也曾有过那样的好日子；）唉，斑鸠鸟啊，千万别贪吃桑葚啊，（吃多了会迷醉的！）唉，女孩儿啊，千万别过分迷恋男人啊！男人爱上女子还能摆脱；女孩儿若迷恋男子，可就没救了！

接下来的两章，女子述说嫁后多年的遭遇：

桑之落矣，其黄而陨。自我徂尔，三岁食贫。淇水汤汤，渐车帷裳。女也不爽，士贰其行。士也罔极，二三其德。

三岁为妇，靡室劳矣。夙兴夜寐，靡有朝矣。言既遂矣，至于暴矣。兄弟不知，咥其笑矣。静言思之，躬自悼矣。

◎陨：落下。◎徂（cú）：前往。三岁：多年。三是虚数。◎汤汤

（shāng）：水势大的样子。渐（jiān）：浸湿。帷裳：车厢的帷幔。◎爽：差错。贰：这里意为忒，错的意思。行（háng）：行为。◎罔极：无常。二三其德：行为前后不一。◎靡室劳矣：家里的活没有不干的。◎夙（sù）兴夜寐：早起晚睡。夙，早。靡有朝矣：没有一天不是这样的。◎言：语助，无义。既遂：指生活过得顺遂。暴：暴虐。◎咥（xì）：大笑。◎躬：自身。悼：哀伤。

自从我进了你家门，如同枯黄的桑叶离了枝。多年的苦日子熬不到头，浩浩淇水浸湿了车帷。我做妻子无过错，你当丈夫净胡为。男人做事不靠谱，朝三暮四怎么行？我当妻子许多年，家里啥活不靠我？起早贪黑没个完。家境一旦有好转，你却对我变了脸。这些事我娘家兄弟哪知道？见面只顾笑开颜。仔细想想静静思，自伤自悼真可怜！

终于，女子下了分手的决心：

及尔偕老，老使我怨。淇则有岸，隰则有泮。总角之宴，言笑晏晏。信誓旦旦，不思其反。反是不思，亦已焉哉！

◎泮：畔。◎总角：指未成年的男女。宴：乐。晏晏：温和。◎信誓旦旦：诚恳发誓。反：反思。◎已：完了，算了。

曾说过要跟你一块变老，可若是那样，才真让我烦怨！淇水再宽也有岸，漯（luò）河再广也有沿。（若是跟你过一辈子，那可真是苦海无边！）不由得又想起从前两情相悦、“言笑晏晏”的好日子，你那“信誓旦旦”的爱情誓约，仿佛还在耳边，你都忘了吗？人忘了本，还有什么可说的？“亦已焉哉！”——咱俩的恩义至此完！

听听吧，这是两千多年前一个女子的抱怨，事情却像发生在昨天。你还能从絮絮叨叨的话语里，感受到女子的坚强与自尊；她遭遇不公平的待遇，却不肯逆来顺受，宁愿选择一拍两散！

《诗经》里最动人的诗篇，往往来自民间、发自小人物的肺腑。只要人性不改变，再过一万年，读起来仍旧新鲜！

《谷风》《葛生》：不幸女人有同悲

《卫风·氓》中的女子数落丈夫的过错，说他对家庭漠不关心，还有“家暴”倾向，却没提丈夫有“外心”。而在《邶风·谷风》中，那女子明确说丈夫“宴尔新婚”，并因此抛弃了她。

《谷风》在《诗经》中也算长篇，六章四十八句。开篇依然是常见的起兴手法：“习习谷风，以阴以雨。黾勉（黾［mǐn］勉：勉力）同心，不宜有怒。”——山谷里的风凉飕飕，刮来云彩刮来雨。我尽力跟你一条心，你不该冲我发脾气！

下面又打比方说：挖萝卜、挖芥头要的是块根，（可你为啥不重德行？）往日的恩情休违弃，我一心跟你同死生。

然而，丈夫另有新欢，却把旧妻赶出门，甚至不肯挪步送一送。女子心中的痛苦无以表达，只能说“谁谓荼苦，其甘如荠”——谁说苦菜苦？跟我的心相比，比荠菜还甜些！荼（tú）是一种味苦的植物。

以下是第三章：

泾以渭浊，湜湜其沚。宴尔新昏，不我屑以。毋逝我梁，毋发我笱。我躬不阅，遑恤我后？

◎泾、渭：二水名。泾水清，渭水混。湜湜（shí）：水清貌。沚（zhǐ）：即止。◎宴尔：欢乐貌。新昏：新婚。不我屑以：不屑跟我在一起；以，与。◎毋（wú）：不可。逝：往。梁：鱼梁，即拦鱼坝。发：打开。笱（gǒu）：用来捉鱼的竹篓。◎躬：身。阅：容。◎遑恤我后：何暇顾及后面的事；遑，闲暇。恤，同情，顾及。

这里仍用比兴，说泾水因为与渭水相混而变得浑浊，若是静止下来，也能澄清透亮。你跟新娘子如胶似漆，对我却不肯瞧一眼！（我要警告那个新来的：）不准走近我的拦鱼坝，不准打开我的捕鱼篓！——唉，算了，连我自己也呆不下，以后的事哪里还管得？

这以后，女子一直在唠叨埋怨，数说着自己的劳苦和委屈，怨恨丈夫的负义与花心。直到最后，还希图打动丈夫，说是“不念昔者，伊余来塈（jì，这里意为爱）”。你不想想过去，那时你对我多恩爱！

这个女子比不上《氓》的女主人那么刚强决绝；不过同为弃妇，她们的结局却同样悲惨！

《诗经》里处境悲惨的女子，还有死了丈夫的“未亡人”。《唐风》中有一首《葛生》，记述了一个寡妇对亡夫的哀哀诉说。起首两章唱道：

葛生蒙楚，蔹蔓于野。予美亡此，谁与？独处！

葛生蒙棘，蔹蔓于域。予美亡此，谁与？独息？

◎葛：同下文中的蔹（liǎn）都是蔓生植物。楚：荆树。下文中的棘是酸枣树。蔓：蔓延。◎予美：我的好人。亡此：离开人世。◎域：这里指坟地。

葛是一种藤蔓植物，远古时人死了，常用葛藤缠尸，投于沟壑；后来发展到棺葬，也仍然以葛藤缠棺。因此说到葛藤，人们自然联想到死亡。这里是说：葛和蔹攀附在荆树上、爬满了田野，我的好人离了世，有谁陪伴你？只能孤零零在地下待着！

这样吟过两章后，女子又设想墓中的丈夫：

角枕粲兮，锦衾烂兮。予美亡此，谁与？独旦？

◎角枕：牛角枕。粲：灿烂，闪光。锦衾（qīn）：锦被。烂：绚烂。◎旦：同坦，寝。

尽管头下枕着光亮的牛角枕，身上盖着斑斓的锦被；可是我的好人啊，离了人世，有谁陪伴你？只能孤零零地躺着！

以下的诗句突然变了结构，大概也变了音调：

夏之日，冬之夜。百岁之后，归于其居。

冬之夜，夏之日。百岁之后，归于其室。

这是女子向亡夫发出的誓约：最难熬的是夏天的长日、冬天的长夜，人生不过百年，我终将回到你身边，与你同室而居、同椁而眠！

两三千年前的语言，有些字眼儿不经解释就搞不明白。可诗中那份真情却任啥也挡不住，至今叩动着人们的心弦！

“硕人”的脖颈像天牛

爱情婚恋诗歌中的青年男女个个俊美，尤其是姑娘。让我们看看《卫风·硕人》中的庄姜有多美。庄姜是齐庄公之女，嫁给卫庄公为妻；“硕人”便是“高个儿姑娘”的意思。

诗歌开篇就赞美说：“硕人其颀，衣锦褧衣！”——高个子姑娘身材妙，锦衣再把嫁衣套。“颀（qí）”是身长貌；“褧（jiǒng）衣”即新娘的罩衣。

以下介绍了庄姜身份的高贵，又一连用了五六个比喻描摹她的面容、肌肤、肢体之美：

手如柔荑，肤如凝脂。领如蝤蛴，齿如瓠犀。螓首蛾眉，巧笑倩兮，美目盼兮。

◎荑：初生的茅，白而细，用以比喻美人的手指。凝脂：凝结的脂油，这里形容皮肤润而白。◎领：脖颈。蝤蛴（qiú qí）：天牛的幼虫，白色而身长。瓠（hù）犀：瓠是葫芦类植物，里面的籽叫犀，洁白而整齐。◎螓（qín）首：螓是一种昆虫，似蝉，额头宽大方正。蛾眉：蛾子的触角细而长，这里形容美女的眉毛。倩：面目美好。盼：黑白分明。

她的手指细长洁白像茅芽，她的肌肤光洁细腻如凝脂，她的脖颈白腻修长像天牛的幼虫，她的牙齿粒粒整齐如瓠籽，她的额头方正如蝽额，她的眉毛细长如蛾须。尤其是她那灿烂的笑容和黑白分明的美目，仿佛正冲着我们“抛媚眼儿”呢！

诗中所用喻体都是生活中最常见的植物、昆虫，带着乡土气，又贴切鲜活。一些词语像“凝脂”“蛾眉”“美目倩兮，巧笑盼兮”，还成为描摹美人的熟词儿，百用不厌！

拿画画打比方，《硕人》如同精描细染的工笔画。然而《诗经》中又不乏寥寥数笔的写意画。诗人有本事只用一两个句子便把女性之美勾画而出。且看《郑风·野有蔓草》：

野有蔓草，零露漙兮。有美一人，清扬婉兮。邂逅相遇，适我愿兮。

野有蔓草，零露瀼瀼。有美一人，婉如清扬。邂逅相遇，与子偕臧。

◎零：落。漙（tuán）：凝结。下文中的瀼瀼（ráng）形容露珠很大。◎扬：明。婉：即畹，形容眼睛很大。◎邂逅：不期而遇。◎臧：善，美好。

田野里绿草丰美，草叶上露珠闪亮。大清早见到美女，一双美目大而清亮！能跟她不期而遇，真让我心花怒放！诗中写美人，抓住她的眼睛，只一句“清扬婉兮”，神态尽出！东晋画家顾恺之谈画人的经验说：“传神写照，妙在阿堵。”“阿堵”就是眼睛。看来这手法诗人早就掌握了。

还有的诗人，擅长用景物衬托人物之美。如《陈风·月出》咏叹月下美人，第一章这样写道：

月出皎兮，佼人僚兮。舒窈纠兮，劳心悄兮。

◎皎：皎洁光明。佼人：美人。僚：美好貌。下文中的“懰”意为妖冶，“燎”意为明亮。◎舒：舒缓。窈纠：与下文的“忧受”“夭绍”都有身段窈窕优美之意。劳心：忧心。悄（qiǎo）：深忧之貌。下文中的“慅（cǎo）”及“懆（同躁）”都形容忧愁烦躁不安之貌。

月亮出来了，月光皎洁，月下的美人是那么迷人。她步履舒缓、腰身优美，美得让我心里发慌！以下两章同样以月亮起兴：

月出皓兮，佼人懰兮。舒忧受兮。劳心慅兮。

月出照兮。佼人燎兮。舒夭绍兮。劳心懆兮。

吟诵着这样的诗句，读者也要融化在这澄澈的月光中，陶醉在神话般的意境里……

所谓伊人，在水一方

其实最美的女性是无法用语言形容的，听听这首《秦风·蒹葭》吧：

蒹葭苍苍，白露为霜。所谓伊人，在水一方。溯洄从之，道阻且长。溯游从之，宛在水中央。

蒹葭凄凄，白露未晞。所谓伊人，在水之湄。溯洄从之，道阻且跻。溯游从之，宛在水中坻。

蒹葭采采，白露未已。所谓伊人，在水之涘。溯洄从之，道阻且右。溯游从之，宛在水中沚。

◎蒹葭（jiān jiā）：蒹是荻，葭是芦，都是水边生长的植物。苍苍：苍茫茂盛。后文中的“凄凄”（同“萋萋”）、“采采”同为茂盛、众多貌。◎所谓：所念。伊人：那人。一方：一边。后文的“湄（méi）”和“涘（sì）”也都是水边的意思。◎溯（sù）：逆水而行。洄（huí）：回环曲折的水道。从：就，前往。后文中的“游”指河流。阻：险阻。后文的

所谓伊人，在水一方

“跻（jī）”“右”有高起及弯曲的意思。◎宛：宛如，仿佛。后文中的“坻（chí）”和“沚（zhǐ）”指水中沙洲和沙滩。◎晞（xī）：干。

你看，水边芦荻一派苍茫，清晨秋露化为白霜。心心念念的美人啊，你在浩淼水域的那一方。我沿着曲水向上寻觅，路途坎坷道更长；我沿着直流向上寻觅，恍惚如在水中央……这美人的五官有多美、腰身有多俏，诗中连一个字也没写；可你是不是觉得，这美人美得那么不一般，值得诗人不顾一切去求索寻觅？

以下两章，诗人始终在寻寻觅觅，却一无所获。或许，这可望而不可即的美人，根本就不是张家女孩儿、李家姑娘，只是诗人苦苦追寻的一个幻影，乃至一种理想？

宋代大文学家苏东坡在《赤壁赋》中吟咏道：“桂棹兮兰桨，击空明兮溯流光；渺渺兮予怀，望美人兮天一方！”你还能从中听到《蒹葭》那千年不歇的袅袅余音。

古老的诗篇还启发了后代诗人的灵感，有一首现代歌曲就取名《在水一方》，词作者是台湾著名女作家琼瑶。且听歌声：

绿草苍苍，白雾茫茫。有位佳人，在水一方。
绿草萋萋，白雾迷离，有位佳人，靠水而居。
我愿逆流而上，依偎在她身旁。无奈前有险滩，道路又远又长。

我愿顺流而下，找寻她的方向。却见依稀仿佛，她在水的中央。……

你马上听出，这正是“白话版”的《蒹葭》！歌者唱得如泣如诉，听者听得如醉如痴——再次见证了古老诗歌的生命力，是可以绵延古今、超越时空的！

母子之情与兄弟之爱

《诗》中篇什有歌唱爱情的，也有歌咏亲情的。《邶风》里有一首《凯风》，写的便是儿子对母亲的情感：

凯风自南，吹彼棘心。棘心夭夭，母氏劬劳。
凯风自南，吹彼棘薪。母氏圣善，我无令人。
爰有寒泉，在浚之下。有子七人，母氏劳苦。
睍睆黄鸟，载好其音。有子七人，莫慰母心。

◎凯风：和煦的南风。棘心：初生的酸枣树棵。◎夭夭：生长旺盛貌。劬（qú）劳：劳苦。◎棘薪：成材的酸枣树。◎圣善：明达善良。令：善。◎爰：发语词。浚：卫国地名。◎睍睆（xiàn huǎn）：鸟叫声，又作“间关”。载：则。

诗中以“凯风”喻母亲，以“棘心”喻孩儿。说母亲育儿劳苦，孩子们个个活泼；犹如在和煦南风的吹拂下，草木都欣欣向荣茁壮成长。

然而这诗的背后似乎隐藏着不为人知的故事，因为接下来儿子自责说：母亲明达人又好，儿子个个不成材！

有人猜测，这位辛苦养育了七个儿子的母亲，因故遭到丈夫的冷淡或遗弃；儿子们同情母亲，却又不敢违抗父命，因而痛苦自责，认为自己不能以善言慰母，连歌喉婉转的黄鸟都不如！

无论如何，“凯风”由此成为母爱的象征。诗中“棘心夭夭，母氏劬劳”一联，也成了歌颂母爱的名句。唐代诗人孟郊的《游子吟》中有“谁言寸草心，报得三春晖”一联，据考便是从这两句脱化而出的。

《诗经》中也有吟咏兄弟之情的诗篇，如《小雅·常棣》：

常棣之华，鄂不韡韡。凡今之人，莫如兄弟。

死丧之威，兄弟孔怀。原隰裒矣，兄弟求矣。……

◎常棣（táng dì）：又作“棠棣”“唐棣”，植物名。花朵相连，用以喻兄弟。鄂不：花蒂；鄂，通萼；不，花蒂。韡韡（wěi）：光辉。◎威：通畏。孔怀：很关心。◎原隰：原野。裒（póu）：聚。一说读为“踣”，即毙。

常棣花开了，开得多么艳丽！如今的人啊，没人比得上兄弟。遭遇死亡威胁，也只有兄弟最关心。一旦葬身原野，也只有兄弟拼死相寻。

兄弟之间就没有矛盾吗？“兄弟阋于墙，外御其侮。每有良朋，烝也无戎。”（阋［xì］：相争。烝［zhēng］：长久。戎：帮助。）无论家里打得多热闹，一有外侮，兄弟立刻一致对外。平日所谓的“良朋”，这时却别想见到他们的踪影！

《常棣》共八章，下面还讲到在和平的日子里，兄弟之间应加强联络、聚饮畅叙，不要搞得连朋友都不如——中国传统文化讲求“孝悌”，孝是针对父母的伦理，悌则专指兄弟间的关系。

说是兄弟，当然也包括姊妹。《邶风》中有一篇《燕燕》，是写兄妹之情的。卫君的妹妹要远嫁，卫君送她一直送到郊外：

燕燕于飞，差池其羽。之子于归，远送于野。瞻望弗及，泣涕如雨。

◎燕燕：一对燕子。差（cī）池：参差不齐。羽：翅膀。◎弗及：看不见。

燕子飞来飞去，翅膀前后不齐。妹妹远嫁夫家，送她送到野地。眼看不见人影，泪洒如同春雨。诗的前三章都以“燕燕于飞”起兴，卫君的悲伤也步步升级。直到第四章，才说出悲伤的原因：

仲氏任只，其心塞渊。终温且惠，淑慎其身。先君之思，以勖寡人。

◎仲氏：指妹妹。任：可以信任托付。只：语助词。塞渊：切实而深广。◎终：既。惠：贤惠仁慈。淑慎：善良谨慎。◎先君：指两人的父亲。勖（xù）：劝勉。寡人：卫君自称。

这个妹妹可不简单，虽是女孩子，却能托以重任！她思虑可靠又深沉，性格温婉又慈爱，为人善良又谨重，还常拿先王教诲提醒我，如同我的左膀右臂。——她走了，卫君当然要送了一程又一程。

卫君治国如何，不得而知；不过他是个有情有义的好兄长，却是“有诗为证”的。

饥者歌其食，劳者歌其事

有位东汉学者谈诗歌，说了几句很精辟的话：“男女有所怨恨，相从而歌。饥者歌其食，劳者歌其事。”（何休《春秋公羊传解诂》）这是说，民间诗歌都是有感而发的，受了委屈大家就一同唱起来：饿肚子的，歌词儿离不开食物；劳累受苦的，歌词儿离不开干活。这也符合现代文学理论：文学就是“苦闷的象征”嘛，诗歌的功用之一，便是宣泄内心郁积的情愫。

《国风》《小雅》的作者多为底层百姓，其中自然少不了“饥者”“劳者”。有一首《小雅·苕之华》，就是一首饥民所唱的歌：

苕之华，芸其黄矣。心之忧矣，维其伤矣！

苕之华，其叶青青。知我如此，不如无生！

牂羊坟首，三星在罶。人可以食，鲜可以饱！

◎苕（tiáo）：一种植物，又名凌霄，蔓生，开黄花。华：花。芸：花枯黄貌。◎维：何。◎牂（zāng）羊：母羊。坟：大。三星：一说天上的参星，一说星即鮏（xīng），一种小鱼。罶（liǔ）：鱼笱，捕鱼篓。

可能是遇上了荒年，诗人肚里没食，心里难受。可野地里的凌霄花开了又谢，叶子仍旧一片青葱。想着：真是人不如花啊！早知如此，父母何必生我，来这人世间受罪？

也别说，圈里还有只羊，可瘦得只剩个大脑壳；捕鱼篓里也还有两三条小鱼，虽然可吃，但这一点点东西，哪里吃得饱？只怕越吃越饿！——这滋味，只有挨过饿的人才能体会到。

至于"劳者歌其事"的作品，在《诗经》里不止一篇。其中最有分量的，要数那篇《豳风·七月》，全诗共八章八十八行，在歌咏劳动的诗里，这是不是最早也最长的一首呢？看看第一章：

七月流火，九月授衣。一之日觱发，二之日栗烈。无衣无褐，何以卒岁？三之日于耜，四之日举趾。同我妇子，馌彼南亩。田畯至喜。

◎火：又称大火，星名，即心宿。此星在夏历五月时在正南方，过了六月就偏西向下，故称"流"。授衣：把做冬衣的工作交给女人。◎一之日：指周历正月，即夏历十一月。以下"二之日""三之日"分别指夏历十二月、正月。觱（bì）发：大风呼啸声。栗烈：凛冽。◎褐：粗布衣。卒：过完。◎于耜（sì）：修理农具；耜，一种农具。趾：足。◎馌（yè）：送饭。南亩：泛指农田。◎田畯（jùn）：农官名。

头一章写农夫的劳动生活：七月火星沉，九月备寒衣。冬日风呼啸，腊月

《七月》诗意

冻死鸡。若无寒衣穿，年根儿过不去。正月修耒耜，二月下田地。老婆和孩子，送饭到地里。田官见了笑嘻嘻——田官负责督促耕作，见农夫全家上阵，当然乐得合不拢嘴。

再看第二章：

七月流火，九月授衣。春日载阳，有鸣仓庚。女执懿筐，遵彼微行，爰求柔桑。春日迟迟，采蘩祁祁。女心伤悲，殆及公子同归。

◎春日：指三月。载：始。阳：温暖。仓庚：鸟名，即黄鹂。◎懿筐：深筐。微行（háng）：小道。爰：语助词。◎迟迟：天长。蘩：即白蒿，古人用于祭祀；一说用于孵蚕。◎殆：将要。公子：贵族青年。

仍以“七月流火，九月授衣”开头，下面写女孩儿的劳作：阳春天气晴，黄鹂树间鸣。女孩挎深筐，沿着小道行。专采嫩桑叶，太阳慢腾腾，白蒿采不停。女孩心伤悲：要随公子行。

这后两句，有不同的解释：有人说，姑娘发愁，是怕碰见“官二代”（“公子”）遭劫持、受欺负。也有人说：姑娘已与“公子”订了终身，她愁的是即将离开生养自己的爹娘——至于是当妻子还是做侍妾，就难说了。

以下各章，或写养蚕、织帛做衣裳，或写抓狐狸、捉野猪，或写收拾屋子准备过冬，或写采果子酿酒、摘瓜收菜，或写收谷打场、给公家当差盖房，最后一章则写窖藏冰块、供应祭祀，以及年终杀羊捧酒，到“公堂”上祝尊长“万寿无疆”！

读读全诗，你会发现农夫一年到头不得闲，活计多得数不清！苦是苦，不过也有田猎之喜、收获之乐。你说，这是写“农家苦”还是“农家乐”？也许两者兼而有之吧？

《伐檀》别解，《硕鼠》新说

《诗经》中写劳动的，还有一首《魏风·伐檀》。这诗还被选入中学课本：

> **坎坎伐檀兮，寘之河之干兮，河水清且涟猗。不稼不穑，胡取禾三百廛兮？不狩不猎，胡瞻尔庭有县狟兮？彼君子兮，不素餐兮！……**
>
> ◎坎坎：伐木声，檀：檀树。寘（zhì）：置。干：岸。涟：形容风吹水面，纹如连琐。猗（yī）：语气词，与“兮”作用同。◎稼：种谷。穑：收割。胡：为什么。廛（chán）：即捆。◎狩，猎：即打猎。瞻：看。尔：你，即下文中的君子。县，悬挂。狟（huān）：即獾。◎素餐：白吃饭。

不用说，这是劳动者唱的歌。他们在河边叮叮咚咚地伐檀木，大概是用来打车子吧，因为下面两章的首句分别是“坎坎伐辐兮”和“坎坎伐轮兮”。

工匠在波光粼粼的水边干活，很有点“累并快乐着”的意思。可是一抬头，看见河对岸“君子”的庭院里稻捆堆成山，屋檐下挂着吃不完的獾子、山鸡，气就不打一处来：您老身不动、膀不摇，享受着如此丰厚的劳动果实，凭什么呀？可话却是反着说出来的：人家是君子，从来不白吃饭啊！

诗共三章，每章结尾都重复这么一句话。连为《诗经》作序的毛苌都看出讽刺之意，说这是“刺贪也。在位贪鄙，无功而受禄，君子不得进仕尔”。——这是讥刺贪婪。当官的贪鄙下作，不干活光拿钱，真正的君子却得不到提拔。

宋代学者朱熹不认同毛苌的说法。他认为《伐檀》每章最后两句不是讽刺，而是肯定。他说：“此诗专美君子不素餐，序言刺贪失其指矣。”——这诗高度赞美君子不白吃饭，毛序所说的“刺贪”，离题万里。

朱熹说这话，自有他的根据。孟子的学生公孙丑向老师求教：《诗经》中有“不素餐兮”的诗句，说君子不耕田却可以衣食无忧，这是为什么呢？

孟子回答：君子待在哪个国家，只要国君任用他，他就能让国君“安富尊荣”；年轻人追随他，也能提升道德，成为孝顺父母、尊敬兄长，做事尽心、诚实守信的好青年。所谓“不白吃饭”，还有比这更充足的理由吗？（《孟子·尽心上》）

很显然，孟子是把“君子不白吃饭”当成肯定性叙述，朱熹也同意这看法。那么孟子和毛苌的解释，哪一个更接近诗歌原意？或许这会成为一个永久的谜团吧？

同样收进中学课本的，还有一篇《魏风·硕鼠》。此诗作者应当也是劳动者，而他倾诉的对象，则是“硕鼠”，也就是大田鼠。

硕鼠硕鼠，无食我黍，三岁贯女，莫我肯顾。逝将去女，适彼乐土。乐土乐土，爰得我所。

◎硕鼠：即大田鼠。黍：指庄稼。贯：侍奉。女：同“汝”。顾：体贴，顾念。◎逝：同“誓”，表坚决。去：离开。适：到。乐土：美好的地方。◎爰（yuán）：乃。

一般认为，这首诗表面上是在咒骂贪婪害人的大田鼠，实则影射抨击压榨农奴的领主：大田鼠啊大田鼠，你不要偷吃我的庄稼。我侍奉你这么多年，你一点不肯体贴我。今天我决心离开你，去寻找世间乐土。乐土啊乐土，我就要有我的新家园啦……

对此，毛苌《诗序》和朱熹的看法倒是一致的。只是毛苌认为这里拿硕鼠影射国君，朱熹则认为是喻指“有司”，也就是具体管理者。

问题来了：在二十世纪的“土改”运动中，许多农民仍搞不清是“地主养活农民”还是“农民养活地主”，需要工作队去宣传启发；怎么可以想象两千六七百年前的农奴，已经把这个问题琢磨得如此透彻、歌唱得如此理直气壮？

有没有这种可能，诗中的“硕鼠”指的就是自然界的大田鼠？而此诗则可理解成：田野里发生了鼠害，农民因此发出抱怨和祈求？

在三叠歌词中，诗人一再强调“三岁贯汝、莫我肯顾”（“莫我肯德”“莫我肯劳”），带着埋怨与乞哀的口吻；而接下来的誓言，又分明有着恐吓的成分：我要走了，去寻找我的“乐土”（“乐国”“乐郊”），到那时，看饿不死你！

半是乞怜、半是威胁，这正是民间求神禳灾的常用手段。在那个大小事都需要占卜的时代，民歌中带着一点“迷信”色彩，似乎更正常。

【文摘】

伐 檀

坎坎伐檀兮，寘之河之干兮。河水清且涟猗。不稼不穑，胡取禾三百廛兮？不狩不猎，胡瞻尔庭有县貆兮？彼君子兮，不素餐兮！

坎坎伐辐兮，寘之河之侧兮。河水清且直猗。不稼不穑，胡取禾三百亿兮？不狩不猎，胡瞻尔庭有县特兮？彼君子兮，不素食兮！

坎坎伐轮兮，寘之河之漘兮。河水清且沦猗。不稼不穑，胡取禾三百囷兮？不狩不猎，胡瞻尔庭有县鹑兮？彼君子兮，不素飧兮！

◎直：这里指河水直流的波纹。下文中的“沦”为小波浪。◎亿：束。下文中的“囷（qūn）”也是束的意思。◎特：四岁的大兽。下文中的“鹑”为鹌鹑。◎飧（sūn）：熟食。

硕 鼠

硕鼠硕鼠，无食我黍！三岁贯汝，莫我肯顾。逝将去汝，适彼乐土。乐土乐土，爰得我所。

硕鼠硕鼠，无食我麦！三岁贯汝，莫我肯德。逝将去汝，适彼乐国。乐国乐国，爰得我直。

硕鼠硕鼠，无食我苗！三岁贯汝，莫我肯劳。逝将去汝，适彼乐郊。乐郊乐郊，谁之永号？

◎德：感谢。◎直：值。这里指劳动所得。◎劳：慰劳。◎永号：长叹。

执子之手，与子偕老

《诗经》中还有不少士兵的歌，如《小雅·采薇》《小雅·出车》《秦风·无衣》《邶风·击鼓》《豳风·东山》《王风·君子于役》《小雅·何草不黄》……

比起有家有室的农夫，士兵（征夫）的苦痛更深一层：他们终年奔波劳碌，忍受孤独寂寞，有时还要冒生命危险。看看《小雅·何草不黄》：

> 何草不黄？何日不行？何人不将？经营四方。
> 何草不玄？何人不矜？哀我征夫，独为匪民。
> ◎将：行走。◎玄：赤黑色，即草木枯烂之色。◎矜：通鳏（guān），独身无妻，这里指孤单。◎匪民：非人。

开篇就是三个问句：哪样草不黄？哪一天不忙？哪个人不奔走？我们被派往四方。第二章接着问：哪样草不腐烂，哪个士兵不孤单？可怜我们应征入伍的，难道就不算人？

不算人，难道是野兽吗？诗中接着倾诉：

> 匪兕匪虎，率彼旷野。哀我征夫，朝夕不暇。
> 有芃者狐，率彼幽草。有栈之车，行彼周道。
> ◎兕（sì）：野牛。率：循着。◎芃（péng）：狐狸尾巴蓬松的样子。◎栈（zhàn）：高。周道：大道。

我们不是野牛老虎，却整天在旷野里奔波；可怜我们这些征夫，从早到晚不得安宁！尾巴蓬松的狐狸啊，在草丛里自在安闲。载着士兵的战车啊，沿着大道滚滚向前……原来当个士兵，连野兽都不如！

表现服役之苦的诗歌，还有另外的角度。有一首《君子于役》，出自《王风》，那是士兵妻子所唱的歌：

君子于役，不知其期。曷至哉？鸡栖于埘。日之夕矣，羊牛下来。君子于役，如之何勿思！

◎君子：这里指丈夫。于役：服兵役。◎曷：何，何时。◎埘（shí）：鸡窝。

妻子唱道：丈夫去当兵，归期不分明。啥时能到家？太阳又西沉。鸡群已入窝，牛羊也归屯。丈夫仍在服兵役，让我如何不思君！

下一章重复念叨一遍，到最后一句，变为“君子于役，苟无饥渴”（丈夫服役难归，但愿有吃有喝）。这是妻子退而求其次的心愿，里面包含了多少体贴和挂念。因战争而遭受痛苦、作出奉献的不仅是士兵，还有他们的妻子家人！

妻子思念丈夫，丈夫更思念妻子。《邶风·击鼓》的作者是一名随军远戍的卫国士兵，诗中描述了鼓声震耳的练兵场面以及失马得马的战场插曲、远戍难归的牢骚愤懑，最后写到对妻子的深深思念……

死生契阔，与子成说。执子之手，与子偕老！
于嗟阔兮，不我活兮。于嗟洵兮，不我信兮。

◎契：合、聚。阔：疏、离。子：你，指妻子。成说：约定。◎于嗟：叹词。阔：指距离远。活：即佸（huó），会。◎洵：这里指久远。不我信兮：使我失信。

无论生死聚散，我与你立下誓约：握着你的手，跟你到老不分离！——唉，而今隔山隔水，你我难以相会；唉，而今相隔久远，让我失信于你！

“执子之手，与子偕老”这句士兵的爱情誓言，两千多年来不知打动了多少有情人；当他们手扣手重复着这样的誓约时，一定还伴随着真诚的目光和感动的泪水……

岂曰无衣，与子同袍

《小雅·采薇》是出征士兵所唱的歌。士兵一边采摘薇菜，一边盘算着归期。或许他已获得批准，就要复员还乡了。经历着艰苦的戍边生活，士兵不想抱怨；因为他知道，到这里来是为了对付北方的猃狁（xiǎn yǔn）——那是个北方民族，又称北狄，秦汉时称匈奴；从周代起一直威胁着中原。

采薇采薇，薇亦作止。曰归曰归，岁亦莫止。靡室靡家，猃狁之故；不遑启居，猃狁之故。

◎薇：一种豆科植物，可食。作：生出。止：语尾助词。◎莫：暮。这里指一年将尽。◎靡：无。◎遑：闲暇。启居：安居。启、居都是一种坐姿。

士兵采薇，是为了给军营单调的伙食添个菜吧？薇菜采了又长，就像这戍边的日子没完没了。总说回家，眼看就到了年底。不过士兵知道，有家难归，还不是因为有猃狁存在？终年奔忙不得休息，还不是因猃狁的缘故？

以下士兵又追想戍边生活的艰苦，因为营盘不定，连个信儿也没法给家里捎。不过说到驾起四匹骏马的战车，以及一个月中连打胜仗，士兵的语气里又满含着骄傲！

《采薇》第六章，也是最后一章，士兵终于登上返家的路途。他边走边唱：

昔我往矣，杨柳依依。今我来思，雨雪霏霏。行道迟迟，载

渴载饥。我心伤悲，莫知我哀！

◎依依：柳条飘拂的样子。◎思：语气词，作用与“兮”相同。雨（yù）：作动词；雨雪就是落雪。霏霏：大雪飘飞貌。◎载渴载饥：又渴又饿。◎莫知我哀：没人知道我的哀伤。

从军出征时正值春日，柳条随风飘拂。而今归来，却已是大雪纷飞。可是离家越近，士兵的步子越迟缓：一来饥渴难耐，二来心中不安：离家快一年了，亲人们还不知怎么样呢！一个士兵的哀伤，又有谁能了解？

《小雅》中有一篇《出车》，背景也是抵御猃狁的战争。不过这诗却是以将军的口吻道出。将军名叫南仲，是周宣王的大将，“赫赫南仲”的大名不断出现在诗行中。全诗六章，且看第三章：

昔我往矣，黍稷方华；今我来思，雨雪载涂。王事多难，不遑起居。岂不怀归，畏此简书！

◎黍稷：黍、稷都是五谷名。方华：正开花。◎载涂：满路；涂，即途。◎简书：写在竹简上的文书。这里指王命。

这一章跟《采薇》的尾章十分相像，也是以物候的变化，来衬托戍边时日的漫长。后面则说到国家多难、王事纷繁，军人难得闲暇。至此诗人自问自答：难道不想家吗？只怕王命如山、随时召唤啊！——将军手握兵符、重任在肩，即便也有牢骚苦闷，却不能像士兵那样随便抱怨“我心伤悲，莫知我哀”啊！

军旅诗歌，并非首首叹苦经，也有振奋昂扬的。读读这首《无衣》：

岂曰无衣？与子同袍。王于兴师，修我戈矛。与子同仇！
岂曰无衣？与子同泽。王于兴师，修我矛戟。与子偕作！
岂曰无衣？与子同裳。王于兴师，修我甲兵。与子偕行！

◎袍：战袍。下文中的“泽”指汗衣；“裳”是裙衣。◎王于兴师：奉王命兴师作战。戈矛：戈、矛与下文中的戟都是长柄兵器。◎同仇：目标一致，有着共同仇敌。◎偕作：一同跃起。下文中的"偕行"是一同前进。

这话说得多带劲儿：谁说没有军装？我的战袍就是你的战袍！你我奉王命出征，先来整好戈矛。你的仇敌就是我的仇敌，盯上就跑不掉！——后两章的末句同样令人振奋：让我们一同跃起、一同进击，永远不分离！

这诗出于《秦风》，读着它，不由得让人想到始皇陵庞大的兵马俑军阵！学者说，秦人尚武，他们的战歌里没有忧伤、没有抱怨，有的只是相互的激励和慷慨的誓言！

从这首《无衣》中，你是否听到秦人气吞六合、混一四海的消息？

《玄鸟》《生民》，商周史诗

《国风》《小雅》的作者大半是小人物，吟咏的也多半是个人情怀、身边琐事。《大雅》和《颂》收录的则是贵族之诗、庙堂之曲，多反映贵族生活，也有一些民族史诗等"宏大叙事"。

譬如《商颂》便收有一篇商族史诗《玄鸟》。《商颂》是宋国的庙堂诗歌——宋人是殷商的后裔。

《玄鸟》以神话开篇，事关商族的来历：

天命玄鸟，降而生商。

"玄鸟"就是燕子，因为羽毛漆黑，故称玄鸟。商的始祖契（xiè）是大舜的助手，跟禹、弃同朝为臣，当过司徒，我们后面讲《尚书》时还会提到。

契可不是等闲之辈，他的母亲名简狄，是有娀（sōng）氏的姑娘，嫁给帝喾（kù）为次妃。帝喾即五帝中的高辛，又作帝俊，是黄帝的曾孙。

相传有一回简狄跟两个女伴到河里洗浴，恰巧有只燕子飞来，落下一个鸟蛋。简狄拣来吞吃，竟由此怀孕，生下个男孩儿，就是契。

契长大后很有出息，先是辅佐大禹治水，后来官居司徒，因教化有方被封在商地，赐姓子氏。古人认为这一切都是上天安排，故说“天命玄鸟、降而生商”。

以下又说上帝命契的后代成汤征服四方，“奄有九有”（拥有九州）。他的后辈武丁继承他的事业，驾着插有龙旗的车子，载着祭祀用的洁净黍稷祭祀上苍。于是乎“邦畿千里，维民所止”（国家疆域辽阔，任百姓居住）。四海之人都来朝见，“殷受命咸宜，百禄是何”（殷商受命于天、左右逢源，承受着无尽的福禄）！

《玄鸟》一诗既载神话，又述历史，出语典重，风格庄严。可以想象，在庙堂上伴着凝重的乐舞歌唱时，一定有着震撼人心的力量。

周人的由来也有神话和史诗记述。《大雅·生民》就讲述了周族始祖后稷的传奇故事——后稷便是与契同朝为臣的弃，他的身世同样不平凡：

厥初生民，时维姜嫄。生民如何？克禋克祀，以弗无子。履帝武敏歆，攸介攸止。载震载夙，载生载育，时维后稷。

◎厥：其。时：是。姜嫄（yuán）：炎帝之后，姜姓。◎克：能。禋（yīn）：敬。祀：祭祀。弗：祓，除。这两句是说姜嫄敬奉上帝，以祓除没有儿子的缺陷。◎履：踩。帝：上帝。武敏：拇指印。歆：心动。攸介攸止：神灵保佑赐福。攸，语助词；介、止，都有福佑之意。◎震：通“娠”，怀孕。夙：通“肃”，指独处。

原来弃的娘本是有邰（tái）氏的姑娘，名叫姜嫄，竟也嫁给帝喾，身为元妃，地位在简狄之上。有一回姜嫄到田野里游玩，忽然见到一枚巨大的脚印，不由得心生喜悦，便用自己的脚踩上去比大小。不想这样一来，竟有了身孕，十月怀胎，生下个男孩儿来！

“私生”的孩儿不能养，姜嫄把他远远扔掉：

诞置之隘巷，牛羊腓字之。诞置之平林，会伐平林。诞置之寒冰，鸟覆翼之。鸟乃去矣，后稷呱矣。实覃实訏，厥声载路。

◎诞：生育。置：弃置。腓：庇护。字：养育，喂奶。◎覆翼：用翅膀覆盖、保护。◎呱（gū）：小儿哭声。◎实：是。覃（tán）：长。訏（xū）：大。载：充满。

后稷播种图

孩子被扔到窄巷子里，不想过路的牛啊、羊啊不但不踩他，还用奶汁喂他。又把他扔到树林里，正赶上有人伐木，仍旧将他救起。再把他扔到结冰的河面上，飞来一只大鸟，用翅膀暖着他。大鸟飞走了，孩子开始啼哭，声音又长又响亮，老远就能听见！因为三番两次被抛弃，因而为他取名“弃”。

以后孩子长大了，专爱摆弄个瓜啊、豆啊的，无师自通地学会了种庄稼。经他培植的庄稼，苗齐秆壮、颗粒饱满。弃用收获的五谷祭祀上帝，上帝便赐福保佑整个周族。后来帝舜让弃担任后稷，专管农事，可谓知人善任。

我们回头来看，原来商人始祖契和周人始祖弃竟是同父异母的兄弟！他们的父亲同是帝喾，弃的母亲姜嫄是帝喾元妃，契的母亲简狄是次妃——想来这段神话一定是周人编的，后来的编纂者总是尽力把本族的地位提升到前面。

《大雅》中还有一篇周族史诗《绵》，讲述周人领袖“古公亶（dǎn）父”率领族人从豳（bīn）地迁徙到周原的历史。其中有“来朝走马，率西水浒”（第二天早上骑马沿着水岸奔驰）两句，学者说，后世小说《水浒传》的命名，就源自这两句诗哩。

自然百科与美词总汇

我们选读了三十几首诗，算是对《诗经》有了一点粗浅的认识。

从形式上看，那是个四言诗的时代，诗句多为四字，诗行整齐，节奏明快。个别时候，四言中也夹杂着三言、五言、六言、七言的句子，这又为后来盛行的五、七言诗孕育了胚胎。

一首诗常常有若干章；每章句数可多可少，以四、六、八等偶数句居多，但各章的句数却是基本一致的。

押韵是诗歌的最基本特征，作为诗歌的老祖宗，《诗经》中的作品也不例外。例如《关雎》第一章“关关雎鸠，在河之洲。窈窕淑女，君子好逑”。韵脚为“鸠”“洲”“逑”，这属于隔行押韵，第一句可押可不押。

另外，反复吟咏、章句复沓，是《诗三百》的突出特点之一。至于诗中普遍使用的赋、比、兴手法，我们在前面也已反复提到。

除此之外，《诗》的修辞手法还有不少，学者总结为借代、映衬、对比、拟声、摹状、呼告、夸饰、对偶……句法中又有并列、排比、感叹、问答……需要在读诗时细细体味。

初看上去，《诗》三百不过是些带着田野露珠及青草气味的民歌小调，但静心阅读、反复吟诵，你会被她的真诚、质朴乃至博大深沉所感动。

孔子对《诗》特别感兴趣，并深有体会，曾反复引导督促子弟学《诗》，还说至少可以多认识些鸟兽草木之名。有学者统计过，《诗经》中光是草木名称就出现一百零四种！此外还有虫名二十三种，鱼名十五种，鸟名三十五种，马名三十八种（《诗毛氏传疏·毛诗传义类》）。就这一点而言，《诗经》至少可以赢得“自然小百科”的称号了！

《诗经》还是一部词藻绚烂的大词典，许多当时流行或诗人自铸的生动词语，靠着这部典籍保存下来，一直活在后世的文字世界里。

我们随便翻翻，就会发现“脸熟”的字眼儿或成语，像“窈窕”“于飞”“绸缪”“式微”“弄璋”“弄瓦”“桃之夭夭”“杨柳依依”“信誓旦旦”“之死靡它”“夙兴夜寐”“辗转反侧”“燕（宴）尔新婚”“生死契阔”“今夕何夕”“日居月诸”“风雨如晦”“黍离之悲”“七月流火”“颠倒衣裳”“妻子好合”“兄弟阋墙”“一日不见如三秋”……

这里只抄了一小部分，有心的朋友何不翻开手边的《诗经》，让读诗从“找熟脸”开始?

2

第二辑 Part Two

《尚书》：历久弥新的古史档案

“三坟”“五典”何处寻

清乾隆年间，大才子袁枚买了一处花园，取名“随园”。花园的前主人是江宁织造隋赫德，更早的主人是曹寅，也就是《红楼梦》作者曹雪芹的祖父。

袁枚很得意，逢人便说：我这随园就是《红楼梦》中的大观园啊！他还在园门贴了一副口气很大的对联：

此地有崇山峻岭茂林修竹，
斯人读三坟五典八索九丘。

另一位才子赵翼不服气，故意发帖子给袁枚，向他求借“三坟五典八索九丘”。袁枚知道碰上“较真”的，只好悄悄把对联摘掉。

“三坟五典八索九丘”是啥东西？原来那是上古时代的几部典籍：“三坟”是指伏羲、神农、黄帝的书；“坟”有大的意思。“五典”是指少昊（hào）、颛顼（zhuān xū）、高辛、唐尧、虞舜的书；“典”有常的意思。总之，“三坟五典”是三皇五帝的经典大作就是了。

至于“八索”，就是八卦；“索”即求索。“九丘”是九州的志书；“丘”有聚拢之意，意思是把九州的地理物产、风土人情统统记录到书中来。

这些书，袁枚还真拿不出来。三皇五帝是传说中的帝王，那时的典籍上哪儿找去？不过也别说，“八索”若指八卦，还能从《周易》中找到一些踪迹；而“五典”中的“唐尧”“虞舜”之作，也还能找到几篇，都收在儒家经典《尚书》里。

不错，《尚书》即“五经”之一的《书》，汉代人称之为“尚书”。“尚”跟“上”同义，除了表示时间久远，还带有尊崇之意。

古代史书分记言、记事两类。记言的侧重记录历史人物的言谈、文告等；记事的偏重于记叙历史人物的所作所为。《尚书》所收文献，多半是谈话记录或文告底稿，自然属于记言体。

言谈话语能记入《尚书》的，肯定都是“有身份”的人。的确，书中所收，主要是虞夏商周君王的讲话、号令，也有君臣之间的告诫、谈话之类。文章各有体裁，如“典”“谟”“诰”“训”“誓”“命”等。

“典”的本义是样板、法则。《尚书》开篇的《尧典》《舜典》，便分别记录了上古华族领袖尧和舜的言论事迹：如何为民操劳，如何选贤举能……堪为后世树立榜样，故称“典”。

“谟”即谋，所记为君臣之间的议论谋划。《尚书》中的《大禹谟》《皋陶（gāo yáo）谟》等，便属此类。

“诰”多半是商周君王对大臣百姓的劝导训诫之辞，像《盘庚》《大诰》《康诰》等。其中有些诰文是大臣替君王拟写的，如周代的多篇诰文，即出自周公之手。

“训”是啥意思？您会说：那是上级对下级、长辈对晚辈的训斥之辞吧？您错了，《尚书》中的《伊训》恰恰是一篇臣下教育君王的训词。

“誓”跟战争有关，是君王或统帅检阅部队的誓师之辞，如《甘誓》《泰誓》《牧誓》《秦誓》等，全都措辞激烈、剑拔弩张。

“命”则是天子任命官员、赏赐诸侯的策命之辞。如《毕命》《文侯之命》等。

此外还有一篇《禹贡》，专讲九州地理，体裁不在“典”“谟”“诰”“誓”之列。

有身份的人讲话，自然是以“雅言”（当时的官话）为主。不过那时

“写字”是件奢侈事，所用材料多为竹简、丝帛之类，有的则是铸刻在钟鼎上，颇为不易。因而把语言录为文字时，就要力求精炼、以简取胜。

加上那时大量使用同音字（通假、假借），就是当时人读起来，已十分费力。何况经过千万次转抄，到了后世不知又增加几多讹误。如此一来，三四千年前的“雅言”白话，今天读来便觉得“诘屈聱牙”、晦涩难懂了。

准备读《尚书》的朋友，有点心理准备才好。

今、古文《尚书》之争

在读《尚书》之前，先要“验明正身”；因为在“五经”中，《尚书》的身份疑点最多。

中国号称有五千年文明史，早期的官方文献何止万千。据说春秋时还保留着三千多篇，后经孔子整理，删去虞夏以前不大可靠的部分，只留下一百篇。

这话并不可信：孔子有“历史癖”，自称“述而不作，信而好古”（《论语·述而》），怎么会干出销毁历史文献的事来?

真正销毁文献的是秦始皇！这个暴君要统一天下的思想舆论，大搞“焚书坑儒”，《尚书》也跟其他典籍一同被烧掉了。

山东有个伏生，冒着风险藏起一部来。秦亡后取出，已是残缺不全，只剩二十九篇（一说二十八篇）。伏生便用这个残缺的本子教学生，大家你抄我抄的，用的全是汉代流行的隶书，这就是人们所说的《今文尚书》了。

后来陆续又有几部《尚书》被发掘出来。汉景帝时，鲁恭王为了扩大自己的宫殿，拆掉了相邻的孔子旧宅，从夹壁墙里拆出一批儒家经典来，其中便有一部《尚书》。因为是用秦以前的古体字抄写的，故称《古文尚书》。孔子后人孔安国把它整理出来，献给汉武帝；伏生的《今文尚书》算是有了竞争者。

山东曲阜鲁壁，相传古文《尚书》即由此获得

《古文尚书》比伏生的《今文尚书》多出十六篇来，按说更为宝贵，可官方却不大重视。东汉熹平年间（172—178）国家将五经刻在石碑上，立于洛阳太学，当作儒家经典的标杆；所选的《尚书》文本仍是今文的。直到三国魏正始年间（240—249）重刊石经，《古文尚书》才被刻上石头。

之后屡经战乱，皇家藏书损失惨重，连石经也都毁弃无遗。到了东晋，有个叫梅赜（zé）的大夫又献出一部《古文尚书》来，声称是孔安国做传的本子，共五十八篇。其中三十三篇是从伏生二十九篇拆分而来；另二十五篇则前所未见。

这多出来的二十五篇，据学者分析，很可能是后人伪造的。其中三国学者王肃（195—256）的作伪嫌疑最大。

明代小说《三国演义》里有个“诸葛亮骂死王朗”的故事，王肃便是王朗的儿子。他又是晋武帝司马昭的“老丈人”。他对儒、道之学都有很深研究，曾为《尚书》《诗经》《左传》《礼记》等作注，还撰写了《孔子家语》《孔丛子》等“伪书”。

可能因为有造假“前科”吧，有人怀疑这部五十八篇的“孔传”《尚书》也是他伪造的——虽说伪造，却也参考了大量可靠的文史典籍，价值也还不可低估。

今天我们读到的《尚书》，就是这部五十八篇的《古文尚书》。为了考辨篇章的真伪，宋以来的学者打了几百年笔墨官司，直到近代，还不断有新见解发表出来。

附录：《孔传古文尚书》目录（凡经考证为后人伪造者，加括号以为标识）

【虞夏书】：尧典、舜典、（大禹谟）、皋陶谟、益稷、禹贡、甘誓、（五子之歌）、（胤征）；

【商书】：汤誓、（仲虺之诰）、（汤诰）、（伊训）、（太甲，三篇）、（咸有一德）、（盘庚，三篇）、（说命，三篇）、高宗肜（róng）日、西伯戡黎、微子；

【周书】：（泰誓，三篇）、牧誓、（武成）、洪范、（旅獒）、金縢、大诰、（微子之命）、康诰、酒诰、梓材、召诰、洛诰、多士、无逸、君奭、（蔡仲之命）、多方、立政、（周官）、（君陈）、顾命、康王之诰、（毕命）、（君牙）、（冏命）、吕刑、文侯之命、费誓、秦誓。（另有有目无文的四十二篇，恕不俱录）

《尧典》：不私子孙爱贤人

《尚书》内容按年代可分为三部分："虞夏书""商书"和"周书"。"虞夏书"所收为尧、舜及夏朝的文献。

伏生《今文尚书》开篇只有一篇《尧典》，没有《舜典》；《孔传古文尚书》多出的《舜典》，是从《尧典》分出来的。

尧是上古部落联盟的领袖，名叫放勋，属陶唐氏，又称"唐尧"，是五帝之一。由《尧典》可知，尧特别重视天文历法，命羲和掌管天地四时。

"羲和"这个名字我们并不陌生，她是神话中的太阳女神，生有十个儿子，也就是十个太阳。后来被羿射下九个，天空中只剩了一个。

不过也有神话把羲和说成是太阳的赶车人。屈原《离骚》便有"吾令

古代壁画中的尧帝

羲和弭节兮，望崦嵫而勿迫”（我命羲和勒住马，远望崦嵫别快跑。崦嵫［yān zī］，神话中的山名，为日落之处）的句子；而唐人李贺诗句“羲和敲日玻璃声，劫灰飞尽古今平”，更让人浮想联翩！

不过在尧的时代，“羲和”指的是羲、和二氏。他们负责掌管天地四时，相当于祭司。尧指导他们如何观察日月星辰，如何主持太阳升降的祭祀，如何制定历法、分出四季、设置闰月。因为据说这样一来，人们便能各安其位、恪尽职守。

尧还跟大臣们商讨治理洪水等事。他问：

咨！四岳，汤汤洪水方割，怀山襄陵，浩浩滔天，下民其咨，有能俾乂？

◎咨：嗟叹之词。◎四岳：四方部落的头领。割：害。怀：包。襄：上。俾：使。乂（yì）：治理。

尧问：嗨！四岳，洪水汹涌成灾，包围高山、淹没丘陵，浩浩荡荡弥漫于天地之间，百姓都在哀叹，有谁能派去制服洪水？

四岳一致向尧推举鲧（gǔn）。鲧治水很努力，然而他采取水来土掩、四面围堵的方法，结果九年下来，竟毫无成效！

尧老了，眼见得力不从心，于是动了让位的念头。四岳又向他推举舜。于是尧把自己的两个女儿连同权柄一同交给了舜。

尧的大公无私也正体现在这里。一开始，四岳对尧说：您的儿子丹朱可以继承君位。可尧说：“吁，嚚讼，可乎？”（嚚［yín］：语言悖谬。讼：争

尧舜禅让题材的砖雕

辩。）——唉，他言语悖谬又喜欢争论，哪里能行呢！一句话就给否定了。

后来尧接受了舜，也是因为舜有着人所共知的美德，又在三年考察期间表现优异——儒家后学常将尧、舜并称，尊为圣人！

《舜典》：敞开明堂的大门

舜名重华，属有虞氏，又称“虞舜”，也是五帝之一。《舜典》便是舜的政绩篇。

舜的美德体现在“五典”上。五典也称“五教”，即家庭伦理的五种规范：“父义、母慈、兄友、弟恭、子孝。”

说起来，舜的命可真苦：“父顽，母嚚，象傲。”——他爹是乐官瞽叟，眼瞎而固执；后娘则出言悖谬；同父异母的弟弟象又傲慢骄横。

据民间传说：舜的父母兄弟几次三番想谋害他，曾在他收拾仓房屋顶时撤掉梯子、点起火来；又在他淘井时，往井里扔大石头。所幸全被他躲过了。他忍辱负重、善待家人，居然把关系处理得很好，也为国人树立了榜样。

舜在朝堂代尧接待四方宾客，总是端庄而恭敬；到荒山野岭巡视，即使风雨交加，也从不迷路。尧对他考察了三年，终于把帝位让给他——这种领袖生前便把位置和平移交的做法，有个专称叫“禅（shàn）让”。

舜于是祭告天地、巡行四方、祭祀五岳，又把天下划分为十二州，并制定刑法、放逐不肯听命者。天下人都心悦诚服。

舜执政的第二十八个年头，尧去世了。舜隆重安葬了尧，又进一步革新政治。他召集四岳、十二牧（也就是十二州的头头）议事，命人打开明堂四门，表示要透透亮亮地施政，决不搞“暗箱操作”；这样一来，百姓的疾苦之声，也更容易听到——明堂是部落国家的朝会、祭祀之所，又是最高级别的议事厅。

舜的身边聚集了一大批贤人，而舜最擅长量材录用、让每个人都能发挥出全部才能。他首先任命伯禹做司空，去治理洪水。伯禹就是大禹，是鲧的儿子，这算是“父债子偿”吧？鲧因治水失败，已被舜杀死在羽山！

舜又对弃说：百姓常常饿肚子，你来担任后稷，教百姓种五谷吧。又转而对契（xiè）说：百官不和，父母兄弟不顺，你来当司徒，把五教之德传授给他们。

这里不能不多说两句：禹所担任的“司空”，是负责水土工程的官；禹后来接替舜的位子，成为部落联盟头头，并开创了夏朝。弃的官名是“后稷”，即农事官，“后稷”也便成了他的名字；他是周族的祖先，《诗经·大雅·生民》讲的就是他的故事。契担任的“司徒”是负责教化之官，他是商族的祖先——“天命玄鸟，降而生商”，我们还记得，他的母亲便是吞卵而孕的简狄。

禹、契、弃分别代表着夏、商、周三个部族，三人又同朝为官，同时受到舜的栽培和重用；而他们自己或子孙又都开创了新王朝——这是历史呢，还是传说？抑或两者兼而有之？

除此之外，舜还让皋陶做刑狱官，让垂当百工长，命益负责山林川泽，令伯夷主持祭祀，叫夔（kuí）负责音乐，派龙掌管上传下达的工作……总之，二十二位大臣各司其职，把天下管理得井井有条。

可惜和尧一样，舜也不是什么长生不老的神仙。他三十岁受征召，三十年后正式接替尧的位置；又干了五十年，病逝在去南方巡视的路上——这话肯定也有夸张成分。

他的去世，标志着一个时代的结束。

《大禹谟》："四海困穷，天禄永终"

《尧典》《舜典》是"虞夏书"的内容。而"虞夏书"中还包括《大禹谟》《皋陶谟》等。前头说过，"谟"即谋划、议论之意。

《大禹谟》是舜跟禹、皋陶等几位大臣的聊天记录，不是随便聊聊，聊的都是国家大事。

舜一上来就说：禹，你过来！我身居帝位三十三年了，年将百岁，整天忙于政事，常感力不从心。我看你年富力强、从不懈怠，你来领导我们的百姓吧！大禹谦让说：不行啊，在百姓中，我的威信不如皋陶，您还是考虑他吧。

舜于是转向皋陶说：你当然也很棒！你主管刑狱，并不是一味地滥施刑罚，而是以刑辅教，让老百姓服从中道。皋陶听到表扬，说了下面这番话：

皋陶曰："帝德罔愆，临下以简，御众以宽；罚弗及嗣，赏延于世；宥过无大，刑故无小；罪疑惟轻，功疑惟重；与其杀不辜，宁失不经。好生之德，洽于民心，兹用不犯于有司。"

◎罔：无。愆（qiān）：过失，罪过。◎嗣：后代。◎宥（yòu）：饶恕。◎辜：罪过；不辜就是无罪。不经：不合常法。◎洽：融和。兹用：因此。

皋陶对舜说：那还不是因为您的德治方针好，我们才少犯错误吗？您对待臣下简约，驾驭百姓宽容。惩罚有罪者，不株连子孙；奖赏有功者，常常福及后代。对于无心之过，再大也能宽恕；对于故意犯罪，再小也要惩罚。对有疑点的罪过，总能从轻发落；对不能确定的功绩，往往奖赏从丰。与其误杀无罪之人，宁可放过个把坏蛋。这种"好生之德"（爱惜生命的德政）最让百姓感动，因而百姓也能自觉遵纪守法。

读着这些文字，不由得你不惊讶："罪疑惟轻，功疑惟重；与其杀不辜，宁失不经。"这不就是现代刑法学"疑罪从无"的先声吗？

有人怀疑《大禹谟》出自魏晋人之手，认为这代表着公元三世纪中国学者的刑法观点。即便如此，这已经很了不起了！何况在更早的《尚书·吕刑》中，也已有类似提法，我们后面还要讲到。

仍回到这场君臣谈话上来。舜在肯定皋陶的功绩后，依然坚持自己最初的选择，赞扬禹的治水之功以及为国操劳、谦虚节俭等美德，认为他是接替君位的不二人选。也就在这里，舜说出了那句被后世儒者千万遍念诵的话：

> **人心惟危，道心惟微；惟精惟一，允执厥中。**
>
> ◎惟：虚词。危：险恶。微：幽微难明。◎允：平允。厥：其。

这里所说的"人心"，是指人的欲望；"道心"则指义理。舜说：人心自私而危险，道心则幽微难明；你要精诚专一，不偏不倚地执守中道啊！——这里的"中"，便是儒家所倡导的中庸之道。

舜又叮嘱禹：不要听信"无稽之言"（没根据的话），做事要广泛征询意见；尤其要爱护百姓。他郑重警告说："四海困穷，天禄永终！"——如果海内百姓穷困得活不下去，上帝赐给我们的权柄、福禄也就永远终止了！

于是在正月初一，禹接受了舜的禅让，成了新的部落联盟头头儿。

谛听盘庚的声音

"殷盘周诰"一词出自唐代古文家韩愈的《进学解》。韩愈在文中用"周《诰》殷《盘》，佶屈聱牙"来形容"国子先生"的一肚子"生猛学问"。

“周《诰》”即《尚书·周书》中的《大诰》，“殷《盘》”是《尚书·商书》中的《盘庚》。国子先生能读这样深奥的文章，学问肯定不小——“殷《盘》周《诰》”后来也成为《尚书》的别称。

盘庚本是商代帝王，他是商朝创立者成汤的十世孙。他做商王时，商的国都设在黄河以南的奄，也就是今天山东曲阜一带。盘庚力主把国都迁往黄河以北的安阳去。

商族有个特点，似乎特别喜欢搬家。商汤之前，商族的政治中心便迁徙过八回。商汤立国以后，又迁徙过五次。学者们探讨商族爱“折腾”的原因，有几种说法：一是商族居住在黄河边上，常受洪水威胁，不得不时常“挪窝”。二是商族从事游牧活动，要不断迁移，寻找肥美的水草。此外，殷商上层争权夺利，也常常导致另起炉灶式的迁徙。还有学者说：青铜器对商族很重要，他们之所以迁徙，是为寻找新的铜矿……

至于这回盘庚迁都的理由，据诰文中说，是商族遇上了“大虐”——可能是自然灾害，也可能是政治、军事危机。不过商族臣民们多半不愿意搬迁，闹腾得很厉害。

盘庚心知肚明：这全是贵族在下面捣鬼！因为迁都对贵族的影响，实在比平民大得多。于是盘庚把贵族大臣召来，向他们发表演说，既有苦口婆心的劝导，也有软中带硬的威吓。

盘庚先从历史说起，说是先王恪守天命，却也迁都五次；我这样做，不过是效法先王而已。从前先王最喜欢任用贵族旧臣，为什么呢？因为先王发布政策指示，这些旧臣从不打折扣，总能如实传达给百姓，因而先王敬重他们。可是看看你们：大嚷大叫、胡言乱语、夸大其辞，我真不知你们想干什么！

盘庚越说越气，威胁说：你们不能向民众传播我的善言，你们就给自己种下了祸根！——何况你们的寿长命短，全都捏在我手心儿里呢，你们怎么敢背着我妖言惑众？①

---

① 矧予制乃短长之命！汝曷弗告朕而胥动以浮言？（矧［shěn］：况且。制：掌控。乃：你们。曷：何。朕：我。胥：相。浮言：流言。）

盘庚很有演说才能，讲话张弛有度。一会儿跟贵族们拉关系、套近乎，反复讲：我先王跟你们的祖先同甘共苦、开创大业，我怎好对你们滥施刑罚呢？但话锋一转，又警告说：你们心存歹念、不肯悔改，我先王自会告诉你们的祖先，让他们抛弃你们，眼看着你们去死！

盘庚在讲道理时，还不时运用比喻。如说到迁都，就打比方说："若颠木之有由蘖。"[①]又说有些贵族在背后捣鬼，"予若观火"（我像看火那样看得很清楚）！并警告说：搬弄是非者"若火之燎于原，不可向迩，其犹可扑灭？则惟汝众自作弗靖，非予有咎"。[②]——你们这样做，如同点起燎原之火，连靠近都不可能，又岂能扑得灭？烧了你们自己，可是你们自作自受，怪不得我了！

《盘庚》共分上中下三篇，是《尚书》里篇幅最长的篇章之一，很可能是几次讲演稿的汇编。不过盘庚的口舌没白费，商族因这次迁都而获得复兴之机，以后历经八代十二王，二百七十年间没再迁徙过。

安阳甲骨

新都安阳在当时叫"殷"，商族也因此称为"殷"。二十世纪初，考古工作者发掘了位于安阳小屯的殷都遗址，获得大批珍贵文物，包括许多青铜重器以及十五万片占卜用的甲骨——著名的甲骨文就出自这上面。此地也被命名为"殷墟"，成为中国第一个有文献及实物可考的古代都城。

① 颠：倒下。蘖（niè）：树木砍倒后再生的枝芽。此句意为：像倒伏的枯木根部又长出新枝条。

② 向迩（ěr）：靠近。弗靖：不善。咎：过错。

《汤誓》："时日曷丧，予及汝皆亡"

读罢"殷《盘》"，本应说说"周《诰》"。可是且慢，还是先来读几篇"誓"辞吧。从年代上看，它们的撰写时间更早。

《尚书》中第一篇战争誓辞是《甘誓》，那是夏启为讨伐有扈氏发表的誓师演讲——夏启是禹的儿子，相传禹在东巡途中死于会稽，临死前把天下传给大臣益。可是诸侯不去朝拜益，反而纷纷跑去拥护禹的儿子启。于是子承父位，启顺理成章坐上天子宝座。以往尧传舜、舜传禹的禅让制度自此瓦解，"公天下"变成了"私天下"。

天下成了一家私产，当然有人不服。有扈氏便出头挑战启的权威，双方在甘地展开了一场大战。甘在今天的陕西户县（一说河南洛阳）附近。启所发表的战争宣言，也便称为《甘誓》。

《甘誓》十分简短，不足百字。意思分两层，前面叙述夏王启临战召见领兵的六卿，宣布有扈氏的罪状，乃是"威侮五行，怠弃三正"，即蔑视金、木、水、火、土"五行"（这里代表自然及社会秩序），遗弃天、地、人"三正"，启因此要代天行讨。接着他发布命令说：

> 左不攻于左，汝不恭命；右不攻于右，汝不恭命。御非其马之正，汝不恭命。用命，赏于祖；弗用命，戮于社，予则孥戮汝！
>
> ◎恭命：绝对服从，听从命令。◎御：驾驭战车。◎用命：听从命令。祖：祖庙。◎社：神社。孥（nú）：贬为奴隶。

这是说：车左的将士如不努力射杀左边的敌人，你就是不听命令！车右的将士如不努力刺杀右边的敌人，你就是不听命令！中间的驾车人如不正确驾驭马车，你就是不听命令！凡听从命令、英勇杀敌的，告捷后可到祖庙领赏；不听命令的则要到神社受罚：我将把你们贬为奴隶，甚至砍掉脑袋！

你看，尧舜时代那种宽和、谦逊的行事态度，而今已被恶狠狠的誓辞、你死我活的争斗所取代！历史学家认为，这里反映的是那个时代的真实面貌——部落领袖由推举转为世袭，乃是历史的必然。

夏启用武力捍卫了天子宝座，而五百年后商人灭掉夏，同样也是倚仗武力。《尚书·商书》头一篇《汤誓》，便是商代开国之君汤讨伐暴君夏桀的战争檄文。

汤即成汤，是契的十四世孙。桀则是夏朝的末代天子，相传他暴虐无道、罪恶累累。

决战前夕，商汤发出动员令说："格尔众庶，悉听朕言。非台小子敢行称乱。有夏多罪，天命殛之！"（格：来。众庶：众人。台［yí］：我。殛［jí］：诛杀。）——来吧各位，听我说几句！不是小子我胆敢作乱，是因夏王罪恶滔天，我奉上帝之命来诛灭他！

夏王有什么罪恶呢？汤说：夏桀耗尽民力、为害都城，百姓被他搞得民不聊生，都发誓说："时日曷丧，予及汝皆亡！"（时日：这个太阳。曷：何时。）——太阳啊，你何时灭亡啊？我们情愿跟你一块灭亡！

这个太阳，指的便是夏桀！这句口号还被孟子引入著作、广为传扬，成了极具鼓动性的抗暴誓言！

天听自我民听

《汤誓》很简短，还不到一百五十字；相比之下，周武王讨伐商纣王的《泰誓》要长得多；分上中下三篇，将近千言！

《泰誓》即《太誓》，也写作《大誓》，是《尚书·周书》的头一篇。武王十三年春，天下诸侯会师孟津，准备跟殷商王朝决一死战。《泰誓》便是周武王阅兵时发表的战前动员。

武王说：啊，友邦的君主，我的部下，请听我的誓词："惟天地万物父母，惟人万物之灵。亶聪明作元后，元后作民父母！”（亶［dǎn］：诚实无妄，真实。元后：大王。）——天地是万物的父母，人是万物的精灵。真正聪明的人才能做“元后”，元后便是百姓的亲爹娘！

大战在即，武王怎么还有闲心讨论什么“元后”呢？原来他要说明：商纣王当“元后”不够格！

纣王又称帝辛，是商朝最后一位君主，史书对他褒贬不一。有人说他天资聪颖、膂力过人，能“手格猛兽”；又说他重视农桑、发展经济，曾用兵东夷，把殷商的疆域扩展到江淮一带。不过也有人说他刚愎自用、穷奢极侈、残害忠良……

武王《泰誓》中就数落他的种种恶行：不敬上帝、沉湎酒色、残暴嗜杀、族灭百姓、任用小人、大兴土木，甚至动用炮烙之刑残害大臣，还剖腹剔骨、虐害孕妇……这一系列罪行，我们在后世小说《封神演义》都见识过了。别以为那是“小说家言”，一款款都在《尚书》里写着呢！

贬损了一通敌人，武王又鼓舞战友说：“受有臣亿万，惟亿万心；予有臣三千，惟一心！”“受”是纣王的名字，这几句是说：纣王有亿万臣民，却有亿万条心；我只有三千部下，却是三千人一条心！

这话在誓辞中反复强调，后面又说：“受有亿兆夷人，离心离德；予有乱臣十人，同心同德。”（亿兆：亿万。夷人：百姓。乱臣：治乱之臣，贤臣。）——这里的“离心离德”“同心同德”，后来都成了熟在人口的成语。

夏启的《甘誓》、商汤的《汤誓》，都不约而同提到天命，周武王自然也不例外。他说：如今商已恶贯满盈，“天命诛之”，我如果不顺从天命，“厥罪惟钧”（我的罪过就跟他一样了）！

不过武王对“天命”的解释，又跟“民”连在一起。他说：“天矜（怜悯）于民，民之所欲，天必从之。”又说：

> 天视自我民视，天听自我民听。百姓有过，在予一人，今朕必往！

上帝用百姓的眼睛来看、用百姓的耳朵来听。百姓若有过错，由我一人担责。今天，殷商我是伐定了！

当然，这样一场大战，胜负难料；武王也心知肚明，所以“丑话说在前头”：

予克受，非予武，惟朕文考无罪；受克予，非朕文考有罪，惟予小子无良。

◎克：战胜。武：勇武。文考：父亲文王；此前纣王诬陷文王有罪，曾将他囚于羑里。◎无良：无能。

如果我战胜商纣，那不代表我勇武善战，是因为我父文王无罪（公正的老天助我战胜纣）；但如果纣打败我，那也不能证明我父有罪，那只能说明我小子无能啊！

《牧誓》传出喊杀声

《泰誓》是伐商之战的总动员，讲理的成分多，难免啰嗦。学者对这篇长文表示怀疑，认为有可能出自后人的伪托。不过接下来的《牧誓》，却是货真价实的周代文献，记录了武王伐纣的喊杀声！

武王率领诸侯联军推进到商都朝歌的郊区牧野：

（武王）左杖黄钺，右秉白旄以麾，曰：“逖矣，西土之人！……”

◎杖、秉：这里做动词，持。钺（yuè）：大斧。旄（máo）：装饰牛尾的旗子。麾：同挥。◎逖（tì）：远。

你看，战车上的武王左手拄着代表权力的黄色大斧，右手挥着装饰牛尾的白旗，高喊着：路途遥远啊，来自西方的勇士们！

大战在即，容不得长篇大论。不过武王为了聚拢人气，把参战的每一位都招呼遍了：

嗟！我友邦冢君（指诸侯），御事（王室近臣），司徒、司马、司空、亚旅、师氏，千夫长、百夫长（以上是官名），及庸、蜀、羌、髳（máo）、微、卢、彭、濮（以上是国名地名）人！称尔戈，比尔干，立尔矛，予其誓！

◎称：举。戈：一种长柄兵器。比：排列。干：盾牌。

武王招呼大家：举起你们的长戈、排起你们的盾牌、竖起你们的长矛，来听我宣读誓辞！

商纣的罪行不能不说，因为这是讨伐的根据。在简单的陈述中，武王特别强调纣王一味听信女人："古人有言曰：'牝鸡无晨，牝鸡之晨，惟家之索。'今商王受，惟妇言是用……"（晨：打鸣报晓。索：尽，破败。）这话引用古谚，说母鸡不会打鸣报晓，母鸡若打鸣报晓，这个家就完了！而今商纣就是一味听从女人的话……这让人想起了"欲加之罪、何患无词"的老话！

接着武王下达战斗命令：

今予发，惟恭行天之罚！今日之事，不愆于六步、七步，乃止，齐焉。夫子勖哉！不愆于四伐、五伐、六伐、七伐，乃止，齐焉。勖哉夫子！尚桓桓，如虎如貔，如熊如罴，于商郊。弗迓克奔，以役西土。勖哉夫子！尔所弗勖，其于尔躬有戮！

◎愆（qiān）：超过。◎夫子：古代对男子的美称，这里指战士。勖（xù）：勉励。◎桓桓：威武貌。貔（pí）：豹类猛兽。罴（pí）：大熊。◎迓（yà）：迎。克：杀。奔：来投奔的人。◎躬：自身。

牧野之战

武王喊话说：今天，我姬发就来代行上帝的惩罚！今天作战，别超过六七步，大家就停下来整整队；勇士们，加油啊！刺杀时别超过四、五、六、七次，大家就停下来整整队；加油啊，勇士们！咱们就该威武雄壮，如虎如豹、如熊如罴，在商郊决一死战！对前来投奔的，别杀掉他们，留着为我们西土效力。加油啊，勇士们！谁如果不拼死杀敌，就等着回去挨刀子吧！

这篇《牧誓》出自史官记录，应该是真实的。从武王杀气腾腾的话语里，我们已能预见到战争的惨烈！

后世儒家把周人伐商想象得过于浪漫，仿佛正义之师一到，一切都瓦解冰消！孟子读《尚书·武成》篇，见其中描述商周大战，打得“血流漂杵”，便质疑说：“以至仁伐至不仁，而何其血流杵也（以最仁义的去讨伐最不仁义的，何至于血流成河、把长兵器都漂起来了）？”孟子由此得出结论：“尽信《书》，则不如无《书》。”

孟子的道理讲得不错：读书要勤于思考，不可全信。不过就事论事，在讨论商周之战时，孟夫子还是太天真了！

《洪范》九畴，五行三德

无论《泰誓》还是《牧誓》，数说纣王的罪恶都少不了这几条：疏远老臣、抛弃兄弟、“剖贤人之心”。这说的是纣王残害三位宗亲的史实。

一位是箕子，他是纣的叔父。他见纣不听劝谏，便“佯狂为奴”（装疯后被贬为奴隶），直到武王灭商后才重获自由。

另一位是纣王的庶兄微子，他见弟弟荒淫无道又不听劝谏，便逃到民间隐居起来。武王灭商后，微子自行捆绑了，带着礼器投降武王。后来他被封在商丘，延续殷商王族的香火，是为宋国。孔子就是这一支的后裔。

第三位是纣的叔父比干，他官至少师，为人正直。因屡屡劝谏，惹得纣发起火来，说圣人的心有七窍，我倒想见识见识！于是残忍地把比干剖心杀害！不知为啥，后世将比干尊为财神。——孔子称赞“殷有三仁焉”，说的就是这三位。

周人本来生活在西部，文明程度不如殷商。武王得天下，很想向殷商贵族讨教治国经验。找谁呢，武王想到了箕子。

箕子见武王屈尊求教，大受感动，便“竹筒倒豆子”，把殷商文化及统治经验讲了个底儿掉！这些话被记录下来，便是《洪范》。“洪范”即大法的意思。

箕子说：从前鲧用堵塞的方法治理洪水，坏了五行的规矩，上帝很不高兴，因而不肯向他透露天机。鲧的儿子禹接替治水，方法正确，成效显著；上帝便把“洪范九畴”颁给他，治国也便有了秩序和依据。

所谓“洪范九畴”，即九种大法。哪九种呢？一“五行”；二“五事”；三“八政”；四“五纪”；五“皇极”；六“三德”；七“稽疑”；八“庶征”；九“五福”“六极”。不由得你不佩服：箕子真是博闻强记，难怪有人把他奉为中国哲学第一人！

就来看看“五行”吧。那是指水、火、木、金、土，据说世界便是由这五种物质构成的。“五行”还与五味相对，便是（水）咸、（火）苦、（木）酸、（金）辣、（土）甜。

“五事”则指在位君子的五种作派：貌、言、视、听、思。也就是貌要恭敬，言要顺从，视要明白，听要聪敏，思要睿智。

“八政”呢，是指八种官位，分别是：食（农事官）、货（财货官）、祀（祭祀官）、司空（工程官）、司徒（教化官）、司寇（刑狱官）、宾（礼宾官）、师（军事官）。八政齐备，各司其职，还怕国家不上轨道吗？

另外还有“五纪”，那是历法，包括年、月、日、星辰和历数。

“三德”则指“正直”“刚克”“柔克”三种统治方式，亦即正直的、强硬的和温柔的。至于如何运用，则要“看人下菜碟”：对待平直的人，就用正直的方式；对付桀骜不驯的，就用强硬的方式；对待可以亲近的，就用柔和的方式。总的说来，对待底层百姓（“沉潜”）要强硬，对待贵族（“高明”）要温柔。

最后的“五福”“六极”是指种种吉凶遭际：“五福”是长寿、富贵、康宁、修德、善终（“一曰寿，二曰富，三曰康宁，四曰攸好德，五曰考终命”）。“六极”则是指短命早死、疾病、忧患、贫穷、凶事、衰弱（“一曰凶短折，二曰疾，三曰忧，四曰贫，五曰恶，六曰弱”）。——高高在上的君王既可把“五福”赐给臣民；不用说，也能给他们带来“六极”之祸！

“皇极”迷梦与“作威作福”

《洪范》九畴的核心，是第五条“皇极”，讲的是君王的统治术。这些统治原则包括要赐福给臣民，以获得他们的拥护；要进用贤人，宽恕有过失者；不要虐待孤苦者，也不应惧怕权贵；最重要的，是要臣民知道，“王道”是天下的唯一正道：

> 无偏无陂，遵王之义；无有作好，遵王之道；无有作恶，遵王之路；无偏无党，王道荡荡；无党无偏，王道平平，无反无侧，王道正直。
>
> ◎陂：即颇，指不平不正。◎好：私人利益。◎党：朋党。荡荡：宽广。◎侧：倾侧。

这几句“顺口溜”，是君王对臣民的要求：不要偏颇，要遵循王的正道；不要顾及私利，要遵循王的正道；不要私下作恶，要遵循王的正道；

不要偏心、不要结党，王的正道多宽广；不要结党、不要偏心，王的正道最坦平；不要违反、不要倾侧，王的道路直又正。

总之，君王最担心的，便是臣民“结党营私”。“皇极”再三重复：所有庶民都不要结为朋党，所有官员都不要朋比为奸，只能一心一意遵循王的准则！[①]

君主专制的思想贯穿《洪范》全篇。如“三德”中也反复叨念：只有王才有权给百姓赐福，只有王才有权对百姓施刑，也只有王才能享用锦衣玉食。[②]当臣子的，则无权“作福、作威、玉食”，否则就会危及王室、颠覆社稷、犯上作乱！

原来“作威作福”一词来自这里！不过我们又不免窃笑：统治者高高在上、“作威作福”也就罢了，竟还把享受美食的权力当作一件大事，正经八百地写进“洪范”大法里，不禁让人联想到鸡狗抢食、骡马护槽！

更可笑的是，殷商君臣总结了这么多条条款款，理应把江山统治得铁桶一般！可实际上，周武王诚惶诚恐聆听的，却是一个坍台王朝的治国经验，这是很有点讽刺意味！

《洪范》为历代君王设计了一个金光闪闪的梦：千万臣民自愿放弃自己的权力和自由，无条件服从君王，一心维护君王“作福、作威、玉食”的权利……历史却告诉人们：这始终只是统治者的黄粱梦而已！

箕子《洪范》受到周人高度重视，而箕子本人倒并未在周朝谋官。相传他带着五千殷商遗民远走朝鲜半岛，与当地土著结合，在平壤建立了“箕子朝鲜”。

箕子还带去中原先进的文化及农桑技术，并制定了“犯禁八条”等法律条文。一时之间，“箕子朝鲜”声名远播，被誉为君子之国。——有人说，朝鲜民族至今喜穿白色衣裙，也还是商代“尚白”的遗风呢。

① 凡厥庶民，无有淫朋，人无有比德，惟皇作极。（厥：其。淫朋：指通过交游结为邪党。比德：与淫朋义近；比，勾结。）

② 惟辟作福，惟辟作威，惟辟玉食。（辟：君王。作福：赐福。作威，施刑罚。玉食：美食。）

成王《大诰》，周公东征

说说“周《诰》”吧。

“周书”中的诰文不止一篇，除了《大诰》《康诰》《酒诰》《召诰》《洛诰》，还有《金縢》《无逸》《多士》《立政》等，多半都跟周公有关。各位还记得，“诰”是君王对大臣、百姓的劝导训诫文告。

周公名旦，是周文王的儿子，周武王的弟弟，排行老四。因封地在周，故称周公。武王活着时，周公一门心思辅佐这位二哥；武王死后，周公又全心全意扶保武王的儿子姬诵，也就是周成王。

桐叶封弟

成王当时还是个孩子，只有十二岁。周公一面代他处理国事，一面又不忘教导这个侄子，让他知道怎样当个合格的天子。

有一回，成王在花园玩耍，捡起一片桐树叶，剪成圭的模样交给弟弟叔虞说：“我把唐地封给你。”周公听了，去问成王：“您是把唐封给叔虞了吗？”成王说：“哪里，我是说着玩的！”周公严肃地说：“天子无戏言！你所说的每一句话，都要记入史册的！”——成王只好把唐封给了叔虞。通过这件事，这位少年天子懂得了“金口玉言”的分量。（载《吕氏春秋》）

武王的兄弟不止一个，除了周公，还有管叔、蔡叔、曹叔、成叔、霍叔、康叔、毛叔郑、召公、毕公等。看到周公大权在握，有几个兄弟心怀不满；“三监之乱”就是这么发生的。

原来，周灭掉商，把商的原有地盘一分为三，分别命武王的三个弟弟管叔、蔡叔、霍叔监管（一说监管者还有纣王之子武庚），号称“三监”。武王死后，管叔、蔡叔便勾结武庚发动叛乱，要来夺权谋位。

被逼到墙角的周公别无出路，只好领兵迎战。在出征之前，他以成王口气发表文告，表明心迹，便是那篇《大诰》。“大诰”有广而告之的意思。

因为是代表年幼的天子讲话，所以《大诰》的语气十分谦逊，但态度却无比坚定。开篇即说：不幸啊，上天连降灾祸，而我这年轻幼稚的君主继承了伟大的王业，却没有贤哲相助，不能令民众安康，更不用说推知天命了！

面对重重困难，诰文形容说：我小子就像站在深渊旁准备渡河的人，我一定要找到渡河的方法！①

不过诸侯及王室近臣却都疑虑重重，说：这回局势严重，百姓不安，祸患出于上层，即便占到吉卦，也不妨违背一回；还是不要东征吧！

可是周公一旦打定主意，就是九头牛也拉不回来！为了说服众人，周公拿盖房、种地打比方，说：当爹的要盖房，已经画好图纸，儿子却不肯夯地，更别提盖房了！当爹的种庄稼，已经犁好地，儿子却不肯播种，就更别提收割了。如此这般，爹能放心地说“我有子孙后代，不会荒废我的基业”②吗？

怀着继承先王伟业的志向，肩负着辅佐幼君的重任，周公不顾众人的质疑和反对，毅然率师踏上征程。历经三年苦战，终于打败了东方叛军，从而牢牢夯实了西周王权的基础！

---

① 予惟小子若涉渊水，予惟往求朕攸济。（攸：所；攸济就所济，指渡河的方法。）

② 若考作室，既厎法，厥子乃弗肯堂，矧肯构？厥父菑，厥子乃弗肯播，矧肯获？厥考翼其肯曰：“予有后，弗弃基。”（考：父亲。作室：盖房。厎［dǐ］：定。法：图纸。堂：夯土做地基。矧：况且。构：建屋室。菑［zī］：开荒犁地。翼：语气词。其：岂。后：继承人。弃基：废弃基业。）

周公是怎样“贬低别人、抬高自己”的

周公是周朝的忠臣良相，又是儒家推崇的圣人。他忠诚能干，处事稳健，有着安邦定国的大智慧。东征胜利后，他对叛逆者并未赶尽杀绝，仅仅处死了首恶武庚和管叔；对参与者蔡叔、霍叔等只作流放、废黜等处罚；同时又任用蔡叔的儿子，封在新蔡。

对于降而复叛的殷人，周公也并未断绝其香火。他把微子封在商丘，以承商祀，是为宋国。

周公还在东方营建起一座大城——洛邑，又叫成周，把殷族的上层人物迁移至此。此外又继承前代文化，制定礼乐制度，也就是周礼。

周公特别爱才，听说有贤人来访，如果正在吃饭，就赶紧把嘴里的食物吐出来；如果正在洗澡，也赶紧把头发挽一挽，忙着出来会客。后人称赞他“一饭三吐脯（肉干），一沐三握发”。曹操作诗就曾说：“周公吐脯，天下归心！”正是拿周公自比。

不过周公活着的时候，因为功劳太大、权力太高，没少受人猜忌。就是侄子成王，对他也是心存敬畏，常在心里“犯嘀咕”——他哪知道周公对他父子俩的一片诚心呢？《尚书》中有一篇《金縢》，记录了这样一件事。

周人灭商次年，武王姬发患了重病。周公背着人建起三座祭坛，坛上放置玉璧，自己捧着玉圭，向故去的曾祖太王、祖父王季和父亲文王祷告。

周公的祷告词挺有意思，可谓“贬低别人、抬高自己”。他说：先王啊，您的长孙姬发得了重病，是不是您三位在天上需要子孙去服侍啊？如果那样，就让我姬旦来顶替吧！我这个人能说会做、多才多艺，擅长服侍鬼神。至于您的那个长孙姬发，可不像我这么能干，他哪里服侍得好呢？……如今我已用神龟占卜，如果您同意我的请求，我就带着璧和圭回

周公

去等候您的命令；如果您不同意我的请求，我就把璧和圭丢掉。[①]

周公在三王灵前各放一只神龟占卜，结果竟都是吉。再翻开占书一查，也都是吉兆。周公这才放心，于是把祷告词放到一只匣子里，用金线缠裹，收藏起来。到了第二天，武王的病居然好了。

以后周公辅佐成王，大权在握。管叔等人到处散布流言，一时“主少国疑”、政权不稳。周公于是率军东征，收拾了管叔、蔡叔等。然而在成王看来，这毕竟是一场“叔叔间的战争”，心里难免结了疙瘩。

周公死的那年秋天，本来丰收在望，忽然电闪雷鸣、狂风大作，不但庄稼倒伏，连大树也都被连根拔起！成王和大臣们惊恐万状，穿戴起礼服礼帽，战战兢兢打开金线封缠的匣子，看到了周公的祷告词。成王拿来问史官，史官说：周公让我们保密，我们哪里敢泄漏呢！

成王捧着祷告词哭泣说：周公替王朝辛苦操劳，我这当晚辈的竟然不知道！如今这是老天发威、来彰显周公的盛德啊！我得亲自去主持周公的改葬仪式。

说来也怪，成王刚到郊外，天就下起雨来，风向也变了，倒伏的庄稼又都立起来。太公、召公命百姓把倒伏的大树都扶起培牢。这一年，获得了少有的好收成！

这篇《金縢》可能是战国时人根据周初的史料编写的，从中还可看出

① 惟尔元孙某，遘厉虐疾。若尔三王，是有丕子之责于天，以旦代某之身。予仁若考，能多材多艺，能事鬼神。乃元孙不若旦多材多艺，不能事鬼神。……今我即命于元龟，尔之许我，我其以璧与圭，归俟尔命，尔不许我，我乃屏璧与圭。（元孙：长孙。某：代武王之名。遘［gòu］：遇。厉：危。虐疾：恶疾。丕子之责：长子之责。旦：周公之名。仁：当为佞，善于应对。若：而。考：巧。元龟：占卜用的大龟。俟：等候。屏［bǐng］：丢弃。）

商周时人们对天命的重视，即使像周公这样的开明人士，也深信不疑。

至于文中记录的种种奇迹，是偶然的巧合，还是编写者的虚构，则只有“天知道”了。

《无逸》：填平两代人的“代沟”

成王长大成人时，周公已“监国”七年。周公于是还政于成王，但还是不放心，生怕年轻人耽于享乐、荒疏朝政，于是写下这篇《无逸》——“无逸”就是不要贪图安逸的意思。文章开头是这么写的：

周公曰：呜呼，君子所其无逸！先知稼穑之艰难，乃逸，则知小人之依。相小人，厥父母勤劳稼穑，厥子乃不知稼穑之艰难，乃逸，乃谚既诞。否则侮厥父母曰：“昔之人无闻知！”

◎所：处，指在位当官。◎稼穑：指农事，农活。小人：指劳动者。依：苦衷。◎相：观察，看。谚：这里意为粗暴恣肆。诞：狂妄自大。◎昔之人：老人，思想意识过时的人。

周公说：哎，君子身居要位，可不能贪图安逸啊!先得体会种田的艰辛，然后再考虑享乐，才能真正了解百姓的劳苦。你看那些年轻人，他们的爹娘辛苦种田，当儿子的却不知种地的艰难，只想着吃喝玩乐，又缺乏教养、放肆狂妄，甚至看不起老子娘，说是：你们这些“老背时的”懂得个啥!

你看，周公属于周朝第一代统治者，尚未远离农耕生活，对民间老少存在“代沟”的情形也了如指掌；模拟起“时髦青年”的口气，简直惟妙惟肖！而这个生动的开头，正是要引发成王的兴趣，提起下面的话题。

谈话的对象既然是天子，单单拿农家小子“说事儿”当然不够，周公还得从历代帝王说起。他最先提到殷中宗，说中宗心存敬畏，以服从天命为己任，小心对待百姓，从不敢贪图享乐。这位贤王在位时间最长，长达七十五年！

殷高宗呢，当太子时就爱护百姓。先王死后，高宗即位，因“亮阴”而三年不语。“亮阴”又作“谅阴”，是一种礼仪制度。即先王过世，后王要守孝三年；这期间不过问政事，一切委托给宰臣。而高宗亲政后，同样勤于国事、远离享乐，在位时间也不短，有五十九年！

以下又举殷王祖甲的例子，说他开始时做得不够好，被流放于民间后，幡然醒悟，再度登上王位，一干就是三十三年。——周公的意思很明显：只有勤于政事、远离享乐，王位才能坐得长久。

可是自武丁以后，一代代商王都染上享乐的坏毛病，再也不肯关心百姓疾苦，结果个个都是短命鬼，在位时间没有超过十年的，短的只有三四年！

说罢殷商诸王，周公当然不忘数说周族先王：太王啊、王季啊，尤其是文王，勤政亲民、惠及孤苦，一天忙到晚，常常连吃饭工夫都腾不出来，哪里有闲暇打猎游乐？他虽然中年后才接过国家担子，在位时间仍有五十年之久！

周公恳切地对成王说：哎！从今日起，您这继位的王千万不要沉湎于观览、享乐、游玩、田猎，要为万民做个好榜样，千万别说：让我们今天玩个痛快吧（“无皇曰：‘今日耽乐’”）！

周公又滔滔不绝讲了不少，恨不得把自己的人生理念、政治经验一骨脑儿全灌进成王脑子里。文章最后一句是：“呜呼！嗣王其监于兹！”哎，继位的王啊，你要把这一切当成镜子啊！

这番话语重心长、饱含期待。只是不知成王听到这里，是眼噙热泪、心潮澎湃呢，还是像那个农家子弟一样，在心里叨咕一句“昔之人无闻知”？

《吕刑》的司法观念有多先进

《尚书》中还有一篇《吕刑》，相传是周穆王时的文献。

穆王是周朝第五代天子，人称“穆天子”。相传他驾着八匹骏马拉的车子巡行西域，还会见了那里的女酋长西王母——小说《西游记》中的王母娘娘，便是由她演化而来。

周穆王不满意传统的刑法，命大司寇吕侯（又称“甫侯”）制订新的法典。法典订得很细，共有三千多条，可惜没能传下来。不过有关新法典的指导思想，却保留在这篇《吕刑》中。

文章从蚩尤作乱的神话讲起，说当年天下大乱、人心不古，苗民为非作歹，不服管束。于是蚩尤发明了五种酷刑来对付他们：割鼻（“劓”［yì］）、削耳（“刵”［èr］，也有说“刖”［yuè］，即断足）、阉割（“椓”［zhuó］，也叫“宫”）、刺额（“黥”［qíng］，也叫“墨”），最严厉的是杀头（“大辟”）！

《吕刑》一反蚩尤酷法，提出“祥刑”的概念来。“祥刑”即善刑，也就是以德教感化为主、尽量减少肉体摧残、酷刑折磨。

那时的刑狱官应如何断案呢？《吕刑》说：

两造具备，师听五辞。五辞简孚，正于五刑。五刑不简，正于五罚。五罚不服，正于五过。五过之疵，惟官，惟反，惟内，惟货，惟来。其罪惟均，其审克之。

◎两造：双方。师：刑官。听五辞：指五听，即辞听、色听、气听、耳听、目听。◎简孚：检查相符。下面的“不简”即不符。正：治。◎五罚：五等罚金。◎五过：五种过失。◎疵：瑕疵、弊病。官：倚仗官势。反：报答，包括报恩、报仇。内：屈从上级（一说屈从家人）。货：勒索财物，受贿。来：同赇［qiú］，行贿，贪赃枉法。◎均：等同。克：检查，核实。

当原告、被告都到齐时，审讯官要从多个角度听辞问案。如果犯罪情节与“五刑”条文相符，就按五刑定罪；如经审理与五刑不符，就按“五罚”来处分——即以赎金代替刑罚。若还达不到五罚标准，就改用更轻一级的“五过”标准来处理。

不过《吕刑》又说，按“五过”审理，容易产生五种弊病：或是法官凭借官势胡乱判案（“惟官”），或是断案者挟私枉断（“惟反”），或是屈从上级意志（“惟内”，也有说听从“枕头风”的），或是主动勒索钱财（“惟货”），或是暗中接受贿赂（“惟来”）。不过一旦查出刑狱官有上述五种弊端，要立即打击、严加惩处，其罪与犯法者等同！

“疑罪从无”：比西方领先多少年

那么审案遇到疑难不明之处，又该如何处理？《吕刑》说：“五刑之疑有赦，五罚之疑有赦，其审克之。”即是说，运用“五刑”“五罚”的标准量刑，如遇疑点，应当从轻判罚，但前提是一定要认真审理、核实清楚。——总的原则是宽大为怀、疑罪从轻。

我们还记得，在《大禹谟》中，皋陶说过“罪疑惟轻，功疑惟重；与其杀不辜，宁失不经”的话。有学者考证，《大禹谟》是魏晋时人伪造的，但至少反映了魏晋学者的思想。而《吕刑》作于西周，比《大禹谟》还要早上一千多年。也就是说，“疑罪从轻”的思想，在西周时已经奠定。这显然是现代刑法原则“疑罪从无”的先声。

“疑罪从无”最早是由意大利法学家贝卡利亚于公元1764年提出，当然比“疑罪从轻”更公正、更彻底。不过想到《吕刑》比它足足早了两千六七百年，你就不能不为东方人的智慧而骄傲！

对于疑罪从轻的具体做法，《吕刑》讲得很细：如判处墨刑有疑点，可改判罚金一百锾（huán）。“锾”是古代重量单位，一锾相当于后来的六小两，一百锾则等同于三十七八斤。谁能拥有这么多黄金呢？其实那时所说的“金”，往往是指铜。

依此类推，“劓”刑有疑点可改判罚金二百锾（一说三百锾），而“刖”刑改罚五百，“宫”刑改罚六百，最重的“大辟”可改罚一千。由肉刑改为罚款，反映着刑法从野蛮到文明的进步；只是这样的刑罚规定显然对富人更有利。

《吕刑》还提出“察辞于差，非从惟从”以及“哀敬折狱”等观念。[①]前者是说，要从供词中寻找破绽，以求犯罪真相，不能完全相信口供——现代司法“重证据不轻信口供”的原则，原来老祖宗早就提出了！

至于“哀敬折狱”，是说断案要抱着怜悯而谨慎的态度——曾子也表达过类似的意思，他说：一件案子审明白，审判者应当抱着“哀矜而勿喜”的心态（《论语·子张》）。想想看：有人犯罪，有人受害；受害者或伤或死，犯罪者则要接受刑罚，当“父母官”的又怎么高兴得起来？

文章最后则是对刑狱官的警告：办案时收受贿赂，不要以为得了宝物，那是你为自己积攒罪证呐，只会招致无穷的祸患！[②]——这话如同一记响亮的警钟，至今仍有着警示和震慑的力量！

最老的“中国地理”——《禹贡》

《尚书》中有两篇文章与众不同，一篇是《禹贡》，一篇是《五子之歌》，两篇都是夏代文献，收在“夏虞书”中。

顾名思义，《禹贡》应当跟大禹有关。大禹是中华民族的治水英雄，为了治理水患，足迹遍及大半个中国，留下“三过家门而不入”的佳话。

禹亲自踏看山川方位及走向，了解各地的土质和物产。在治水的同时还开山修路，削木为记，把天下分为九州。也就是以冀州为轴心，依次为兖（yǎn）、青、徐、扬、荆、豫、梁、雍。范围东起大海，西至甘陕，南达湘鄂，北抵辽东。

《禹贡》对各州情况都有大致描述。举冀州为例：

---

① 差：供词中的参差矛盾之处。非从惟从：不完全信从口供。折狱：断案。

② 狱货非宝，惟府辜功，报以庶尤。（府：聚集。辜功，罪行。报：报应。庶尤：无穷祸害；庶，众。尤，祸。）

冀州：既载壶口，治梁及岐。既修太原，至于岳阳。覃怀厎绩，至于衡漳。厥土惟白壤，厥赋惟上上，错，厥田惟中中。恒、卫既从，大陆既作。岛夷皮服，夹右碣石入于河。

◎载，成，这里指工程完成。◎厎（dǐ）绩：取得成绩，成功。◎白壤：白色土壤，即盐碱土壤。错：错杂；这里指一、二等赋税相错杂。◎岛夷：沿海及岛屿上的东夷人。◎河：黄河。

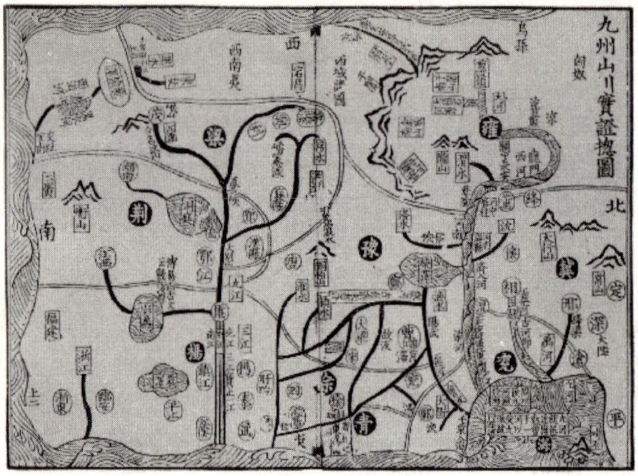

《禹贡》九州图

古冀州的范围大致包括山西全省、河北西北部、河南的北部及辽宁西部，是传说中尧、舜部落活动的核心地区，也是经济文化比较发达的区域。

文中的壶口位于今天的山西吉县附近，黄河至此河床收窄，形成大瀑布，形势险要。大禹治水便从这里开始，然后沿河一路治理梁山、岐山（有人说就是吕梁山和狐岐山），再由太原转而修治太岳山以及覃怀、漳河。

冀州的土质为白壤，赋税可定为一等、二等。至于耕地，则是九等中的第五等。待恒水、卫水疏通后，大陆泽也便治理完毕。东方海边的夷人前来进贡皮衣，可以从碣石沿黄河逆流而上。

以下每介绍一州，也都要说到治水的路径、本地的土质、物产及赋税等情况，还包括进贡的路线等。有些州的物产十分丰富，如青州的贡物除了盐、细葛布和各种海产品，所辖的泰山地区还出产丝、麻、锡、松木及怪石；莱夷一带则可以放牧，还可收获成筐的柞蚕丝。这些贡品可以装上船，由汶水直达济水。

说罢九州，《禹贡》又介绍了“五服”制度，描绘了一幅万邦来朝的政治经济蓝图。

“五服”即以国都为中心，画五道环：第一环是都城以外五百里范围，称“甸服”，这里的百姓要为天子提供粮食。第二环是甸服以外五百里，称“侯服”，这里的百姓要为天子服劳役。第三环也是五百里，称“绥服”，这里推行文教后，要为京师提供武装保卫。第四环称“要服”，属于外围，赋税可以减免，但须移风易俗。第五环称“荒服”，属蛮荒之地，游牧者逐水草而居，也就不去管他了。

总的说来，《禹贡》是中国最早的地理著作，大致成于战国人之手。它不仅记述了山川地理、水陆交通等状况，又跟经济、政治密不可分。《禹贡》的“贡”字，便是向天子进贡的意思。

只是篇中制定的贡赋制度带有明显的虚构色彩，纸上写写而已，可能从来没有真正实施过。

《尚书》里面也有诗

现代诗人闻一多先生有一组《七子之歌》，第一首这样写道：“你可知‘妈港’（Macau）不是我的真名姓？我离开你的襁褓太久了，母亲！但是他们掳去的是我的肉体，你依然保管着我内心的灵魂……”

这组诗写于1925年，当时中国被列强割去七处国土，包括澳门、香港、台湾、威海卫……这就如同一位母亲失掉了七个儿子。闻一多有感于此，含着热泪写下了这组悲歌。上面这首是吟咏澳门的。

闻一多的国学底子十分深厚，他给此诗命名为《七子之歌》，显然是受《尚书·五子之歌》的启迪。那同样是一组悲歌。

据《五子之歌》小序解说，夏启死后，长子太康继位。这位在后宫长大的纨绔天子只知一味享乐。一次到洛水南岸打猎，一连百日，流连忘返。东方有穷国的国君后羿乘机据守黄河，阻住太康的归路。太康还有五个兄弟，簇拥着母亲在洛水边等候，等来的却是大哥被废的消息！五兄弟心怀怨怒，于是追述祖父大禹的训诫，作歌谴责哥哥。看看第一首：

皇祖有训：民可近，不可下。民惟邦本，本固邦宁。予视天下，愚夫愚妇一能胜予。一人三失，怨岂在明？不见是图。予临兆民，懔乎若朽索之驭六马，为人上者，奈何不敬？

◎皇：大，皇祖指大禹。下：卑下，疏远。◎邦：邦国，国家。本：根本。◎三失：许多过失。明：显著。图：谋取，应对。◎兆：百万。懔（lǐn）：恐惧，害怕。朽索：腐烂的绳索。

这首歌引用祖父大禹的训诫说：民众只可亲近，不能轻忽。百姓是国家的根本，根本牢固，国家才能安宁。我敬畏天下百姓，总觉得就是愚夫愚妇也能超越我！人若有了过错，非要等到民怨爆发才察觉吗？要在不易察觉时就改正啊！面对万千民众，君主如同用朽烂的缰绳驾驭着六匹不羁的怒马，要心怀忧惧才行！身居高位的人，怎能没有敬畏之心呢？

《五子之歌》

大禹常年深入民间，最了解百姓，因而得出“民可近、不可下”“民为邦本，本固邦宁”的结论。他深知统御百姓不是件容易事，要有忧患意识、敬畏之心才行！——可惜太康把祖训当作“耳旁风”，这才导致失国惨祸。

这一首的形式是四言兼杂言，后面的四首，便都是比较整齐的四言诗了。如第二首：

训有之：内作色荒，外作禽荒。甘酒嗜音，峻宇雕墙。有一

于此，未或不亡。

◎色荒：迷恋于女色。禽荒：耽于游猎。◎峻：高大，这里作动词，意为“使……高大”。雕：绘饰。

这仍是大禹的训诲：在内迷惑女色，在外沉溺射猎；酗酒听歌，毫无节制；高楼大厦、装点奢华。这几种毛病哪怕只染上一种，就没有不亡国的！

第三、四首则追怀尧的功绩，描写大禹时代法典完备、赋税平均、国富民安的情形；抱怨太康失掉祖上的王位，断绝了宗庙的祭祀。

第五首则是直抒悲怀：

呜呼曷归？予怀之悲。万姓仇予，予将畴依？郁陶乎予心，颜厚有忸怩。弗慎厥德，虽悔可追？

◎曷：何。◎畴：谁。◎郁陶：忧愁、悲伤之意。颜厚：脸上羞愧。忸怩（niǔ ní）：内疚。

歌中唱道：唉，归向何方啊，我们心中伤悲！百姓都怨恨我们，我们又将依靠谁？我们心情抑郁、脸红心愧，只因道德不慎，至今追悔莫及！

据记载，太康失位后，弟弟仲康继任，然而只是个傀儡。仲康一死，大权在握的后羿索性赶走仲康之子后相，自己当上了天子。但好景不长，后羿不久也死于心腹寒浞（zhuó）之手。

若干年后，后相的遗腹子少康长大成人，历经磨难，终于把江山从寒浞手中夺回，实现了夏朝中兴。这段历史在《周易·睽卦》中也有反映，后面还要提到。

学者考证，这篇《五子之歌》应出于后人伪造。真正的夏代诗歌，我们只知道一首——或说一句，就是那句“候人兮猗”！

相传大禹治水、多年在外，妻子涂山氏在家悬盼，派使女到南山等候。久等不归，于是唱出“候人兮猗”——这才是华夏诗歌第一吟。

3

第三辑

Part Three

"三礼"（上）：百年人生，与礼同行

繁体的“礼”字是敬神图

这两辑谈谈“礼”。

“礼”的本意是敬神。繁体的礼（禮）字左边一个“示补”（示[qí]是神的意思），右边上头一个“曲”字，代表敬神的酒；下面一个“豆”字，是一种高脚器皿，敬神时盛供品用——这不就是一幅敬神图吗？

由敬神，发展为敬人。在旧戏舞台上，剧中人见面要作揖、磕头或“道万福”（专指女性）。演员口中还要念叨：“小生这厢有礼了！”“小生”是年轻人的自谦之词，若是老人、妇女，就要自谦为“小老儿”或“奴家”。

看得出，行礼是谦抑自己、尊敬别人的一种表示。大家都这么做，也就变成约定俗成的礼节。对方年纪越大、地位越高，礼节规格也越高。帝制时代朝见天子，要三拜九叩、嵩呼舞蹈。现代礼节就简单多了，改作揖、跪拜为招手、握手，更亲密的是拥抱亲吻，那是从外国传来的礼节。

“礼”的内涵不断扩展，后来即指由社会风习凝练而成的一套行为准则。谁违反了，就会被斥为不懂礼乃至“无礼”！说一个人“无礼”，等于说他粗野、不文明，那是很严厉的斥责。

古人又怎么解释“礼”呢？《礼记》中有一篇《礼运》，解释道：

礼也者，义之实也。协诸义而协，则礼虽先王所未之有，可以义起也。

◎协：协同，契合。诸：之于。“协诸义而协”就是与义理相契合、匹配。义起：根据义理而创建。

原来，“礼”跟“义”是事物的两个面：“义”是义理，“礼”是实践义理的方式途径。

“义”又是什么？古人说：“义者，宜也。”（《礼记·中庸》）义就是恰到好处、不偏不倚。

就拿《礼记·曲礼》中的两句格言来说吧：“临财毋苟取，临难毋苟免。”（毋［wú］：不要。苟：随便地，不合道义地。难：灾难。）——世上有谁跟钱“有仇”？又有谁见祸不躲？可是面对近在眼前的财或灾，人人心中都会有个“义”的判断，也就是：这钱到底该不该拿？这祸到底该不该躲？

该拿的钱财，成千累万也不要客气，拿就是了。不该拿的，就是一分一厘也不能妄取！该躲的祸，不躲就对不起自己和爹娘；不该躲的祸，“虽千万人，吾往矣”！这个准则，就叫“义”；按照“义”的判断去做，所行便是“礼”！——哪怕这种“礼”先王没有提出过，我们也不妨根据“义”的原则，把它增加到“礼”的节目单里去。

你看，这个“礼”并不像我们想象的，在光线昏暗的祖宗祠堂里、伴随着沉重的钟鼓声、一味的跪拜叩首——至少在战国人心目中，礼是充满理性的、导人向善的、富于生命力的！

《周礼》是啥时写成的

“五经”中的《礼》又称《礼经》，最早是指《仪礼》。到唐宋时，《礼》的家族又吸收了新成员：《周礼》和《礼记》，于是《礼》也便扩展为“三礼”。

《周礼》早先叫《周官》，也叫《周官经》。为啥改称《周礼》了呢？大概因为《尚书》中也有一篇《周官》的缘故吧？于是汉代学者刘歆便将《周官》改名《周礼》。

据刘歆说，《周礼》的作者是周公。后来给《周礼》作注的东汉学者郑玄也相信这说法。他说周公摄政时，头一年救乱，第二年克殷，第三年践奄（打败殷商残余奄国），第四年建侯卫（迁殷民于卫），第五年营建成周，第六年制礼作乐，第七年归政于成王。这本《周礼》，应即周公“制礼作乐”的成果。

不过也有人质疑说：周公时代，还没人能写这样的大部头著作。孔子学问大不大？他的那部《论语》，也还是学生们拼凑起来的。学者著书立说的风气，是春秋末年才开始兴起的。

也有人说刘歆这是“贼喊捉贼”，撰写《周礼》的就是他本人！刘歆是王莽的“高参”，王莽本是西汉大臣，一度声誉很好，有“周公再世”之称。后来他篡汉称帝，建立新朝，当了十五年短命皇帝，也实行了不少改革，史称“王莽改制”。刘歆此时推出“周公”所撰的《周礼》，正是为“当代周公”王莽的改制作舆论准备！

不过这说法也不可靠。因为早在司马迁《史记》中，已有关于《周官》的记述。学者比较一致的看法是，《周礼》中应包含周初的礼制内容，不过后来又不断有人添添减减，几经斟酌损益，至战国才最后写定成书。汉代学者很可能又有订正。总之，《周礼》位居“三礼”之首，它的“年龄”没准倒是最小的。

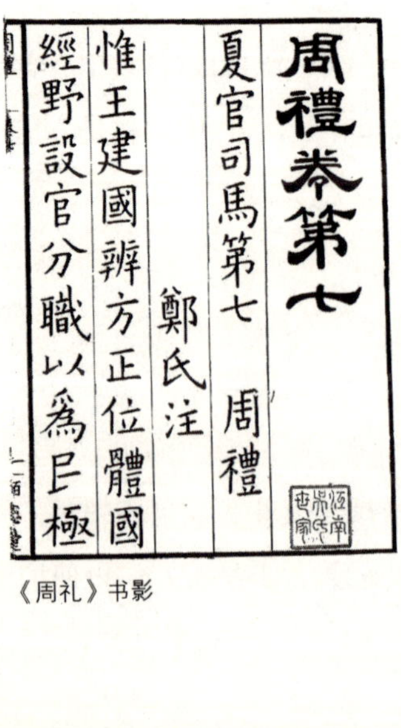
周禮卷第七

夏官司馬第七　周禮

鄭氏注

惟王建國辨方正位體國

經野設官分職以爲民極

《周礼》书影

至于《周礼》的书名，一般认为“周”就是周朝的意思。不过也有人说“周”也有周全、周遍之意。因为书中涉及的礼，不仅限于周礼，也有夏礼、商礼以及春秋、战国之礼，是十分“周全”的各代礼仪官制“大拼盘”。

《周礼》是一部职官大全

总的说来，《周礼》是一部讲解设官分职及政治制度的书。全书六章，分别为《天官冢宰》《地官司徒》《春官宗伯》《夏官司马》《秋官司寇》及《冬官考工记》——第六章本应是《冬官司空》，可惜原卷已佚；汉代人找来一卷《考工记》补入。

在《周礼》所展示的王朝结构中，大（太）宰、大司徒、大宗伯、大司马、大司寇、大司空这六位高官，直接听命于天子，分别掌管六个方面的国家事务：大宰掌管“邦治”，大司徒掌管“邦教”，大宗伯掌管“邦礼”，大司马掌管“邦政”，大司寇掌管“邦刑”，大司空掌管“邦事”。

六官之下，每一部门又有六七十个隶属职位。就举地官司徒为例吧，大司徒之下又有小司徒、乡师、乡大夫、州长、党正、族师、闾胥、比长、封人、鼓人、舞师、牧人、牛人、充人……多达七十八种！

许多位置上又安排不止一人。如大司徒一人，小司徒两人，乡师四人；另有上士八人、中士十六人、下士三十二人；下辖府六人、史十二人、胥十二人、徒一百二十人……有人做过统计：光地官系统的食禄者，就有四万一千六百九十五人！六官加在一块，这支周朝的“公务员”队伍该有多庞大，可想而知！

《周礼》的这套职官设计系统而又周密，天下万事万物几乎都有专人负责。照理说，天子的每句话、每个决定，都不难通过这架庞大的机器传达贯彻——可惜这套煞费苦心设计的精密制度，只能是纸上谈兵，没有哪朝哪代真正实施过。

也别笑话古人，这套分工明晰的管理体系，还是有其科学性的。后世的吏、户、礼、兵、刑、工六部，虽与六官职责不尽相同，却明显继承了这一框架。人们习惯上把吏部称作“天官”、户部称作“地官”、礼部称作“春官”、兵部称作“夏官”、刑部称作“秋官”、工部称作“冬官”——这样的称呼，显然来自《周礼》。

你能说自隋至清，在国家管理上发挥过重要作用的六部制是荒唐可笑的吗?

大司徒是干啥的

不妨拿地官司徒作例子，看看《周礼》给大臣安排了多少“活儿”！

大司徒的职责，首先是编制天下的地图和户籍册，以辅佐天子安抚天下。铺开一张地图，他就能指出九州各在哪里，面积有多大，王公大臣的采邑在哪里，诸侯国的边界又是如何划分的。

当时人绘制地图的水平一定很高明，因为大司徒通过看地图，就能了解五种地形的分布情况，包括山林、川泽、丘陵、坟衍（水涯和低地）以及原隰（高原和湿地）。大司徒还知道哪种环境适合哪种动物、植物生存生长，那里的百姓又有何特点，如个子是高是矮、体态是胖是瘦、肤色是浅是深……

《周礼》中关于分封诸侯、建立邦国的设想，也由大司徒来规划实施。天子把爵位分为五等：公、侯、伯、子、男。按规定，公爵的封地为纵横五百里，其中的宜耕田地占到一半。侯爵呢，封地为纵横四百里，宜耕田地也占一半。伯爵为三百里，耕地降至三分之一；到了子爵和男爵，封地降为二百里、一百里，耕地面积也降为四分之一。

对于各级统治者而言，田土当然是多多益善。怎么把这些耕地分配给农民呢，司徒也有建议：年年都能种的肥田沃土，每家分给一百亩；不那么肥沃的田地需要休耕轮种，则根据肥瘠情况，分给二百亩或三百亩。土地当然不是白种，秋后是要交租纳税的。

《周礼》带有很强的理想化成分，像分配土地的规定，大概便是闭门造车，施行起来颇为不易。不过书中有些措施，又像是很成熟的经验总结，譬如有关救荒的措施。

中国自古是农业国家，靠天吃饭。只是这碗饭不那么容易吃：旱、涝、蝗、雹之灾，无岁无之。为了防灾救荒，先辈们投入精力、花费心思，也积累了宝贵的经验。

照《周礼》总结，救荒措施多达十二条，目的只有一个：荒年灾月百姓不致流离失所、葬身沟壑。

措施之一是“散利”，应是由官府出钱，贷给百姓买粮活命。二是“薄征”，即减轻租税。三是“缓刑”，即对罪犯宽大处理。四是“弛力”，也就是停止徭役征调。五是“舍禁”，即解除山泽禁令，使百姓可以随意觅食。六是“去几（同“讥”：盘查）”，即取消对市场盘查收税。七是“眚（shěng，同“省”）礼”，即简化吉礼、嘉礼。八是“杀哀”，即简化丧礼、葬礼。九是“蕃乐”，即把乐器收藏起来、减少娱乐。十是“多昏（婚）”，即鼓励适龄男女及时婚嫁。十一是“索鬼神”，即检查有没有漏掉本该祭祀的鬼神。十二是“除盗贼”，这个自然是严惩盗贼。

这些措施，大部分到今天仍有借鉴意义。只是“多昏（婚）”一条不易理解；或许先哲的意思是：在艰难时刻，两个人相互支撑比一个人单打独斗力量要大些？

至于风调雨顺的年景，司徒也要注意对百姓的保护，有六条政策要贯彻：

> 一曰慈幼，二曰养老，三曰振穷，四曰恤贫，五曰宽疾，六曰安富。

“慈幼”是善待儿童；“养老”是敬老赡老；“振穷”是救济鳏寡孤独；“恤贫”是周济穷人；“宽疾”是优待病残之人；“安富”是不对富人强索强征，让他们安心。这样做，有利社会的稳定。

大司徒指导你就业

“礼”又指规矩、秩序。在大司徒的规划下，老百姓的编制也都井然有序，符合礼的规定。

在王城以外百里之内，划分为六个乡，由乡师、乡大夫管理——这个“乡”可不是我们所理解的“乡村”——那是个很大的区划单位，“乡长”比州长官儿还大！

乡下面的层级还有不少，从最基层说吧，每五家组成一个居民小组，称作“比”，各家要相互担保。五比编为一“闾”，闾内有事可相互托付。四闾编为一“族”，族内有丧事可以互相帮助。五族编为一“党”，党内可相互救济。五党构成一“州”，州内要互相周济。而五州才是一“乡”，对乡中贤者，要以宾客之礼相待！[①]——今天有些地方仍把乡亲称作“乡党”，譬如陕西，那里也正是周的核心地域。

算得快的朋友已经得出答案：一闾是二十五家，一族是一百家，一党是五百家，一州是两千五百家，而一乡是一万二千五百家；六乡合计，共七万五千家。

同在一比、一闾、一族、一党……百姓有着守望相助的责任，当然也有连保连坐的风险。有人说《周礼》包含着法家思想，不无道理。

那么在早期农耕社会，人们除了种地，还能干些什么？大司徒早替百姓安排好了，他颁布了“职业指南”，共计十二种。

首先是“稼穑”，即栽植五谷，从业者称“三农”——那时的“三农”可不是今天所说的农民、农村、农业，而是指平原之农、高地之农和低湿地之农。

① 令五家为比，使之相保。五比为闾，使之相受。四闾为族，使之相葬。五族为党，使之相救。五党为州，使之相赒。五州为乡，使之相宾。（相受：相互托付。赒［zhōu］：周济。相宾：对贤者以宾礼相待。）

其次是“树艺”，就是种植瓜菜，从业者称“园圃”。还有“作材”，工作是开发山林川泽资源，职责略近于猎户，从业者称“虞衡”。此外又有“阜蕃”，从事禽畜养殖，从业者称“薮牧”——民以食为天，以上这四种职业，都跟食品生产有关。

另有一种职业叫“饬（chì）材”，即对珍珠、象牙、木料、石材、玉石、金属、皮革、鸟羽等八种材料进行加工，从业者称“百工”，也就是手工业工匠；关于他们，后面还要说到。

另有“通财”，即搬有运无、流通货物，从业者称“商贾”。此外，“化材”的从业者称“嫔妇”，职责是缫（sāo）丝绩麻、染织布帛；“敛材”的从业者称“臣妾”，也就是女奴，干的是采集野果的活儿。还有一种“生材”，指流动打工干零活，这类人称“闲民”——以上九种职业，在《天官冢宰》中也有介绍。

还有三种职业只在《地官司徒》中开列，《天官冢宰》中没提，即“学艺”（学习道德和技艺）、“世事”（继承祖传手艺的工匠）和“服事”（官府中的胥吏等）——这三种职业比较特殊，如“学艺”者要算知识分子；“服事”的则是“吏”，要算“公务员”了，地位都高于普通劳动者。

有意思的是，从事祖传手艺的工匠（“世事”）地位也不低，大概可以跟今天的“非物质文化遗产传承人”或“工艺大师”有一拼吧？

“教育大纲”内容多

老白姓衣丰食足、安居乐业，接下来大司徒又要考虑他们的教育问题——别忘了，掌管“邦教”正是司徒的主要职责。

每年正月的初一到初十，大司徒命人把写有教典的木板悬挂在宫门两边的阙楼上，让万民观看、学习。一年复始、万象更新，在此刻开展“教化宣传周”活动，意义重大！

《周礼》的内容是因袭累积而成的，你记一章，我添一段，不同时代的教育方针既有重叠又有区别。于是我们在《地官司徒》中看到许多不同的“教育纲要”版本，全都带着数目字。如“十二教”“六本俗”“乡三物”“八刑”“五礼”“六乐”，等等。

就说“十二教”吧，一是通过祭祀教导百姓恭敬有礼，这样他们就不会随随便便、满不在乎了。二是通过阳礼教育百姓谦让，他们就不会你抢我夺了。“阳礼”是指男人的饮酒、射箭之礼。三是通过阴礼（婚礼）使百姓相亲相爱，年轻人就不会因男不能婚、女不能嫁而怨天尤人了。四是以音乐引导百姓和乐相处，民间也就不会充满戾气。

此外还要通过礼仪使百姓分别尊卑上下，以习俗引导百姓安居乐业，用刑罚警戒百姓莫走邪路，用誓约教导百姓重约守信，用制度规范百姓懂得节制……又鼓励百姓继承家传技艺，以及通过对有德有功者授爵赐禄，为百姓树立榜样。这十二条，有些今天看来已经过时，例如今天谁还举行射礼呢？不过其总体精神，却是健康向上的。

“六本俗”则是“美宫室”“族坟墓”“联兄弟”“联师儒”“联朋友”“同衣服”。这是指建造房屋要坚固美观；同族的人死了，要按礼仪安葬在家族墓地；与兄弟要和睦相处；要尊敬老师；朋友间要相互信任；穿戴上要符合身份。这些条目，今天也多半可以借鉴。

“乡三物”又包括“六德”“六行”和“六艺”。“六德”是指知、仁、圣、义、忠、和。其中“知（智）”是明于事，“仁”是爱人及物，“圣”是博通先识，“义”是处事得宜，“忠”是发自内心的恭敬，“和”是刚柔相济。

“六行”则是孝、友、睦、姻、任、恤。“孝”是善事父母，“友”是善事兄弟，“睦”是亲于九族，“姻”是善待姻亲（亲家），“任”是对朋友讲诚信，“恤”是怜悯救济穷困者。

“六艺”是指礼、乐、射、御、书、数。“礼”是礼仪，“乐”是音乐，“射”是射箭，“御”是驾车，“书”是文学，“数”是算术。这是六门重实践的技艺，孔夫子办学授徒，所教就是“六经”和“六艺”。不过“六艺”有时也指六经，汉代刘歆《七略》中有“六艺略”，便是介绍儒家六经的篇章。

此外还有“八刑”“五礼”“六乐”等。——为了百姓、社稷，大司徒真是操碎了心！

地球是圆的，《周礼》早知道

还有几件大事等着大司徒去做呢：天子祭祀时，大司徒要负责牵牛献祭；诸侯来朝时，大司徒要安排修整道路、供应粮草；天子、后妃过世，大司徒要组织丧礼；天子要打仗，大司徒要负责征兵聚将。此外，国家发生变故、或遇到瘟疫灾荒，也都够大司徒忙活一阵子的！

好不容易熬到年底，大司徒还要督令手下整理文件、总结工作，以备来年再战。当个大司徒容易吗？

别以为大司徒只是埋头事务性工作，他还是兼通政治、经济、教育的学者，并掌握统计学知识，甚至对地图测绘也懂得一点。

《地官司徒》中有一段文字，把利用日影测量方位的道理讲得十分透彻：

根据日影测时的日晷

正日景，以求地中。日南则景短，多暑；日北则景长，多寒。日东则景夕，多风；日西则景朝，多阴。

◎景：影。

这段话的意思是：通过测日影，可以求得大地的中心。若其地偏南（太阳直射），日影就短，气候就炎热；若其地偏北（太阳斜射），日影就长，气候就寒冷。若其地偏东（见到太阳较早），当“地中”正午时，这里已是黄昏，气候也干燥多风；若其地偏西（看到太阳较晚），当“地中”正午时，那里才是早晨，气候则多阴雨。

读这段话，实在令人惊诧：在两千几百年前，我们的祖先在地理测量中，已触摸到大地为球形的真谛。这远远超越了神话中“日出扶桑、没于咸池”的天圆地方观念！

我们纳闷：古人的这般知识从何而来？两千多年前，既没有可以准确计时的钟表，也没有“格林威治时间”的概念；即便有，也因没有先进的通讯设备，两地观察者无法进行即时沟通。那么这样的结论，又是怎样得出的呢？恐怕只能通过太阳环绕地球运行的模型摸索出来吧？尽管那时人们还意识不到日出日落是地球自转造成的。

有些人云亦云的说法，认为中华文化重文轻理，导致中国科技落后。通过《周礼》的记载，是否可以为我们的老祖宗“平反”？事实上，在世界科技发展史上，中国那时并不落后。

《考工记》：百工技艺也成“礼”

《周礼》中涉及科技的内容不止这点儿。书中第六章《考工记》全篇所讲，便是手工业的工艺标准和制作经验。

前面说过，《冬官司空》一章到汉代已经佚失，这篇《考工记》是后人补入的。不过《考工记》的撰写时间并不晚，大约在春秋末战国初，编写者可能是稷下学宫的学者。

齐国首都临淄有座稷门，稷下学宫就设在那里。那是世界上第一家由官方举办、私人主持的高等学府，聚集着来自五湖四海的顶尖学者。在那里，学者们怀珠蕴玉、各抒己见，形成百家争鸣的繁荣局面；而研究手工技艺的能工巧匠，也不难在这里觅得一席之地。

《考工记》开篇便说：“国有六职，百工与居一焉。”这“六职”是指六种社会分工，即王公、士大夫、百工、商旅、农夫和妇功。

王公的责任是“坐而论道”，即运筹帷幄、讨论大政方针；士大夫的工作是“作而行之”，即起身具体执行。紧接着就是百工，职责是“审曲面势，以饬五材，以辨民器”（审度材料，对金、木、皮、玉、土五种材料进行加工、制造器具）。另三种是商人、农夫和从事家庭纺织的妇女。工匠的排位仅次于王公、士大夫而高于商人、农民，这种排列方式，值得人们三思。

《考工记》考察记录的制造工艺，涵括木工、金工、皮革、染色、刮磨、陶瓷等六类三十多个工种。读者可以从中了解如何造车、冶铜、烧造陶器、漂丝染色、雕刻玉器乃至建房造屋、规划城市……

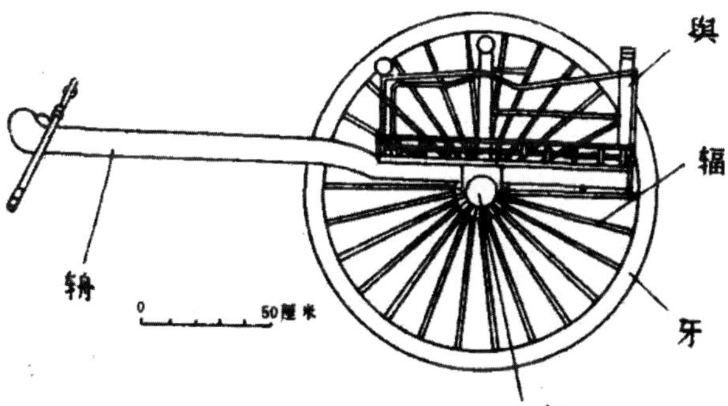

《考工记》对车子的制造记叙颇详

其中造车一节讲得最细：分头细述车轮、车厢、车辕（“辀”，音zhōu）的制作工艺。如说到车轮，特别强调：只有车轮与地面接触面积最小时，车轮才能滚得最快。这里已涉及几何学和物理学的知识。

车辕又有驾牛、驾马之别。驾马的车辕呈弧形，如果弧度过大，就不够坚固；弧度过小，又容易磨压马背。这些都是经验之谈。

再如，青铜是铜锡合金，但用来制造刀剑、戈戟、钟鼎、斧斤、箭镞以及刻字削刀，用途不同，锡、铜比例也各有不同。看似简单的结论，不知凝结着多少代工匠的心血和汗水！

每件器物制作完毕，还要进行检验。譬如有一种叫“爵”的酒器，是长吻三足的高脚酒杯。杯沿两侧有两根短柱。检验时，如果饮酒者端起杯子喝酒，短柱正对眉毛而杯中尚有余沥，就说明这只爵不合格，制爵的工匠是要受罚的。这可是最古老的检验标准了。

本来是一本面向“百工”的专业参考书，居然被收入《周礼》，成了“礼”的一部分，令人称奇。后世的“上等人”常把工艺制造贬低为“奇技淫巧”；相比之下，春秋战国虽为乱世，那时人的见识反高于后来者。

《仪礼》十七篇讲些什么

“三礼”中的《仪礼》，汉代称《士礼》，又称《礼经》；到晋代才改称《仪礼》的。早期“五经”中的《礼》，指的便是这一部。

这部书不探讨礼的意义，只讲述礼的程式和细节：行礼者如何穿衣、如何站位、如何揖拜、如何祭献，一举一动都有细致的规定。

相传这部《礼》也是周公作的，这说法同样不可靠。司马迁认为它的作者应当是孔子，说是春秋时，周室衰微，“礼崩乐坏”；孔子把残留的礼仪文献抢救下来，并四处求问采辑，以作补充。《论语》里说“子入太庙，每事问”，应该就是为修订《礼》而搜集材料吧。

不过也有人怀疑孔子的“著作权”，认为此书很可能是战国时人编写的，时间当在荀子之后。材料应当都是旧有的，很可能是以孔子整理的材料作为基础，当然也包含周公制定的礼仪。

早先《礼》有多少篇，已经无人知晓。有个说法是“礼仪三百，威仪三千”，这明显带着夸张，但数量肯定不少。

可是到了汉代，有位儒生高堂生献出一部《士礼》来，却只有十七篇，是用今文书抄写的。鲁恭王拆孔宅时，又发现一部五十六篇的古文《礼经》，学者称为《逸礼》，只是没有流传开。

到了东汉，学者郑玄为今文十七篇作注，在修订文字时还参考了古文经书，同时调整了各篇次序。今天人们所读的《仪礼》，就是这一部。

那么这十七篇又讲些什么?

开篇的《士冠礼》，讲的是贵族子弟的成人礼，也就是加冠礼。贵族之家的男孩子长到二十岁，要给他戴上“士”的帽子，表示已经成年，要承担起家族与社会的责任来——“士”是贵族的最低一级。

《士昏礼》讲解贵族成婚的仪节，“昏”即“婚”。在古人看来，结婚是家族中承上启下的大事。

年轻贵族承担家族及邦国的责任，少不了要跟人打交道。第三篇《士相见礼》是讲贵族之间初次交往的礼节，包括通过介绍与对方见面，以及如何送礼及回拜等。

第四篇《乡饮酒礼》，记述乡人定期举行“乡饮”酒会，借以培养尊贤敬老的社会风气。酒会之后，则由州长官组织百姓搞射箭“锦标赛”，这是《乡射礼》的内容。射礼不仅是射箭技能的竞赛，同时也是君子风度的培养与展示。

诸侯和上层贵族也要举行类似活动，即每年的“燕礼”和“大射礼”，具体内容见第六篇《燕礼》和第七篇《大射礼》。这如同高级别的“乡饮酒礼”和“乡射礼”。

第八篇《聘礼》和第九篇《公食大夫礼》，则讲解国君派大臣访问别国及举行国宴招待外国使臣的礼仪规矩。第十篇《觐礼》所讲，是诸侯朝见天子的礼仪。

儒家提倡孝道，重视“养生送死”，甚至认为“养生者不足以当大事，惟送死可以当大事”（《孟子·离娄下》）；因而《仪礼》极重丧仪。如第十一篇《丧服》是讲家族有人过世，亲属应如何分别亲疏、穿戴丧服，如何确定服期长短。以下第十二篇《士丧礼》、第十三篇《既夕礼》，讲述贵族从死亡到埋葬的一系列仪节。第十四篇《士虞礼》则讲贵族安葬父母后所举行的安魂礼。

第十五篇至第十七篇为《特牲馈食礼》《少牢馈食礼》及《有司彻》，都属于祭礼，记述不同级别的贵族在家庙中祭祀祖祢（mí）的仪节——“祖祢”即祖宗和父亲，“祢”专指在宗庙中立了牌位的亡父。

“冠礼”：这顶帽子不好戴

《仪礼》讲述礼仪细节，到了不厌其烦的程度。仪节程序步步写来，细到不能再细。

譬如《士冠礼》这一章，先从挑选日子说起。主人——也就是准备举行加冠礼的孩子他爹，此时头戴黑色礼帽（“玄冠”），身穿雪白朝服，腰上束着黑色大带，饰以白色的皮制“蔽膝”，在祢庙门口的东边就位，面西而立。

他的属吏也穿着同样的礼服，在西面站着，面朝东。而占卜所用的器具，席子啦、蓍草啦、记爻记卦的简册刀笔啦，都摆放在庙门外的“西塾”中。

筮人的席位设在大门外的中间部位，即门槛以外、门中所竖短木偏西的地方。筮人手持蓍草筒，先揭开筒盖，一手拿着盖，一手拿着筒，上前听候主人吩咐。主持仪式的“宰”站在主人右手略靠后，代替主人发布命令。筮人答应一声，向右转回到筮席上，席地而坐，面朝西方。另有卦者在他的左边。

待占筮完毕，把筮得的卦写在版上，拿去给主人看。主人看毕还给筮人，筮人回到席位上，面朝东，与他的助手共同占筮。占毕再度向前，向主人报告：“吉！”

如果结果为“不吉”，还要择日另占，这套仪式就得从头再来一遍。

你看，这仪节有多繁琐。——然而离加冠礼的举行还远着哩！

日子定下来，主人还要亲自登门去邀请嘉宾。嘉宾先要推辞一下，待第二次邀请时，才答应下来。

正式仪式的前三天，还要举行一次占卜，以决定请谁为“正宾”。这位正宾届时要亲手为年轻贵族加冠。他的身份，有点像西方的“教父”吧。

准备工作还没完。举行仪式的头天晚上，主人还要穿戴齐整，率领众亲戚到祖庙前向“摈者”（也就是司仪）告知举行加冠礼的时辰，再由摈者通知与会的嘉宾。

正式的典礼当然就更隆重也更繁缛，并非如你我想象的，帽子一戴、万事大吉！其间要由专人给“冠者”梳头、束发、插簪，由正宾为他戴帽。而冠者前后要换三顶帽子：缁布冠、皮弁和爵弁。每换一顶帽子，还要回内室换一套与之相配的衣服。

正宾的一举一动也不能错了规矩：盥洗、作揖、升阶、降阶；最后则饮酒食肉，接受主人馈赠的鹿皮等……这里又有多少繁文缛节，您可以花上一些功夫，慢慢阅读、品味。

究竟有什么必要，搞得如此繁琐而隆重呢？是不是那时的贵族想通过这种形式，让即将迈入社会的年轻人牢牢记住：你已经不再是孩子了，从今天起，你戴上这顶代表等级和荣誉的冠冕，就要担负起顶门立户、发展宗族乃至为国效力的重任？就父母的期待而言，这样的典礼无论多隆重也不过分！

总的说来，《仪礼》是专供贵族阅读的书本，并不适用于平民百姓，“礼不下庶人”嘛。也是，一个普通农民，哪里有闲暇搞这些“虚文”？有这功夫不如让儿子去割两筐猪草！

其实就是贵族，也受不了这繁苛的约束。这就难怪书中的许多礼仪规定成了死知识，不但后世没人愿意应用，就是当时恐怕也没有几家能一丝不苟地奉行。

而后来学《礼》的人，也更喜欢那本文从字顺、简明实用的《礼记》。《仪礼》跟《周礼》一样，成了儒家书架上的“冷门货”。

《礼记》：不可不读，不可全读

接着便说到《礼记》。

前头提到，解“经”的著作称“传”或“记”，是经书的附庸——“三礼”中的《周礼》《仪礼》都曾被奉为“经”，《礼记》呢，书名里带个“记”字，仿佛天生就“低人一等”似的。

不错，《礼记》最初确是解经之作，书中所收部分文章，便是专门讲解《仪礼》的。《仪礼》内容繁琐、文字古奥，人们有读不懂的地方，便到《礼记》中寻找答案。久而久之，《礼记》成了学礼者手不释卷的参考书，《仪礼》《周礼》反倒坐了冷板凳。

步步高升的《礼记》到了唐代终于升格为“经”。至明代，干脆取代《仪礼》，成了“礼”的唯一代表，坐上“五经”的宝座。

据说《礼记》在西汉时有一百三十一篇。有姓戴的叔侄俩跟着当时的礼学大师后苍学《礼》。大概觉得《礼记》文章太多太杂、不得要领吧，叔叔戴德从中选了八十五篇，编为一部，人称《大戴礼记》。侄子戴圣又从《大戴礼记》中精选四十九篇，编为一部，人称《小戴礼记》。

精炼的选本总是更受欢迎，因而《小戴记》的流传很快就超过《大戴记》。尤其是东汉学者郑玄为《小戴记》作了详注，此本更是盛行不衰。我们今天所说的《礼记》，就是指这部《小戴礼记》。

那么，《礼记》的原作者又是谁呢？有人说是孔子的七十位高足及后学，我们知道名字的，就有曾参、子思、公孙尼子等。另有一些篇章，大概采自先秦诸子。总之，这是一部战国至汉初研习古礼的文章选集，不是一人一时之作。

《小戴礼记》将近十万字，读起来很费工夫。又因是选编的书，内容、形式难免有些杂乱。为了便于学习研究，学者们试着给《礼记》内容分类。东汉郑玄就把四十九篇分为通论、制度、祭祀、丧服、吉事、乐记等九类；近代学者梁启超则分为十类。后来的学者，也有分为八类的，也有分四类的。综合各家意见，我们把它分作六类：

第一类是专门解释《仪礼》的，如《冠义》《昏义》《乡饮酒义》《射义》《燕义》《聘义》《丧服四制》等，可以跟《仪礼》中的《士冠礼》《士昏礼》《乡饮酒礼》……一一对应。另有《奔丧》《投壶》两篇是《仪礼》中没有的，可以看作是对《仪礼》的补充。

第二类记述各种礼制，如《王制》《礼器》《郊特牲》《玉藻》《明堂位》《大传》《祭法》《祭统》《深衣》等。

第三类记述日常生活中的礼节和守则，像《曲礼》《内则》《少仪》等。

第四类记述孔门师徒的言行以及时人杂事，如《坊记》《表记》《缁衣》《仲尼燕居》《孔子闲居》《檀弓》《曾子问》《哀公问》《儒行》等。

第五类是儒家讨论礼的论文，像《礼运》《学记》《祭义》《经解》《大学》《中庸》等。有人认为这是《礼记》的重点所在。

第六类记丧服丧事，如《丧服小记》《丧大记》《问丧》《服问》等。其实前举《丧服四制》《奔丧》《檀弓》《曾子问》等篇中，也都论及此类内容，足见儒家对丧礼的重视。

又有几篇不好归类的，像授时颁政的《月令》，再如给王子做示范的《文王世子》等。

学者梁启超有两句话说得好：“吾惟觉《礼记》为青年不可不读之书，而又为万不能全读之书！”至于哪些该读，哪些可以缓读甚至不读，则要看不同时代、不同读者的兴趣和需要了。

就让我们沏上一杯清茶，一块来学“礼”！

“敬”字当头说《曲礼》

先来看看《曲礼》吧，毕竟它讲的是日常礼节，离人们的生活更近，又是《礼记》第一篇。

为什么叫“曲礼”呢？“曲”有细小的意思。还有人说，“曲礼”意同“幼仪”——士大夫家的子弟长到十岁，先要跟老师学习这些礼仪，将来才能成为懂规矩、有修养的人。

《曲礼》多为一段段的教诲，仿佛守则条文。学者推测它原本是独立的著作，后来失传了。今天看到的内容，是汉代儒者搜集前代残篇编辑而成的。因为内容多，又分成上下两篇。开篇的若干条，可以看作总论。

且看第一条：

《曲礼》曰：毋不敬，俨若思，安定辞。安民哉！

◎俨：通严，严肃。安：态度安详。定辞：言辞确定。

开篇不谈别的，劈头先推出一个“敬”字来。“敬”指一种恭敬、诚挚、郑重的心态和表情，可以视为礼的基本精神。一个人缺乏诚敬之心，礼节上做得再周到，也只是表演而已。因此《曲礼》开篇就提出“毋不敬”；又说平居要端庄稳重、若有所思，说话要安详淡定。这样的人，才能让人信任。

接下来又说：

敖不可长，欲不可从，志不可满，乐不可极。

◎傲：通傲。从：放纵。极：极端，极尽。

这仍是告诫学习者要端正态度，警惕几种不良心态：不可放任你的傲气，不可放纵你的欲念，不可志得意满，小心乐极生悲！总之，凡事要收敛，不要走极端，这也正是儒家标举的中庸态度。

以下几则，也都表达了类似的观念，如：

贤者狎而敬之，畏而爱之。爱而知其恶，憎而知其善。积而能散，安安而能迁。

◎狎：亲近。◎积：积攒（财物）。安安：安于安定的环境。迁：变迁。

这是说：对贤者要亲近而不失敬重，敬畏又不疏远。喜欢一个人，同时要清楚他的弱点和短板；厌恶一个人，又要知道他的优点和长处。能积聚财富，又能仗义疏财。习惯安逸尊贵的地位，也不怕落入艰苦屈辱的处境。也就是说，永远不要忘记事物有两个方面，不可顾此失彼，都要坦然面对。

礼在社会生活中的效用就更大，《曲礼》一口气提出“礼”在七个方面的作用：“道德仁义”是些抽象的字眼儿，没有礼就没法落实；教化百姓、移风易俗，没有礼就会顾此失彼；闹纠纷、打官司，没有礼就没法判断曲直；君臣上下父子兄弟的高低先后，没有礼就“乱了套”；游学仕进、侍奉老师，没有礼就不能使师生亲近；文官在朝、武将治军、官员执法，没有礼就没法体现权威；祭祀求神，没有礼也无法显示诚意和郑重。因而君子一定要以恭敬、克己、谦退的态度光大礼的精神。[①]

以上讲的是礼在社会上的效用；而说到做人，就更离不开“礼”：

鹦鹉能言，不离飞鸟；猩猩能言，不离禽兽。今人而无礼，

① 道德仁义，非礼不成。教训正俗，非礼不备。分争辨讼，非礼不决。君臣上下父子兄弟，非礼不定。宦学事师，非礼不亲。班朝治军，莅官行法，非礼威严不行。祷祠祭祀，供给鬼神，非礼不诚不庄。是以君子恭敬撙节退让以明礼。（正俗：移风易俗。备：完备，完满。宦学：游学。班朝：排班上朝。莅官：莅临官位、施行职责。供给：供奉。撙［zǔn］节：节制。）

虽能言，不亦禽兽之心乎？夫唯禽兽无礼，故父子聚麀。是故圣人作，为礼以教人。使人以有礼，知自别于禽兽。

◎聚麀：指乱伦行为；麀（yōu），母鹿。

这话说得够狠！鹦鹉能学人说话，可它到底还是禽类；猩猩也能学人说话，可它仍旧是野兽！人如果不按“礼”行事，即使能说会道，在本质上又跟禽兽有啥区别？禽兽之所以是禽兽，就在于没有礼的约束，所以才乱伦胡搞！

基于此，圣人挺身而出，拿礼来教导人类。人懂得礼，才知道自己跟禽兽的区别在哪儿。言外之意是：不学礼，就不配做人！

来而不往非礼也

前头说过，礼的内在精神是“敬”，那么敬谁？照咱们以往的理解，肯定是臣子敬君主、穷人敬财主。可是不对，看看《曲礼》是怎么说的：

夫礼者，自卑而尊人。虽负贩者，必有尊也，而况富贵乎！富贵而知好礼，则不骄不淫；贫贱而知好礼，则志不慑。

◎负贩：挑担卖货的小贩。◎淫：过分。◎慑：畏怯困惑。

礼要求人们自我谦抑、尊重他人，就是挑担子的小贩，也必有值得尊重的地方，何况那些有钱有势的“成功人士”！有钱有势的如果能懂礼好礼，那当然更好，可以进入不骄奢、不淫侈的更高境界；没钱没势的穷汉如果懂礼好礼，同样可以自尊自重、无所畏怯！

《礼记》中还有不少成语，至今脍炙人口。像“礼尚往来”“来而不往非礼也”——这话常听人在“干仗”时说起，似乎跟“以牙还牙、以眼还眼”意思相近，其实意思满拧：

太上贵德，其次务施报。礼尚往来。往而不来，非礼也；来而不往，亦非礼也。人有礼则安，无礼则危。故曰：礼者不可不学也。

◎太上：传说中的三皇五帝之世。施报：指有施有报，有来有往。

据说上古之时，百姓都淳朴敦厚、以德为贵，大家没有私心、不分彼此，有饭同吃，有衣同穿。后来社会发展了，有了私有观念，人们交往时，便有了“施”与“报”的概念：你施惠于我，我一定要回报，这才合乎礼。

“礼尚往来”说的正是这种有来有往的待人之道。我对人家好，人家不回报，或是人家对我好，我不回报，这都是违背礼的行为（“非礼”）。这才是“来而不往非礼也”的真谛。而人人都守礼，社会也就安定了；大家都不守礼，就容易出乱子。所以说，礼是不能不学的。

前头提过“临财毋苟取、临难毋苟免”两句，便出于《曲礼》。这两句的后面其实还有几句：

……很毋求胜，分毋求多。疑事毋质，直而勿有。

◎很：争论。◎质：这里有确定意。直：事理明白。

遇到争论，不要得理不让人；分配财物，不要希图多得。遇到有怀疑的事，不要匆忙下结论质问；只完整陈说自己的意见，听免别人自己决断。

这些教诲，句句说到人性的弱点。如果不学礼，这样的错误每人一生中都会一犯再犯！

百年人生，与礼同行

人生百年，儒家早就替人们做出了合于“礼”的人生规划：

人生十年曰幼，学。二十曰弱，冠。三十曰壮，有室。四十曰强，而仕。五十曰艾，服官政。六十曰耆，指使。七十曰老，而传。八十、九十曰耄——七年曰悼，悼与耄虽有罪，不加刑焉。百年曰期，颐。

◎冠：举行加冠礼。◎室：家室；有室即结婚成家。◎指使：指挥别人做事。◎传：把宗庙主的地位传给嫡长子。◎耄（mào）：即眊（mào），眼神不好。◎悼：此处有怜爱意。

一个男孩子长到十岁，称为“幼”，那是从师学习的年龄。二十岁长成小伙子，但还显稚嫩（“弱”），这是举行冠礼的年纪。“弱冠”这个词儿，便由此而来。

三十岁，人变得强壮，可以娶妻成家了（“有室”）。四十岁堪称年富力强，正是出仕做官的好年纪。五十岁的人称“艾”，即年长之意，这时的男人经验丰富、办事老练，理应在行政部门担当大任（“服官政”）。

人到六十称“耆（qí）”，此刻精力衰退，只适合指导他人做事，故称“指使”。七十岁就真的老了，应该把家族中主持宗庙祭祀的位子传给长子（“传”），自己可以歇歇了。到了八九十岁，称为“耄”。——七岁的孩子称“悼”，而七龄童跟八九十岁的老人待遇相同，即便犯了过错，也可免受责罚。

百年老人称作“期”，有极的意思，只需颐养天年就是了，“颐”即供养。后人把人生百岁称为“期颐之寿”，便源于此。

仔细想想，这样的安排自有其合理性：既照顾了生理的盛衰变化，又考虑到经验的积累、思想的成熟，真是周到得很。

在这篇“节目单”的下面，还有针对大夫的特殊规定：

> 大夫七十而致仕，若不得谢，则必赐之几杖，行役以妇人，适四方乘安车，自称曰“老夫”，于其国则称名。越国而问焉，必告之以其制。
>
> ◎致仕：退休。谢：告退。几杖：老人用的凭几（以备坐时依靠）和手杖。安车：一种马拉的小车。◎越国：他国。

身为国家高级官员的大夫，七十岁同样是退休年龄——“致仕”便是把官位还给国家的意思。不过有些官员是国家栋梁，一时还不能抽身离开，君王便要赐给他凭几和手杖，以示荣宠。

这类“返聘”的老人因公出差时，官府要派保姆伺候他。出使四方可以乘坐快捷舒适的马车；所到之处还可“倚老卖老”、自称“老夫”。但在本国还是要自称名字、以示谦逊。此外，别国有来问政的，只有这些堪称“国老”的大夫，才有资质将本国制度告知对方。

人老是一“宝”，传统文化中的这一基本观点，在《礼记》中展示得再清楚不过。

孝子当如何

《曲礼》中有关尊老的条目还有很多，而尊老又是从孝敬父母开始的。看看这两条：

> 凡为人子之礼：冬温而夏清，昏定而晨省，在丑夷不争。
>
> 夫为人子者：出必告，反必面，所游必有常，所习必有业，

恒言不称老。

◎定、省（xǐng）：子女早晚向父母问安。丑夷：同辈。◎反：同“返”。业：记事的木板。恒言：平时说话。

前一条是说，做儿女的礼数，是让父母冬天暖和、夏天凉快。晚上要替他们安枕铺床，早上要向他们问安行礼。跟平辈相处，则要尽量避免纠纷争斗——你跟平辈伙伴闹矛盾，当然会扰乱父母；若这平辈是你的兄弟姐妹，就更让父母伤心，还能叫孝顺吗？

敬老

后一条讲跟父母共同生活的日常规矩：出门时一定要启禀；回来后也一定要面告。出游一定要让父母知道去处（有事好找你），所学一定要记在记事簿上（便于父母检查）。平日讲话不能自称“老”。你都老了，父母又该如何？

对孝子而言，这还远远不够。譬如家中有父母在，儿子便不能把床席安放在室中西南角，因为那是一室中最尊贵的位置。也不能大大咧咧地坐在正中的席位上。同样，不能走在路当中，不能站在正中的大门处。举行食、飨之礼时不应做主人，祭祀时也不应充当“尸”——“尸”是代表先人受祭的人。

孝子的最高境界，是父母没招呼、便已察觉他们要说什么；父母还没动，便已察觉他们要干什么。

孝子不宜登高临深、轻身冒险，不能随便诋毁他人，不宜随便嬉笑。也不能潜伏于暗处或铤而走险（干坏事），怕双亲跟着受辱。此外，父母健在，也不能随便拍胸脯、答应替朋友“两肋插刀”——万一有个闪失，你让父母怎么活？另外，孝子也不该有自己的“小金库”。①

父母在，甚至不能穿素衣、戴素帽（“为人子者，父母存，冠衣不纯素”），让人看着像是替父母服丧似的……

顺带说到，假如有人伤害父母，孝子又该怎么办？我们今天的做法是诉诸法律，然而在古代，为亲人报仇是合于礼法的：

> 父之雠，弗与共戴天。兄弟之雠不反兵。交游之雠不同国。
>
> ◎雠（chóu）：同仇。戴天：同顶一片天。◎反兵：回家取兵器。◎国：国都，城市。

对待伤害父母的仇人，孝子跟他不共戴天！对伤害兄弟的仇人，遇上就要“死磕”，等不及回家取兵器（也有说兵器始终带在身边）！对待伤害朋友的仇人，誓不与他同城而居。有这样的仇而不报，那是平民的耻辱！

至于当官的，他们另有耻辱：“四郊多垒，此卿大夫之辱也！”——敌人的营垒已经建到郊外，身为卿大夫，上不能替君主分忧、下不能保护百姓，却腆然食君之禄、受百姓供养，还有比这更可耻的事吗？

尊师敬老礼数多

由孝敬父母，推广到尊重所有年长者：

> 年长以倍则父事之，十年以长则兄事之，五年以长则肩随

① 为人子者，居不主奥，坐不中席，行不中道，立不中门。食飨不为概，祭祀不为尸。听于无声，视于无形。不登高，不临深，不苟訾，不苟笑。孝子不服暗，不登危，惧辱亲也。父母存，不许友以死，不有私财。（奥：室中西南角。食飨［sì xiǎng］：进餐时的祭礼。概：主。尸：祭祀时代表死者受祭的人。苟：随便。訾［zǐ］：诋毁，指责。服暗：潜伏于暗处；服，伏。许：答应，许诺。）

之。群居五人，则长者必异席。

比你年岁大一倍的，你要像侍奉父亲一样侍奉他；比你大十岁的，你要当哥哥对待；比你大五岁的，可以当作平辈，不过行动坐卧，不要抢在他前面。

平辈五人同坐，应当请年纪大的坐在另一张坐席上——古代一张席子只能坐四人，五人坐不下，必须有人坐另一张席子。谁去坐呢？自然是年长者。这里仍有尊敬年长者的意思。

此外，跟老师在一起，也有许多礼数应当注意，如：

从于先生，不越路而与人言。遭先生于道，趋而进，正立拱手。先生与之言则对；不与之言则趋而退。

◎越路：横穿道路。◎遭：遇到。趋：小步快走，以示尊敬。

跟随老师一同走在路上，如果遇上熟人，不要从老师面前横穿道路跟熟人说话。在路上遇到老师，要快步上前，端正站定，拱手致敬。老师有话跟你说，你就回答；如果没话说，就快步退到一边，不要耽误老师走路。

跟老师、长者同处一室，礼数就更多。如老师的书籍、琴瑟放在那里，你要跪着（古人坐即跪）绕过去，不要站着跨过。

邮票里的尊师图

不吃饭时，坐姿要靠后；吃饭时，坐姿要靠前，（以免汤水洒到坐席上）。坐时要安稳，保持恭敬的表情。长者不问你，不要主动插话。听人说话时，态度要恭敬。不要打断人家的话头，也不要随声附和，像个应声虫。

老师问话时，要等老师问完了再回答。向老师请教，提问时要起身。希望老师再多讲点，也须再次起身。这里需要说明：古人坐姿如跪，是屈膝于席，将臀部坐在脚跟上；所谓“起”，则是指臀部离开脚跟、挺起腰板，不是真的站起来。

遇上老师或父亲召唤，回答要干脆，而且立刻起身。

陪尊长坐着，要尽量靠近，不要留空位。我们常见晚辈在尊长者面前推来让去，谁都不肯上前落座，那是很不礼貌的。

此外，坐着的人在何种情况下起身示敬，也有讲究。譬如来了平辈的人，你就不必起身。但是有人来点灯，或端上饭食，或有贵客到来，都要起身示敬。

《曲礼》还特别提醒：“烛不见跋。”“跋”指蜡烛头儿，意思是不要等蜡烛烧到根儿才起身告辞，那会影响长者休息。此外，在贵客面前不要呵斥狗。请人吃东西时不要吐唾沫（以免飞沫溅到食物上）。

年轻人还要有“眼力价”，假如你陪尊长坐着，见尊长伸懒腰、摸拐杖，或是看日影（现代社会是看钟表），那便是你主动告辞的时候了。

再如，陪坐时，尊长另起话头，向你发问，你要起身回答（“起而对”）。如果陪坐时，有个人对尊长说：等您有空，我有事向您报告。这时陪坐的人就应主动回避才是。

教你当个好客人

《曲礼》中还有一系列的“毋”（不要）：

毋侧听，毋噭应，毋淫视，毋怠荒。游毋倨，立毋跛，坐毋箕，寝毋伏。敛发毋髢，冠毋免，劳毋袒，暑毋褰裳。

◎侧听：偷听别人谈话。噭（jiào）：同叫，大声说话。淫视：目光游移。怠荒：懒洋洋的样子。◎游：走路。倨：大摇大摆貌。跛：身体倾斜。箕：坐时劈开两腿。◎髢（tì）：发垂覆额。褰（qiān）裳：敞开衣裳。

不要侧耳偷听他人谈话，不要粗声大气地应答，不要眼球溜来溜去地看，不要一副懒洋洋的样子，走路不要大摇大摆，站立不要跛脚斜肩，坐时不要劈开两腿像个簸箕，躺时不要俯伏在床上。要梳理头发不要让它披散，帽子也不要随便摘下，劳作时不要袒胸露背，暑热时也不要解开衣裳。总之，保持君子的仪态和尊严，要从小节做起。

吃饭的礼节也不能少。哪样食物放在左边，哪样放在右边，都有一定的规矩。如何落座，如何祭食，都应听从主人安排。尤其是参加宴席，人数较多，就不要只顾自己埋头猛吃，还要照顾他人。这就是"共食不饱"的原则。

《曲礼》还提醒不要把饭抟成团，不要把吃剩的饭放回饭盆，不要大口喝汤、弄得淋漓满案，吃饭也不要"吧唧"嘴，不要当众啃骨头，不要把咬过的鱼或肉再放回碟碗中，不要在席前扔骨头喂狗，不要碰上好吃的菜就一个劲儿吃……不要当众剔牙，不要当着主人面调羹汤、喝肉酱，以免让主人难堪，好像汤做得不好、肉备得不足似的……

要到别人家拜访，也要注意种种礼仪细节：

将适舍，求毋固。将上堂，声必扬。户外有二屦，言闻则入，言不闻则不入。将入户，视必下。入户奉扃，视瞻毋回；户开亦开，户阖亦阖；有后入者，阖而勿遂。毋践屦，毋踖席，抠衣趋隅。必慎唯诺。

◎固：固执。◎二屦（jù）：两双鞋；古人入室，把鞋脱在户外。◎视必下：眼一定朝下看。◎奉扃（jiōng）：手捧门栓，扃，门栓。◎遂：随即关上。◎踖（jí）：践踏，跨越。抠衣：提着裙裳。

“将适舍、求毋固”是说想到人家里拜访，可以提请求，但不要勉强人家。以下是说：准备登堂，要高声探问，好让屋里的人有所准备。看到门外有两双鞋子，如果听到屋里有说话声，就可以进去；没有说话声，就不要进入，因为你不知人家在干啥，闯进去会很冒失。将进门，眼光要朝下看——西方人似乎也有这样的礼节。

进门时手把着门栓，眼睛不要骨碌碌环视。进了门，身后的门原来是开着的，就还让它开着；若是关着的，就也把它关上。如果后面还有人要进来，就要把门虚掩着、别关严。

进门后要注意：不要踩到别人脱下的鞋子，不要跨越坐席。自己提着衣裳的下摆，走到席尾角落处落座。与人对话，应答时态度要恭敬。——这样的客人，谁家不欢迎呢！

男女有别不同席

在各种礼仪中，关于男女有别的话头，《曲礼》讲得倒是不多。只是说：“男女不杂坐，不同椸枷，不同巾栉。”（椸［yí］枷：衣架。栉［zhì］：梳子。）——男女不要混坐在一起，男女不共用一个衣架。男女各有各的面巾、梳子，不可混淆。

此外又有“不亲授，叔嫂不通问”的说法，即男女之间要避免手递手地交接物品；而小叔和嫂子也不宜频繁走动、问候。

又说“外言不入于阃，内言不出于阃”。“阃（kǔn）”是指内室的门槛。这两句的意思是：不要把外面流传的粗鄙言语传到闺房中，也不要把闺房中的私房话传到外人耳中。

这些礼数，在今天早已过时，不过“男女有别”的观念，也仍然存在于人们的潜意识里。

《礼记》中还有专门研讨婚礼习俗的篇章，如《昏义》，那是对《仪礼·士昏礼》的解释。不过《曲礼》泛论生活之礼，因此婚俗也涉及一些。如女孩儿一旦“有了人家”，便要戴上项链（“缨”）——如同今天订婚的女子把戒指戴在无名指上一样。这样一来，即使是亲兄弟，没事也不要到她房里去。

出嫁的女孩子回娘家后，也不要跟家中男性亲属同席而坐、同锅而食，哪怕是父亲，也要守这个规矩。这当然是指贵族之家，平民百姓恐怕很难做到。

至于男女婚配，规矩就更大。如果不委托媒人，连对方的名字也不应打听。不到女家接受聘礼时，两家也不要来往过密。定下结婚的日子，先要到官府登记备案，还要斋戒并禀告祖宗。

举行婚礼时，要设宴招待亲朋乡里。受邀请的亲朋乡党当然也不宜空手而来。哪怕不能亲自到场，也要委托别人送礼，道贺时说：“某子使某闻子有客，使某羞（某君听说您摆酒宴客，特意派我来送些酒食）！”“羞”在这里是进献食物的意思。

谈到结婚送礼，《曲礼》中有两句话至今天仍有参考价值：“贫者不以货财为礼，老者不以筋力为礼。”家境贫寒的，不必非要花钱送礼，所谓“有钱的出钱，有力的出力”，前来帮帮忙，同样能表达祝贺的心情；若是年老体衰的，连出力帮忙也不必，有那份心就可以了——如此开明豁达的态度，令许多现代人脸上发烧！

此外，《曲礼》中还涉及祭祀之礼、居丧之礼，侍君之礼……离我们的生活更远，就不做专门介绍了。

4

第四辑

Part Four

“三礼”（下）：婚丧礼乐，师严道尊

《檀弓》中的三个小故事

在《礼记》中，紧挨着《曲礼》的是《檀弓》，也分上下篇。“檀弓”是人名，有人推测可能是孔门弟子子游的门人。他的名字出现在篇章开头，因而用作篇名。

《檀弓》所述内容，多半是跟丧亡有关。那篇脍炙人口的《苛政猛于虎》，就出自《檀弓》篇。

有一回，孔子路经泰山脚下，见有个妇女在一座坟边哭得很凄惨。孔子让子路上前打听，妇人答道：从前我公公被老虎咬死，后来我丈夫也被老虎咬死，如今我儿子也死于虎口！孔子问：为什么不迁到别处去呢？妇人回答：这儿没人收税啊！孔子听了大为感慨，说：学生们记着啊，繁苛的赋税，比老虎还厉害（“小子识之，苛政猛于虎也”）！

《檀弓》中为人熟悉的小故事，便还有《曾子易箦（zé）》《嗟来之食》等。

曾子病重，他的弟子乐正子春和儿子曾元、曾申都在床边伺候着。一个小童捧着烛台坐在角落里，看见床上铺的席子，说：真漂亮、真光滑！这是大夫用的吧？子春制止他：别出声！可曾子还是被惊醒了，想说话，但只在喉咙里吭了一声。小童又说：真漂亮、真光滑！这是大夫用的吧？曾子缓上一口气，说：是啊，这是季孙大夫赠送的，我没来得及换下来。你们扶我起来换席子！

曾元说：您老人家病得厉害，不要动吧，等天亮再换也不迟。曾子说：你爱我，还不如这小童呢！君子爱人，是成全人的美德；小人爱人，却是姑息迁就他！我还有什么愿望啊？我能合于礼法地死，也就满足了！于是大家把曾子扶起来换席子。换完还没躺稳，曾子就咽了气。

曾子为什么坚持换席子呢？因为作为士却越格使用大夫的席子，是不符合礼法规定的。在今人看来，曾子实在迂腐：不就是一领席子吗？难道比性命还重要？然而从另一面看，一个人用一生去践行自己的理想、至死不渝，这无论如何是值得尊敬的。

这段故事还留下一个成语——"易箦"，用来指代病危将死的时刻。

《檀弓下》还有个《嗟来之食》的故事，似乎更为人熟悉。

有一年，齐国闹饥荒，有个叫黔敖的好心人，在路边预备了食物救济饥民。有个汉子有气无力地走过来，黔敖左手捧着饭，右手端着汤，招呼说：喂，来吃吧！那人抬眼看了看，说：我只因不接受这种傲慢的赐予，才饿到这步田地！黔敖自知理亏，跟在后面道歉，那人始终不肯吃，终于饿死在路旁。

这个故事，我们听过无数遍，每每被这位铁骨铮铮的汉子所感动。不过说到这里，故事还没完。让我们听听曾子的评价，他说："微与？其嗟也可去，其谢也可食。"——这个不大对吧？别人吆喝着让你吃，你可以走开；别人道歉，你就可以吃了。

仔细想想，照曾子的说法去做，恐怕更合于礼。

【文摘】

苛政猛于虎

孔子过泰山侧，有妇人哭于墓者而哀。夫子式而听之，使子

苛政猛于虎

路问之曰："子之哭也，壹似重有忧者。"而曰："然，昔者吾舅死于虎，吾夫又死焉，今吾子又死焉。"夫子曰："何为不去也？"曰："无苛政。"夫子曰："小子识之，苛政猛于虎也！"（《檀弓下》）

◎式：动词，手扶车前横木。◎舅：公公。◎苛政：繁苛的赋税。◎识（zhì）：记住。

曾子易箦

曾子寝疾，病。乐正子春坐于床下，曾元、曾申坐于足，童子隅坐而执烛。童子曰："华而睆，大夫之箦与？"子春曰："止！"曾子闻之，瞿然曰："呼！"曰："华而睆，大夫之箦与？"曾子曰："然，斯季孙之赐也，我未之能易也。元，起易箦。"曾元曰："夫子之病革矣，不可以变，幸而至于旦，请敬易之。"曾子曰："尔之爱我也不如彼。君子之爱人也以德，细人之爱人也以姑息。吾何求哉？吾得正而毙焉斯已矣。"举扶而易之。反席未安而没。（《檀弓上》）

◎隅：角落。◎睆（huàn）：光滑。箦（zé）：华美的竹席。◎瞿（qú）然：惊视貌。◎革（jí）：病危急。◎细人：小人。◎吾得正而毙：我能死得合于礼法。

嗟来之食

齐大饥，黔敖为食于路，以待饿者而食之。有饿者蒙袂辑屦，贸贸然来。黔敖左奉食，右执饮，曰：“嗟！来食。”扬其目而视之，曰：“予唯不食嗟来之食，以至于斯也。”从而谢焉；终不食而死。曾子闻之曰：“微与？其嗟也可去，其谢也可食。”（《檀弓下》）

◎袂（mèi）：衣袖。辑屦（jù）：趿拉着鞋。贸贸然：昏头昏脑的样子。◎嗟：喂，指不礼貌的招呼声。◎谢：道歉。◎微：无，表否定。

死亡面前，人人平等

有一回，子游向孔子请教棺椁、丧具等事。孔子回答：这要根据各家的贫富程度来定。子游说：虽说贫富有所不同，但也要有个标准才好。孔子说：有钱人家，可以搞得体面些，但也不要逾越礼的规定。贫寒之家，能用衣被把遗体裹严也就行了。入殓之后也无须搞什么仪式，可以立即下葬，用绳子把棺木吊入墓中；这样做，谁还能说什么呢？[①]

子路也提过类似的话头。他说：贫穷真是件令人悲哀的事！父母活着时，不能很好地奉养他们；死了，又不能依礼安葬。孔子回答：哪怕是吃豆粥、喝白开水，只要父母心情愉悦，儿子也算尽到孝心了。人死了，用衣被把遗体裹周全，马上下葬，也无需用外棺，只要跟自己财力相称，这

① 子游问丧具，夫子曰：“称家之有亡。”子游曰：“有无恶乎齐？”夫子曰：“有，毋过礼；苟亡矣，敛首足形，还葬，县棺而封，人岂有非之者哉！”（出《檀弓上》；称：相称。有亡：有无，即贫富。齐：折中。敛：同殓，装殓入棺。还［xuán］：同“旋”，马上。县：悬，吊。封：同“窆”［biǎn］，下棺。非：非议。）

也是合于礼啊！[1]

不知为啥，人们总是把厚葬的陋习“赖”在儒家身上。父母过世，要把丧仪办得格外风光：看风水、买墓地，使用贵重的棺木、陪葬大量的财物……甚至不自量力、相互攀比，仿佛不这样做就不合于礼、就是不孝。其实这哪里是儒家先哲的主张呢！

以财物陪葬的习俗，由来已久。早先还有拿活人殉葬的哩。不过到了春秋战国时，人殉已不多见。

有个齐国大夫叫陈子车，死在卫国。他的妻子和管家商量着要用活人殉葬，说是好在地下伺候主人。子车的弟弟子亢说：用活人殉葬，这可不合礼法规定。不过我哥哥在地下真需要有人伺候的话，我看没有比我嫂子跟管家更合适的人选了。你们看，这事如果不办也就算了；非要办，就请您二位下去吧。——两人一听，再也不提这事。[2]

有人说，陈子亢就是孔子的弟子陈亢，看来，他的“丧葬研究课”一定学得不错！

就是陪葬物，儒家也只是取其形式而已。孔子对此有一段议论，说：一个人死了，把他当成死人来看待是种不仁的行为；但如果认为他还活着，那又是缺心眼儿！为逝者准备陪葬品，就应依照这个（介乎于生死之间的）原则：所用的竹器呢，都是不堪一用的；瓦器也都未经烧制、难盛洗脸水；木器制作得十分粗糙，乐器也都不曾调准音调，钟磬则没有架子、无法敲击。这些陪葬物统称“明器”，意思是把逝者当神明来供奉。[3]

---

① 子路曰：“伤哉贫也！生无以为养，死无以为礼也。”孔子曰：“啜菽饮水尽其欢，斯之谓孝；敛首足形，还葬而无椁，称其财，斯之谓礼。”（《檀弓下》；啜［chuò］：尝，喝。菽：豆子。椁：外棺。）

② 陈子车死于卫，其妻与其家大夫谋以殉葬，定而后陈子亢至，以告曰：“夫子疾，莫养于下，请以殉葬。”子亢曰：“以殉葬，非礼也；虽然，则彼疾当养者，孰若妻与宰？得已，则吾欲已；不得已，则吾欲以二子者之为之也。”于是弗果用。（《檀弓下》；莫养于下：没人在地下侍奉。弗果用：没有实际推行。）

③ 孔子曰：“之死而致死之，不仁而不可为也；之死而致生之，不知而不可为也。是故，竹不成用，瓦不成味，木不成斫，琴瑟张而不平，竽笙备而不和，有钟磬而无簨虡，其曰明器，神明之也。”（《檀弓上》；之死：孝子以器物送丧。致死之：认定死者无知。致生之：认定死者有知。味：同沬，洗脸。斫：砍削。张而不平：张弦却不绷紧。不和：吹不成调。簨虡［sǔn jù］：挂钟磬的木架。）

听着孔夫子的话，你是否感受到老人家的睿智与豁达，因而愈发鄙视后世那些重殓厚葬、奢望再生的“蠢货”？

总的说来，儒家在倡导礼乐时，重在精神及人格的培养与修炼，至于外在形式，倒不那么在乎。孔子就曾对子路说过：

> 丧礼，与其哀不足而礼有余也，不若礼不足而哀有余也。祭礼，与其敬不足而礼有余也，不若礼不足而敬有余也。（《檀弓上》）

举行丧礼，目的在于抒泄内心的哀痛；与其礼节周到但哀痛不足，还不如礼节不周却痛快一哭呢！祭礼也如是，与其祭祀时礼仪周到但诚敬不够，还不如礼仪有缺而恭敬有加！

都说儒家重视等级、强调尊卑，但在丧礼方面，有时又体现着“死亡面前人人平等”的意识——宋国有个把守阳门的卫兵死了，司空子罕亲自去吊唁，哭得很伤心。晋国的间谍回去报告晋侯：子罕为一个卫兵哭得很伤心，百姓都很感动，看来宋人上下齐心、不可轻犯啊。

孔子听说这事，感叹说：这个间谍真有眼光啊！《诗经》里说：百姓有了丧事，全力以赴去帮忙！子罕就是这样做的。这样的宋国，别说是晋国，任谁也打不败它！[①]

《檀弓》就是通过一个个事例，来解释儒家的丧葬制度，阐发儒家的礼制精神。

① 阳门之介夫死，司城子罕入而哭之哀。晋人觇宋者反报于晋侯曰：“阳门之介夫死，而子罕哭之哀，而民说，殆不可伐也。”孔子闻之曰：“善哉觇国乎！《诗》云：‘凡民有丧，扶服救之。’虽微晋而已，天下其孰能当之？”（《檀弓下》；阳门：宋国都城的城门。介夫：披甲的卫兵。觇［chān］：侦察，窥探。说［yuè］：高兴。殆：大概，恐怕。扶服［pú fú］：即匍匐，伏地而行，引申为尽力。微：非。）

两千年前的环保规定

《礼记》中的《王制》像是一篇施政大纲，将天子如何分封诸侯、颁爵授禄，如何巡视、狩猎、祭祀，以及怎样管理农业、协调与周边民族的关系，都一一道来。

譬如讲到天下九州，说每一州都有千里见方，内中又包含着二百一十个大大小小的诸侯国：大的诸侯国百里见方，中等的七十里见方，小的五十里见方。九州里头，这样的州有八个。剩下一州则是天子所辖的王畿，含九十三国。九州加在一块，总共一千七百七十三国，一些不足五十里的附庸小国还不包括在内。

这些数字，显然都是坐在屋子里“捣鼓”出来的，并非现实国情的准确统计——不错，有人考证说，这篇《王制》是汉文帝让儒生起草的。不过里面也包含着前人的设计，例如有关农田分等的内容，我们就在《孟子》中读过。

先看《王制》的相关内容：

制农田百亩。百亩之分，上农夫食九人，其次食八人，其次食七人，其次食六人，下农夫食五人。庶人在官者，其禄以是为差也。

◎食（sì）：供养。◎差：等级。

农田以百亩为单位，头等的良田由“上农夫”耕种，一百亩的收成可养活九个人；二等的可以养活八个人，以下依次递减，五等田由“下农夫”耕种，只能养活五个人。至于在官府服役的百姓，也比照这个等级拿俸禄。

《王制》中的这一段，跟《孟子·万章下》的描述大同小异：

耕者之所获，一夫百亩；百亩之粪，上农夫食九人，上次食

八人，中食七人，中次食六人，下食五人。庶人在官者，其禄以是为差。

◎粪：施肥耕种。

孟子是战国时人，比汉文帝要早生一二百年。而孟子这样说，肯定也是言之有据的。《王制》应当是儒家关于王道思想的一幅蓝图，里面涵括了几代儒家学者的治国梦想。

在《王制》虚拟的施政纲领中，还是有一些合理成分的。例如《王制》规定，天子和诸侯在没有战争及凶丧大事的年头，一年里要田猎三次。一次为祭祀预备供品，一次为宾客准备食物，一次为天子、诸侯的餐桌添些野味。

没有特殊情况却停止打猎，这叫“不敬”。大概这样一来，祭祀时就无物可供了。此外打猎而不依礼，叫“暴天物”，也就是浪费老天赐予的食物资源！

田猎有田猎的规矩，不能滥捕滥杀。天子打猎只能围三面，留下一面供野兽逃命，这就叫“网开一面”吧。诸侯打猎则不能把一群野兽统统杀光。[①]

那时有专门管理山林川泽的“虞人”，他们在正月以后进入川泽垒坝捕鱼，秋冬之交开始打猎，八月以后设网捕鸟，到十月进山林砍伐。

此外还有许多禁令，如在昆虫藏入地下之前，不准放火烧荒；打猎时，不准捕捉幼兽、不准取鸟蛋；不杀怀胎的母兽和刚出生的幼崽；不捣毁鸟巢等。[②]

---

① 天子诸侯无事，则岁三田：一为干豆，二为宾客，三为充君之庖。无事而不田曰不敬，田而不以礼曰暴天物。天子不合围，诸侯不掩群。（田：田猎。干豆：将风干的肉置于礼器豆中。暴天物：暴殄天物，浪费自然资源。掩群：将兽群全部杀掉。）

② 獭祭鱼，然后虞人入泽梁。豺祭兽，然后田猎。鸠化为鹰，然后设罻罗。草木零落，然后入山林。昆虫未蛰，不以火田。不麑，不卵，不杀胎，不殀夭，不覆巢。（獭［tǎ］祭鱼：水獭在解冻后开始抓鱼，代指正月。豺祭兽：豺狼猎取小兽，代指九月。鸠化鹰：鸠鸟化为鹰，代指八九月。罻［wèi］罗：捕鸟的网。蛰：昆虫入地蛰伏。麑［ní］：幼兽。殀［yāo］夭：不杀未成年的禽兽。殀，斩杀。覆巢：打翻鸟巢。）

这是两千年前的规定，竟然完全符合现代的环境保护理念。谁说我们的老祖宗愚昧？他们总结的道理，今天还有许多人不懂！

《礼运》“大同”：“不讲礼”的时代

去过南京的朋友都记得，在紫金山麓有一座依山而建的宏大陵寝——中山陵；那是中国革命先行者孙中山先生的陵墓。登上几百级台阶仰望陵堂，蓝色琉璃瓦屋檐下是汉白玉的匾额，刻着“天下为公”四个镏金大字。

南京中山陵“天下为公”匾额

“天下为公”的意思不难理解：即天下是天下人所公有的。此话最早出自孔夫子之口，见于《礼记·礼运》篇。篇中借孔子跟学生对话的形式，叙说儒家礼治思想的演变。

那一回，孔子参加鲁国的朝廷祭典，事毕，跟学生言偃（也就是子游）一同到宫门高台上散步，不觉“喟然而叹”。

言偃问老师为何叹气，孔子说：大道实行的年代以及三代圣君在位的好时光，我都没能赶上啊！不过有关的记载还能见到。以下是孔子对那个时代的描述：

> 大道之行也，天下为公。选贤与能，讲信修睦。故人不独亲其亲，不独子其子，使老有所终，壮有所用，幼有所长，矜寡孤独废疾者，皆有所养。男有分，女有归。货恶其弃于地也，不必藏于己；力恶其不出于身也，不必为己。是故谋闭而不兴，盗窃

乱贼而不作。故外户而不闭，是谓大同。

◎选贤与（jǔ）能：选举贤良有能力之人；与，同“举”。◎亲其亲：亲爱自己的亲人。子其子：抚爱自己的孩子。所终：（好的）结局。矜（guān）同“鳏”，老而无妻者；寡，老而无夫者；孤，少而失父者；独，老而无子者。◎分（fèn）：职分。归：归宿，这里指女子出嫁。◎恶（wù）：厌恶。◎闭：杜绝。◎外户：大门。

这是一幅多么迷人的盛世图景：那时大道畅行，天下还是天下人所共有的。人们公推贤能之人管理公共事务，人人讲求诚信，和睦相处。

那时人们不单亲爱自己的父母、不单抚爱自己的子女，还能把这份仁爱之心推而广之，让天下所有老人都能安享天年，所有青壮年都有用武之地，所有孩子都能健康成长，所有孤单病废之人都能得到供养。男人都有可心的职业，女人都有温暖的家庭。人们鄙视浪费财货的举动，却没有攫为己有的私心；讨厌那种在劳作中不肯尽力的行为，却不一定只为自己出力。

人们坦诚相待，阴谋诡计也就失去了市场，盗抢作乱的事也不会发生，家家夜不闭户。这样的世界，就叫“大同”啊！

孔子口中的“大同”，描绘的是三皇五帝时的景象吧。相传那时的领袖还是通过推举和禅让产生的，人们普遍心地淳朴、重德轻利——那是个“不讲礼”的时代，因为善心发自肺腑，无需礼来引导和规定。

退而求其次的“小康”之世

可是进入夏商周三代，世事起了变化。孔子接着说：

今大道既隐，天下为家。各亲其亲，各子其子，货力为己。大人世及以为礼，城郭沟池以为固，礼义以为纪，以正君臣，以笃父子，以睦兄弟，以和夫妇，以设制度，以立田里，以贤勇

知，以功为己。故谋用是作，而兵由此起。禹、汤、文、武、成王、周公，由此其选也。此六君子者，未有不谨于礼者也。以著其义，以考其信，著有过，刑仁讲让，示民有常。如有不由此者，在执者去，众以为殃，是谓小康。

◎隐：引退，消弭。◎大人：这里指君主。世及：世袭，父传子，兄传弟。笃：淳厚。贤勇知（zhì）：尊重有勇有谋者；贤，尊重。◎用是：因此，由此。◎选：这里指出类拔萃的人物。◎著（以著其义）：彰显。著（著有过）：记录。刑：同型，典范、典型。常：恒常之礼。◎执：同势。去：斥退，驱逐。殃：祸。

孔子说：而今大道消弭，自夏禹开始，天下变成一家一姓的私产。臣民百姓自然也都有样学样，只爱自家父母子女，有钱只往自家荷包里揣、有力只为自家使。

君主的产生也由推举禅让改为世代相袭，还要高筑城墙、深挖沟池，以维护巩固自家利益！

于是不得不制定礼义作为纲纪，来规定君臣的名分、笃厚父子的关系、和睦兄弟的情谊、调和夫妇的情感。并依礼设立制度、划分田宅、尊重贤者、鼓励建功。不过这样一来，人人怀抱一颗私心，于是勾心斗角由此而兴、刀兵争斗因此而起！

在这样的时代，夏禹、商汤、周文、周武、成王、周公就算是一时豪杰了。这六位君子无不是谨遵礼义的模范，据礼来彰显正义、考验诚信、指明过错，并以仁为榜样、倡导逊让，为百姓树立恒定的礼义观念。如有不遵礼义的，哪怕你是高高在上的执政者，也要让你卷铺盖走人，百姓也都把你视为祸殃！这样的时代，就叫“小康”。

看来，“小康”是孔子不得已的选择，既然“大道既隐”“大同”之世可望不可即，也只好退而求其次，去追寻礼乐治国的小康之世了。

可惜到了春秋之世，“礼崩乐坏”，眼瞅着连小康的愿景也渐行渐远，站在鲁国宫门的高台上，孔夫子又怎能不“喟然而叹”呢！

谁说儒家轻妇女

有句话常挂在人们嘴边：“饮食男女，人之大欲存焉。”这是儒家对人欲的基本看法；即是说：吃香的、喝辣的，两情相悦、男欢女爱，都是人的正当欲念，无可厚非。此话也出自《礼运》篇。

《礼运》之“运”，有发展变化之意。孔子跟言偃讨论“礼”的发展，即从人情人欲谈起，说人有“七情”：“喜、怒、哀、惧、爱、恶、欲。”都是与生俱来、不学而能的。

儒家对人情人欲并无贬损，只是倡导要拿“十义”来节制。何谓“十义”？那是处理人伦关系的十项准则：“父慈、子孝、兄良、弟弟（悌）、夫义、妇听、长（zhǎng）惠、幼顺、君仁、臣忠。”依义而行，也便合于礼。人们发言行事，只要“发乎情，止乎礼”，还有什么问题呢？

如今认真捧读经典的人不多了，人们对儒家理念的理解，也往往人云亦云、不得要领，甚至充满误解。例如说到两性问题，十有八九会说：儒家两性观无非是“男尊女卑”“男女授受不亲”；在儒学当家的年代，女性地位惨到家了！

不错，我们读《曲礼》，确有“男女不杂坐”“不亲授”等说教，但只是寥寥数语。反之，要证明儒家重视两性关系和男女婚嫁，并不歧视女性，《礼记》中倒不乏有力证据——“饮食男女，人之大欲存焉”不过是证据之一，而且只能算是“轻量级”的。

不妨猜个谜：都知道儒家重礼仪，那么哪种礼仪最为儒家看重呢？你会说：是祭天吧？或者是祭祖？——看看孔夫子是怎么说的。

《礼记》第二十七篇《哀公问》，记录了孔子与鲁哀公的一番对话。哀公问孔子：请问在处理人际关系上，哪一点最重要？孔子听了有点激动，说：您问这话，百姓算是有福了！处理人际关系，当然以为政最重要。“政”就是“正”啊；君主行得正，百姓自然也都跟着走正道。

古代帝王大婚场景

哀公又问：那么又如何为政呢？孔子说："夫妇别、父子亲、君臣严"（夫妇各尽职守、父子相互亲爱，君臣相互敬重），这三种关系摆正了，其他事也就好办了——你看，孔子把"夫妇别"放到了第一位，足见其重视。

哀公要孔子进一步谈谈，孔子回答：

> 古之为政，爱人为大；所以治爱人，礼为大；所以治礼，敬为大；敬之至矣，大昏为大。大昏至矣！大昏既至，冕而亲迎，亲之也。亲之也者，亲之也。是故，君子兴敬为亲；舍敬，是遗亲也。弗爱不亲，弗敬不正。爱与敬，其政之本与！
>
> ◎治：实施，实行。◎大昏：即大婚，指君主的婚礼。◎冕：戴礼帽。◎遗：抛弃，轻视。

这话是说：古人为政，把爱人放到头一位。如何爱人呢？当然是依礼而行最重要。依礼而行，又重在一个敬字。敬的极致，又莫过于君王的婚礼。可以说，君王的婚礼是体现"敬"的最佳场合！

到了婚礼那天，国君郑重地穿戴好礼服、礼帽前往女家，这是强调亲自迎娶之隆重。亲自前往，是为了表示对爱的重视。君子只有拿出敬的态度，才能充分表达爱；如果没有敬，那就等于轻视这种亲爱之情。没有爱就不亲，没有敬就不正。也正是从爱妻、敬妻中，体现出为政的根本来！

儒家如此重视男女婚配，认为在所有礼仪中"大昏（婚）为大"——这一点，您想得到吗？

“共牢”“合卺”同尊卑

自然，说到男女婚配，古人和今人的着眼点有所不同。今人最看重两情相悦、情投意合；古人更重视婚姻的家族意义和政治意义。

即如君主“大昏”，即在于“合二姓之好，以继先圣之后，以为天地、宗庙、社稷之主”；所以无论怎样重视，都不过分。

孔子又进一步强调妻子的职能和身份：一是侍奉公婆、养生送死的家庭主妇，二是生儿育女、传宗接代的母亲。对于家庭和家族而言，没有比这更重要的了！

而君子爱自身、爱妻子、爱子女，就会把爱推广到百姓和他们的妻儿身上，让国人都感受到爱，“如此，国家顺矣”。

古代婚礼承担着如此重大的意义，婚礼的气氛自然也与今天大不相同。从《礼记》的《昏义》及《郊特牲》等篇可知，婚礼不用欢快的音乐（“昏礼不用乐”），也没有来宾祝贺的环节（“昏礼不贺”）。究其原因，婚姻代表着上一代衰谢、下一代接班、未来一代降生（“人之序也”）；在这庄严的时刻，敬谨凝重的气氛，也许更为适合吧。

婚礼的郑重，还体现在仪节的繁琐上。先是男方向女方提亲，女家应允后，男方派人送去礼物，并求问小姐芳名，这叫“纳采”“问名”。经过占卜，如果名字吉利，男方即遣媒向女家表达求娶意愿，这叫“纳吉”。接着男方送去正式的聘礼（“纳征”），这意味着婚姻关系正式确立。男家又与女方商议婚期（“请期”），定下好日子。

到了那天，新郎带着一只雁前往女家迎亲，向岳父岳母行礼如仪，送上雁，并把新娘领出大门。新郎还把登车时手拽的皮绳（“绥”）亲自递给新娘，很有点“女士优先”的骑士风度。然后新郎要亲自为新娘驾车，司仆役之职——不过只是做个样子，车轱辘才转三转，新郎便让车夫代驾，自己换车赶回家，在门口迎接未来的女主人。

新娘进门后，仍有许多礼节。最重要的是跟新郎“共牢而食，合卺（jǐn）而酳（yìn）”。“牢”是盛食物的容器，“共牢而食”象征着夫妇“同尊卑也”——这“同尊卑”的话，是白纸黑字写在儒家经典里的！

至于“卺”，则是一剖为二的葫芦瓢，夫妻各持一瓢，以酒漱口（即“酳”），代表两人成了吃喝不分的一家子。后世称婚礼为“合卺”，即由此而来。

还有两件事，也是古礼遗俗：婚礼最早称“昏礼”，是因为要在黄昏举行的缘故；“婚”字的“女”旁是后来加上去的。今天我国一些地方仍保留着傍晚举行婚礼的古俗。

再有，虽说“昏礼不贺”，也仍有宾客带些礼物来。不过再尊贵的宾客，所带礼物也不过是枣子、栗子、肉干之类。当代曲艺大师侯宝林说相声，说结婚时要送枣和栗子，暗含“早立子”（早生贵子）的祝福。是不是这样呢？《礼记》中可没这么讲。

仍回到“饮食男女，人之大欲存焉”的话题，《礼运》中这句话的后面，其实还有一句“死亡贫苦，人之大恶存焉”。即是说，“贪生怕死”“嫌贫爱富”，也是正当的人情人欲。

正当是正当，也还要有义礼的节制引导，否则又跟禽兽何异？——这也正是儒家礼治思想的核心题旨。

“六经”遗篇有《乐记》

《礼记》第十九篇《乐记》，是关于音乐的专论，相传是孔子的再传弟子公孙尼子所作。

其实孔子本人就是一位造诣很深的音乐家，不但能弹会唱，还通晓乐理、懂得欣赏。他在齐国听了《韶》乐的演奏，被那美妙的乐声所陶醉，竟然“三月不知肉味”！他还整理过《诗经》的音乐，我们在介绍《诗经》时已经说过。

音乐曾是儒家的必修课。儒生所习“六艺”中，就包括“乐”这一门。只是六艺中的“乐”多半是实践课，大概重在讴歌、弹奏、记谱……是否也探讨音乐理论，则不得而知。

探讨音乐理论的书，应当是“六经”中的《乐经》。可惜这书后来竟失传了。是世上懂音乐的人太少呢，还是秦始皇那把火烧得太猛？

不过先秦时的《荀子》《吕氏春秋》《周礼》等书以及后来的《史记》中，都有谈乐理的内容；包括这篇《礼记·乐记》，或许便是《乐经》的遗篇吧？

《乐记》分为十一节，分别是“乐本”“乐论”“乐礼”“乐施”“乐言”“乐象”……阐述了乐的产生、社会功能及乐与礼的关系，等等。

按《乐记》所说，“乐”是人心感于外物发出的声音，各种声音错综变幻，便构成了歌曲；一面歌唱，一面舞蹈，也就形成了“乐”——古人所谓“乐”，同时包括音乐、歌唱及舞蹈等因素在内。

儒家学者三句话不离政教，谈音乐也不例外。如《乐记》认为听百姓歌唱能了解政治的治乱、国家的兴衰：“是故治世之音安以乐，其政和；乱世之音怨以怒，其政乖；亡国之音哀以思，其民困。声音之道，与政通矣。”这几句话，我们在《毛诗序》里就已经领教过了。

《乐记》还把声、音、乐分开来谈，认为任何动物都能发“声”，而只有人能感物发“音”；比“音”更高的是“乐”，“乐”是与社会伦理相通的。

《乐记》作者由此得出结论：只懂发声的是禽兽；懂音而不懂乐的，是老百姓；真正懂乐的，是君子！他们能从音乐中听出治乱兴衰；反过来，又能通过音乐辅助政教、诱化百姓。

《乐记》还举例说：周代大祭时，用瑟来为《清庙》乐章伴奏。那乐器只有几根朱红的弦、几个稀疏的孔；唱时由一人领唱、三人应合（一唱三叹），音调也并不优美。大祭所奉献的供品，也只是以水代酒，加上一盘生鱼、生肉和一碗未经调味的羹汤，口味肯定也不怎么样。——可见先王制定礼乐，目的不是满足耳目口腹之欲，而是要用礼乐引导百姓，平和其爱憎、使之返归人性！

从这个例子还能看出，乐和礼是相辅相成的。《乐记》辨别“乐”和“礼”说：

> **乐者，天地之和也；礼者，天地之序也。和，故百物皆化；序，故群物皆别。乐由天作，礼以地制。过制则乱，过作则暴。明于天地，然后能兴礼乐也。**
>
> ◎化：化育。◎礼以地制：礼是人为制定的。◎暴：偏激。

这是说：乐可以表现天地自然的和谐，礼可以体现天地自然的秩序。因其和谐，故能化育万物；因有秩序，故能显出万物的区别。乐是天然而起的，礼是人为制定的。礼若逾越秩序，就会导致紊乱；乐如偏离和谐，也会导致偏激。认清先天与后天之别，才能创建礼乐。

有一点是明确的：乐在周代礼乐文化中的地位极为神圣。这也使我们对孔子所说的“兴于诗、立于礼、成于乐”，又有了进一步的理解。

著名的曾侯乙编钟

有机会到大都市的博物馆参观，别忘了欣赏周代贵族墓葬中出土的编钟。面对那体量宏大、排列严整、精美绝伦的青铜乐器，你对“乐”在周人心目中近乎神圣的地位，会有更深切的感受！

《学记》：玉不琢，不成器

《礼记》中有两篇分量极重的篇目——《中庸》和《大学》，我们预备放到后面去讲；因为这两篇在南宋时被印成“单行本”，跟《论语》《孟子》合编为《四书》，名声比《礼记》还要大些。

儒家最重学习，《大学》一篇主要讨论学习的目的和途径。其实《礼记》中跟学习沾边的不止这一篇，还有那篇《学记》，也被学者列为必读书目。

翻开《学记》，只觉得满眼都是熟悉的句子。像“玉不琢，不成器；人不学，不知道”，便是蒙学读物《三字经》引用过的。

这是拿琢玉打比方：一块含玉的石头，不经雕刻琢磨，便只能用来压舱垫脚，难成有用之物。人也如是：你天生聪明、资质很好，可是不经学习，也仍不能掌握“道”。

正因如此，“古之王者，建国君民，教学为先”。古代君王建立政权、统领百姓，总是把教育学习放到第一位。

作者又打比方说：“虽有嘉肴，弗食，不知其旨也；虽有至道，弗学，不知其善也。”——有美味摆在那里，不亲口尝尝，就不知有多好吃；虽有真理存在，不学，就不知有多高妙。于是作者得出结论说：

> 是故学然后知不足，教然后知困。知不足，然后能自反也；知困，然后能自强也，故曰：教学相长也。《兑命》曰：“学学半。”其此之谓乎？
>
> ◎困：困惑。◎学学半：教别人，自己也有一半收获。前一个“学”读（xiào），有教的意思。

这几句大白话，人人都能读懂：学习了，眼界打开了，才知道自己孤陋寡闻；教别人，先要自己搞明白，结果发现还有很多困惑。知道自己孤陋寡闻，才能“自反”，也就是反思；了解自己的困惑，才能“自强”，也就是“不用扬鞭自奋蹄”。

这样一来，学生也在进步，老师也在提高，“教学相长（zhǎng）”，也就是教的一方和学的一方相互促进、水涨船高。《尚书·兑命》有“学学半”的说法，意思是说：教人家，自己至少也有一半收获——这真是深得教学三昧之言！

古代下至家庭、上到国家，都非常重视教育。所谓“家有塾，党有庠，术有序，国有学”；即设在家庭（或家族）中的叫“塾”，那是请老师到家中教导子弟。一党（五百家为一党）所设学校称“庠（xiáng）”，一术（即“遂”或“乡”，一万二千五百家为一遂）所设学校称“序”，而一国所设的学校则称“学”。

关于古代学校的设置，《孟子》中也有解释，说古先王“设为庠、序、学、校以教之”。其中“庠”有养的意思，“校”有教的意思，“序”有射的意思。又说夏代的学校称“校”，商代的学校称“序”，周代的学校称“庠”。至于“学”，那是设在国都的最高学府，夏商周都这么叫。

那么学生如何在学校学习呢？《学记》描述了“国学”中的教读生活：

比年入学，中年考校。一年视离经辨志，三年视敬业乐群，五年视博习亲师，七年视论学取友，谓之小成；九年知类通达，强立而不反，谓之大成。夫然后足以化民易俗，近者说服，而远者怀之，此大学之道也。

◎比年：每年。中年：隔年。◎离经：给经书断句。乐群：与同学和乐相处。取友：选择朋友。◎知类：触类旁通的能力。强立：见解独立。不反：不违反师教。◎说（yuè）服：心悦诚服。怀：安抚，招致。

即是说，国学每年都招收新生，隔一年进行一次考核。入学第一年考经文句读（给经书断句）、辨别志向；三年考察学生是否专注于学业、有无团队精神；五年考察学生是否兼收并蓄、敬爱师长；七年考察学生的学术见解及择友取向。学到这个份儿上，叫“小成”，也就是小有成就。

到了第九年，一个合格的毕业生应该是知识广博、举一反三，自信满满、又不违师训，这叫“大成”！也只有这样的人才，才能化育百姓、改易风俗；近旁的人对他心悦诚服，远方的人也都闻名而至。

如今，一个在大学读了九年的学生，该是博士毕业了吧，可不要看轻自己啊。

“大学”里的教与读

《学记》对学校的教育方针以及教师教学，也都有所褒贬评判。

那时的“大学”教育，有七条不变的规矩：一是开学时学生要穿着礼服祭奠先圣先师；二是练习咏唱《小雅》中的三首诗：《鹿鸣》《四牡》和《皇皇者华》；三是听鼓声集合、打开书包上课；四是学校常备着打人的棍子、荆条；五是天子不急于视察新生；六是教师对学生多观察、少教导；七是年纪小的学生只听讲，不发问。

这七项规定，各有各的含义。例如开学祭先师，是为了教导学生恭敬；吟咏《小雅》三诗，则是给学生灌输做官事君的理念；听鼓上课，是训练服从；棍子和荆条，当然是树立权威的手段；至于天子不急于视察、教师不主动指导，则是给学生留下足够的时间和空间，让他们养成自觉学习的习惯……

学生所学，无非是礼乐诗书之类，而好的教师又能顺应学习规律，提高学生兴趣，引导学生“安其学而亲其师，乐其友而信其道”。

有意思的是，《学记》中对不称职的教师很不客气，说他们只会装模作样、照本宣科，自己还不大明白，却偏偏爱用难题刁难学生！净讲些貌似高深的名物制度之类，而且只顾赶进度，不管学生懂不懂。身居教席，却没有一点诚意，更不能因材施教。

其教学方式违背规律，对学生的要求乖背无理。搞得学生对学习产生厌倦心理，见到老师就头疼万分，终日以学习为苦，不知乐在哪里、益在何处！纵然勉强毕业，那点所谓的知识也很快就忘个干净。教育之所以不能成功，究其原因，全在于此！①

原来自古学校中就有这样“混饭吃”的“老师”，大概还不止三两个，所以《学记》用了一节文字，口诛笔伐、严厉声讨！

那么正确的教导方式又当如何？《学记》说：

大学之法，禁于未发之谓豫，当其可之谓时，不陵节而施之谓孙，相观而善之谓摩。此四者，教之所由兴也。

◎陵节：超越阶段。

正确的教育方法，是在学生的错误观念形成之前，就及时制止，这叫“豫”，也就是预防。在其能够接受新知的最佳时机及时教导，这叫“时”，即适时。根据他的能力、程度来施教，这叫“孙”，也就是有序。让学生相互观摩而受益，这叫“摩”，也就是切磋。——这四种，是使教育昌盛的最佳方法。

违背这四条“教育金律”又会怎样？

发然后禁，则扞格而不胜；时过然后学，则勤苦而难成；杂施而不孙，则坏乱而不修；独学而无友，则孤陋而寡闻；燕朋逆

① 今之教者，呻其占毕，多其讯，言及于数，进而不顾其安，使人不由其诚，教人不尽其材，其施之也悖，其求之也佛。夫然故，隐其学而疾其师，苦其难而不知其益也。虽终其业，其去之必速。教之不刑，其此之由乎？（呻其占毕：这里形容“今之教者”不晓经义，唯长声吟哦、照本宣科。呻，吟哦。占，视。毕，书简。多其讯：频频以怪问题刁难学生［其实他自己也不懂］。讯，问难。数：名物制度等。进而不顾其安：赶进度，不顾学生是否理解。安，熟悉。使人：教人。尽其材：因材施教。悖：违背道理。佛：拂，乖背。隐：痛。疾：恨。去之：指遗忘所学知识。刑：成，成功。）

其师；燕辟废其学。此六者，教之所由废也。

◎扞（hàn）格：相互抵触。◎燕朋：结交坏朋友。◎燕辟：沾染不良嗜好。

错误观念已经先入为主再去禁止，早已是坚不可入。错过最佳时机再来教和学，再勤苦也难有成就。不顾学习的阶段性而胡乱施教，会因无序而难获佳绩。自己闷头苦学却不肯跟朋友探讨，只能是信息闭塞、孤陋寡闻！

此外学生若再添上几种坏毛病：乱交损友、违背师教，陋习多多、不思悔改，也就足以毁掉他的学习生涯！

《学记》说，了解正反两方面的经验和教训，才能当个好老师。君子要教育、劝化人，有三方面要注意：一是对学生诱导而不是生拉硬扯，这会让学生产生亲近感；二是多加鼓励而不压抑学生个性，这会让学生易于接受；三是善于启发却不轻易说出结论，这会培养学生独立思考的能力。能做到这样，才算是善于教导啊！①

《学记》中有关教学的格言还有一些，如说学习者有"四失"，一是"贪多嚼不烂"，二是不思进取，三是浅尝即止，四是半途而废。这四种缺失的背后，有着不同的心理原因。只有洞彻其心理原因，才能对缺失进行补救。一位优秀教师的职责，就是要开发学生的优长之处、对缺失予以补救。②

① 故君子之教喻也，道而弗牵，强而弗抑，开而弗达。道而弗牵则和，强而弗抑则易，开而弗达则思。和、易以思，可为善喻矣。（道：引导。强：勉励。开：启发。达：尽。易：易于接受。）

② 学者有四失，教者必知之。人之学也，或失则多，或失则寡，或失则易，或失则止。此四者，心之莫同也。知其心，然后能救其失也。教也者，长善而救其失者也。（长[zhǎng]善：开发增长其长处。）

师严道尊，善教善问

《学记》有一多半内容谈到“师”，可见在学习中，教师的作用是决定性的。一个好的教师应如何做？“善歌者使人继其声，善教者使人继其志。”——善于歌唱的，要能引导人不知不觉地跟着唱起来；一个好的教师，则善于在不知不觉中把学习的志向和能力传递给学生。

如果这位教师的语言简练而通达、含蓄而精当，少用比喻就能让人明白，“继其志”的目标就不难达到。①

中国历来有尊师的传统，古人认为，一个合格的教师不难当个称职的官员，甚至具备做国君的能力（“能为师然后能为长；能为长然后能为君”）。

《学记》说：“凡学之道，严师为难。”“严”是指什么？是指尊敬，也就是树立教师的权威。因为教师是“道”的传授者；“师严然后道尊，道尊然后民知敬学”。只有尊敬老师，才能显出“道”的尊隆，百姓才晓得敬重学问。

夏商周三代都有尊师重道的传统，对择师十分慎重。那时的君主高高在上，睥睨天下，唯独对两种人毕恭毕敬：一种是代先人受祭的臣子，再一种便是老师。

按古代大学的礼节，给天子授课的老师不能面朝北，因为那是臣子的位置。不能朝北，又该坐于何处？应该坐西朝东，那里是最尊贵的客位——后人把先生请到家中教育子弟，称“西席”，便是这个道理。②

① 善歌者使人继其声，善教者使人继其志。其言也约而达、微而臧、罕譬而喻。（微：隐微含蓄。臧：善。）

② 凡学之道，严师为难。师严然后道尊，道尊然后民知敬学。是故君之所不臣于其臣者二：当其为尸则弗臣也，当其为师则弗臣也。大学之礼，虽诏于天子，无北面，所以尊师也。（不臣：不把某人当臣下看待。尸：祭祖时坐在那里代祖宗受人祭拜的人。北面：面朝北，那是臣子之位。）

有好的教师，还需要有好的学生来配合。“善学者，师逸而功倍，又从而庸（归功）之；不善学者，师勤而功半，又从而怨之。”——擅长学习的学生，老师教着省劲儿，教这样的学生，常能收到事半功倍的效果；饶这样，学生还感谢老师，说都是老师教得好。碰上不善学习的，老师费劲儿不小，却事倍功半，结果老师还落埋怨！

无论老师向学生提问，还是学生向老师提问，都有个会问（“善问”）会答（“善待问”）的问题：善于发问的，就像是砍斫坚硬的木材，先从较软的部位下手，然后再整治树疖子，只要坚持不懈，再硬的木材也会被分解。不善发问的，只会反着干，又怎能期待成功呢？①

答问的一方呢？“善待问者，如撞钟，叩之以小者则小鸣，叩之以大者则大鸣，待其从容，然后尽其声；不善答问者反此。”——善于答问的，则跟撞钟相似：人家轻敲，就以小声回应；人家重敲，就以大声回应，敲击者从容不迫，钟声也悠扬悦耳；不善答问的正相反。善问善答，“此皆进学之道也”。

铁匠的儿子为啥缝皮裘

《学记》中还有一段名言，常被人提起：

> **良冶之子，必学为裘；良弓之子，必学为箕；始驾者反之，车在马前。君子察于此三者，可以有志于学矣。**
>
> ◎良冶：好的铁匠。裘：这里指鼓风皮囊。◎良弓：好的制弓匠。箕：簸箕。

这里所举三件事，有两件与匠人学艺有关：古代工匠的手艺多为父子

① 善问者如攻坚木，先其易者，后其节目，及其久也，相说以解；不善问者反此。（攻：砍斫，整治。节目：树疖子。相说：相互脱离。说，同“脱”。）

相传，一个好铁匠的子弟，一定要先学补皮裘；一个好弓匠的子弟，一定要先学编簸箕。另一件事是说教小马学拉车，先要反着做：不急着让它驾车，而是把它栓在车后。君子考察这三桩事，就能坚定学习的志向和信心了。

把小马拴在车后，这个道理好懂：是让它先观摩，看看老马是怎样拉车的。那么前两个例子又是啥意思？

所谓“学为裘”，是指学习缝制鼓风用的皮囊。烧炭化铁，少不了这玩意儿。那么“学为箕”呢，是指用荆条编簸箕，这需要不断弯曲荆条，久而久之，也就熟悉了荆条的习性，这跟制弓的工艺是相通的。制弓不就是把木质弓身弯曲成某种形状吗？

这两个例子说明同一个问题，即一切学习都要从貌似“不沾边”的基本功练起。不是有个达芬奇画蛋的故事吗？名画《蒙娜丽莎》的作者达芬奇学画画，是从画鸡蛋开始的。这个道理，其实两千年前的中国人就懂了。

这则故事还凝练成一个成语——“克绍箕裘”。“克”是能，“绍”是继承。不过典故的原意已经淡化，转变为继承祖业的意思了。

《学记》最后有两段话，强调学习要有志于“大”，要“务本”：

> **君子曰：“大德不官，大道不器，大信不约，大时不齐。察于此四者，可以有志于学矣。”**
>
> ◎不器：不做一种固定的容器，意谓不局限于一种用途。约：盟约。

这是说，一个有志于学的人，应当明白这样的道理：追求高尚德行者，不满足于一官半职；力求掌握大道者，不专注于某一项专门技能；讲求大诚信者，无须拘泥盟约小誓；把握大时机者，不必追求整齐划一。读着这样的教诲，让人有登高望远、心胸开阔的感觉！

另一段是：

> **三王之祭川也，皆先河而后海，或源也，或委也。此之谓务本。**
>
> ◎源：源头，这里指河。委：末尾，这里指海。◎务本：致力于根本。

三代先王祭河川时，总是先祭河、后祭海。河是源头，海是终点。尽管大海宽广无际、河流之源只是浅浅的小溪，然而那却是源泉，是根本。

这里所讲的，仍是“良冶为裘、良弓为箕”的道理：有了“大德”“大器”“大信”“大时”的追求目标，也还是要从最根本上做起！

5

第五辑 Part Five

《周易》不仅是占卜书

谁创造了八卦

《周易》是一部占卜书，古老而又现代。

外出旅游常会碰上算卦的：一位老者在地上铺块白布，上面画着阴阳八卦，题着“《易》算大师”“附送手相”等诱人的广告语。

还真有人停步求问：经商的问财运，年轻人问婚姻，学子问升学……不过如今科学昌明，真信的不多；来算卦的多半是出于好奇，或干脆为了解闷儿。

古人则不同。几万年前，人类还处于童年，不但整个社会生产力低下，人们的知识也极为有限。面对喜怒无常的大自然，一切只好听天由命。久而久之，人们竟以为天地间真的有什么运数似的。于是沟通天人、预测未来的占卜，也便应运而生。

较早的占卜方法是拿龟壳或牛羊肩胛骨在火上灼烧，根据裂纹走向来判断吉凶。一个部族或一个国家还有专职的巫师、卜官，每逢遇到大事：战争啦、天灾啦，乃至婚丧嫁娶、出游狩猎……总要占卜一下。有的还把占卜的时间、事由、吉凶判断及占卜者姓名刻在甲骨上，所用的文字，便叫“甲骨文”。这种方法称作“占”，七千年前的老祖宗已在使用。

还有一种占卜方法叫“筮”（shì），是拿蓍（shī）草来占验。蓍草是一种多年生的草，因为寿命长，人们认为它有灵性，能知过去未来。比起龟甲兽骨，蓍草也更容易获取。

筮的方法早已失传了。有人猜测是取一把蓍草，数数多少根，以数目的奇（jī）、偶来定吉凶。当然也可能把草杆排列起来，拿整根的和折断的相互搭配，组合出不同的图形——八卦是不是这样产生的呢？

不过照古书记载，八卦是大神伏羲的发明。先是黄河里浮出一匹龙马，背上驮着一幅由黑、白点子组成的奇怪图案，也就是人们所说的“河图”。伏羲以河图为蓝本，又仰望苍天、俯视大地，观察鸟兽花纹及远近人事，最终发明了八卦。

伏羲是传说中的“三皇”之一，另两位是女娲和神农。据神话传说，伏羲跟女娲还是一家子哩！他俩本是兄妹，后来发了洪水，人类都漂没无遗，伏羲、女娲跑到昆仑山上结为夫妻。今天的中国人，据说便都是他俩的后代。

这么说，八卦应当与人类同寿了！然而据学者考证，八卦兴起于商末周初，很可能是由巫师、卜官创作归纳的，跟“人文始祖”伏羲没啥关系。伏羲只是传说中的人物——甚至有人说伏羲不是人，是只大葫芦！

八卦与计算机

就说说八卦吧。八卦共有八组卦画，但基本单位只有两个：一个是整划“⚊”，叫“阳爻（yáo）”；一个是断划“⚋”，叫“阴爻”。把阳爻、阴爻三个一组搭配起来，可以排出八组不相重复的卦，每卦有个专名，并代表一种事物。

例如三个阳爻排在一起（☰），称作“乾”，代表天。三个阴爻排在一起（☷），称作“坤”，代表地。人们称天地为“乾坤”，便是由此而来。

此外，乾、坤还分别代表男、女。旧时婚姻，要为男女双方合“八字”，分别称“乾造”和“坤造”。至于人们日常所说的“坤伶”“坤表”“坤车”，则是指女演员、女表及女式自行车。

另外，乾、坤在帝制时代又专指皇帝、皇后。明清故宫中有乾清宫和坤宁宫，分别是皇帝和皇后的寝宫。而皇帝大权独揽、说一不二，又叫“乾纲独断”。

除了乾、坤二卦，拿两阳爻、一阴爻组合，可组成三种卦象（阴爻分别居下、居中、居上）。拿两阴爻一阳爻组合，又可组成另三种卦象。所组成的八卦（☰☱☲☳☴☵☶☷），分别是乾、兑（duì）、离、震、艮（gèn）、坎、巽（xùn）、坤；分别代表天、泽、火、雷、山、水、风、地。

《周易·系辞》中有这样的话：“是故易有太极，是生两仪，两仪生四象，四相生八卦。”——“太极”是指太古之时天地未分的混沌状态；后来浊者下降，清者上升，这才分离为阴、阳两仪来。

两仪再生“四象”，也就是金、木、水、火（也有说是东、西、南、北，春、夏、秋、冬或太阳、太阴、少阴、少阳的）。最终四象再生成天、泽、火、雷等八卦。其中奥妙，真是玄而又玄！

只是八卦所代表的事物毕竟有限，怎么能再扩展呢？于是有聪明人把八卦两两重合，排列成六十四组不相重复的卦象。天地万物、大千世界，便都包含其中了。

回头看看，这么复杂的体系，它的基本单位只有阳爻和阴爻，何其神奇！以阴、阳两爻构成大千世界的道理，还启发了西方学者。三百多年前，欧洲兴起一股中国文化热。德国数学家莱布尼茨（1646—1716）惊奇地发现：《周易》以阴、阳两爻构成一切的做法，使用的是二进制数学模式。

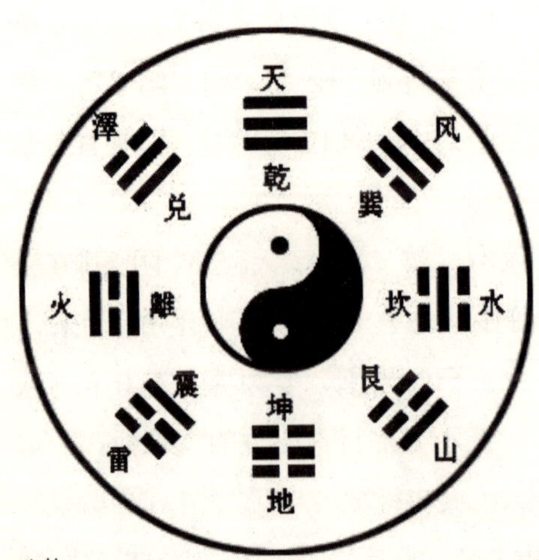

八卦

一般的数学模式是十进制的，研究从0到9这十个数字。二进制则只有0和1两个数字符号，相当于电流断开与接通两种不同状态，这正适用于计算机的运算——日后计算机的设计，便采用了二进制模式。

今天无论学习、工作还是生活，谁又离得开计算机呢？而计算机的设计原理，竟是受《周易》的启发。谁说八卦老掉牙？它所包含的认识机制，至今还焕发着生机！

把八卦重叠为六十四卦的人，相传是姬昌，也就是周武王姬发之父、后来被追封为周文王的。他本是殷商朝的部族领袖，被商纣（zhòu）王囚禁在羑（yǒu）里那地方，坐在牢里闲得无聊，便拿一把蓍草摆弄来摆弄去，最终演为六十四卦。而记录、讲解六十四卦的书，便是《周易》。

不易捉摸的“易”

先前叫《易》的书有三部：《连山》《归藏》和《周易》，合称“三易”。可惜前两部已经失传，只剩下一部《周易》——《易》也就成了《周易》的专名。

为什么叫“周易”呢？“周”当然是指八卦盛行的周代。不过也有人说，“周”还有周遍、普遍之意。也对，六十四卦涵盖天地、包罗万象，没有什么不能测知的。

至于“易”，解释就更多。一说“易”字上面是个“日”，下面是个“月”，日为阳、月为阴，一阳一阴便是世界的全部了。

另一种说法，“易”是简易的意思。你看，不用龟壳兽骨、无需复杂的仪式，只用阴阳两爻重叠变化，便能预测吉凶，多么简易！

还有人说，“易”是指变易。暑往寒来、红颜白发，无论自然还是人事，总在不停地变易。然而变又是好事，《周易·系辞》说“穷则变，变则通，通则久”（穷：困窘。通：通达。久：久远）嘛！万事万物有了变化才有发展。

同是《周易·系辞》，还有“生生谓之易”的说法。“生生”就是不停孳生、新陈代谢。这里依然是变的意思。

《系辞》是后人对《周易》的解释，不一定就是“易”的本义。至于东汉许慎《说文解字》说“易”即蜥蜴，也就是俗称的“变色龙”，一天十二个时辰不断变换颜色——也仍是强调变易。

另有学者说“易”本是官名，也就是“觋”（xí）——古代女巫称“巫”，男巫称“觋”。本来嘛，算卦占卜正是巫师的老本行。

这位学者还推测说，八卦的名称最初大概也来自官名。据说伏羲时代有八位高官，上朝时手中握着圭版。天官圭版上刻着乾卦，地官圭版上刻着坤卦，还有火官、水官、木（或风）官、雷官、山官、泽官，圭版上分别刻着离、坎、巽、震、艮、兑诸卦，于是便有了“八圭”的叫法。后来“八圭”用作占卜，“圭”旁加个“卜”字，便成了“八卦”——这样的解说，真的挺有趣儿。

卦名与爻题

总的说来，六十四卦便是《周易》的全部内容。而每卦又包含六爻，加起来共三百八十六爻——本应是三百八十四爻，《乾》《坤》两卦各多出一条“用爻”来。

这么多卦啊、爻啊，使用起来可有点不方便。不怕，古人又给每一卦、每一爻取了名称和序号，即“卦名”和“爻题”。

六十四卦的卦名依次为“乾”“坤”“屯”“蒙”“需”“讼”“师”“比”……这是单字的卦名；也有两个字的，像“小畜”“无妄”“明夷”“归妹”……

爻题则有个大致规律：凡是阳爻，就用“九”来表示，阴爻则用“六”来表示。

每卦六爻的次序，是从下往上数。最下一爻称“初”，是阳爻的便称“初九”，是阴爻的便称“初六”。最上一爻称“上”，是阳爻的便称“上九”，是阴爻的便称“上六”。下起第二爻，是阳爻的称“九二”，是阴爻的称“六二”；下起第三爻则称“九三”或“六三”，依此类推，并无例外。

举几个例子来看。卦画上“坤”下“乾”的（䷊），卦名为《泰》；爻题则依次为“初九、九二、九三、六四、六五、上六”。再如卦画上“兑”下“艮”的（䷞），卦名为《咸》，爻题则是“初六、六二、九三、九四、九五、上六”。那么上“坎”下“离”（䷾）的《既济》卦，爻题又该如何表述？您不妨自己试试。

有人说，爻题从下往上数，似乎有点别扭。其实自然界的大树小草，不也都从下往上长的吗？其中蕴含的生生不息之气，反映的正是《易》的精神。

附录：《周易》六十四卦卦名

一、乾	二、坤	三、屯	四、蒙	五、需	六、讼	七、师	八、比
九、小畜	十、履	十一、泰	十二、否	十三、同人	十四、大有	十五、谦	十六、豫
十七、随	十八、蛊	十九、临	二十、观	二十一、噬嗑	二十二、贲	二十三、剥	二十四、复
二十五、无妄	二十六、大畜	二十七、颐	二十八、大过	二十九、坎	三十、离	三十一、咸	三十二、恒
三十三、遯	三十四、大壮	三十五、晋	三十六、明夷	三十七、家人	三十八、睽	三十九、蹇	四十、解
四十一、损	四十二、益	四十三、夬	四十四、姤	四十五、萃	四十六、升	四十七、困	四十八、井
四十九、革	五十、鼎	五十一、震	五十二、艮	五十三、渐	五十四、归妹	五十五、丰	五十六、旅
五十七、巽	五十八、兑	五十九、涣	六十、节	六十一、中孚	六十二、小过	六十三、既济	六十四、未济

（注：《既济》的爻题依次为“初九、六二、九三、六四、九五、上六”，你答对了吗？）

《易传》：为《易经》插上翅膀

有了卦名和爻题，一般人也还是茫无头绪。别急，创造八卦的周文王又给每一卦、每一爻配上解说文字。卦的解说词叫“卦辞”，爻的解说词叫“爻辞”，合称“卦爻辞”，总共有四百五十条之多。

只是这些卦爻辞的文字都很简略，有的甚至读起来“不知所云”。譬如《周易》开篇第一卦是《乾》卦，卦辞是“元亨利贞”；爻辞依次是“初九，潜龙勿用”“九二，见龙在田利见大人”“九三，君子终日乾乾夕惕若厉无咎”……每条寥寥数字、言辞古奥，不加注解便很难读懂。

“经”难读，就出现了解经的著作“传”。广义的《周易》，便是由《易经》和《易传》组成的。

《易传》不止一种。我们上节提到的《系辞》，便是《易传》之一。其他还有《文言》《彖（tuàn）》《象》《说卦》《序卦》《杂卦》，共七种。其中有的又分上、下篇，合起来总共十篇，又称“十翼”——如同给《易经》插上了翅膀。

其中《文言》只有《乾》、《坤》两卦才有。《彖》意为“断”，即断定一卦之义，用以解释六十四卦的卦名、卦义、卦辞；分为上、下篇。

《象》也分上、下篇，用以解释六十四卦的卦名、卦义和爻辞。又分《大象》、《小象》，前者解释卦象，后者解释爻象——粗略地讲，“卦象”“爻象”是指卦和爻所象征的事物。

《文言》《彖》《象》本来是独立成篇的，为了方便对照研读，有人把《彖》《象》拆散，分别附于相关的经文之后。《文言》则附于《乾》《坤》二卦后面。

《系辞》也分上、下篇，是《周易》通论。《说卦》主要记述八卦所象征的事物。《序卦》解说六十四卦的顺序。《杂卦》则解说六十四卦的卦义。——以上四种都独立成篇，列于《易经》之后。

那么《易传》又出于谁之手呢？有人说是孔子。孔子晚年喜读《周易》，曾说过：让我多活几年，五十岁研读《周易》，就不会犯大错了。[①]

司马迁写《孔子世家》，说孔子读《周易》十分刻苦，由于反复翻阅，把编竹简的皮绳子都磨断了好几回（“韦编三绝”）！——读得刻苦，自然有许多心得体会，记录下来，便成了“十翼”。

不过又有学者说，“十翼”的作者不大可能是孔子，多半是战国乃至秦汉学者。只是他们在讲解《周易》时，不时提到“子曰”如何如何；是假借孔子的大名呢，还是真的握有孔子读《易》的“秘籍”，就不得而知了。

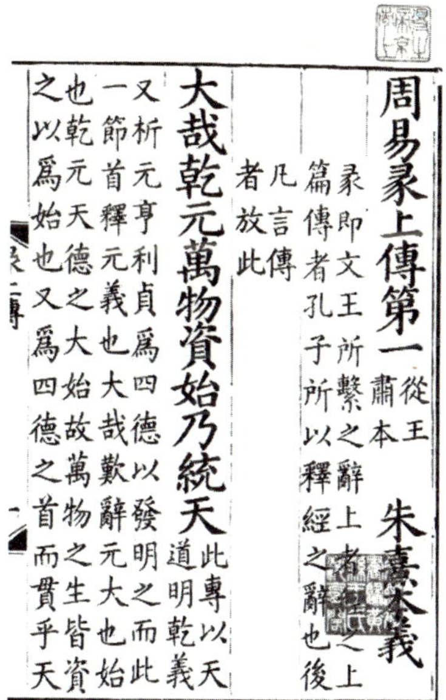
周易彖上傳第一 從王肅本 朱熹本義

彖即文王所繫之辭上者[illegible]之上篇傳者孔子所以釋經之辭也後凡言傳者放此

大哉乾元萬物資始乃統天 此專以天道明乾義又析元亨利貞爲四德以發明之而此一節首釋元義也大哉歎辭元大也始也乾元天德之大始故萬物之生皆資之以爲始也又爲四德之首而貫乎天

《周易彖传》书影

给“元亨利贞”点标点

《乾》卦是《周易》开篇第一卦，卦辞只有四个字——“元亨利贞”。对此，古今学者有不同解释。

《易传·文言》认为，这四个字应该点断为“元、亨、利、贞”，代表着上天“四德”。君子受四德的熏陶感化，便能率众行仁、扬善合礼、施惠循义、坚贞有成。

此外也有人把“元、亨、利、贞”跟四季相匹配的，认为符合春种、夏长、秋收、冬藏之理。无不讲得头头是道。

那么，这样的解说到底是不是古人本意呢？可惜我们没有起死回生的

① 子曰：“加我数年，五十以学《易》，可以无大过矣。”（《论语·述而》）

妙药，让周文王复活，向他求问其中真义。

这中间，也有人表达了不同意见。现代学者高亨便说，“元亨利贞”几个字在《周易》中多次出现，如《坤》卦卦辞中便有“元亨利牝马之贞”的表述。牝（pìn）马就是母马。照上面的解释，是不是说母马也讲“四德”、也有“贞操”呢？这成了什么话？

其实，《周易》的卦爻辞是有规律的，无论文字多少，大致总能分成两部分。前一部分记述事实、描摹现象，后一部分判断“休咎”（吉凶）。“元亨利贞”当然也应分为两部分：“元亨”和“利贞”。

高亨解释说：“元”有大的意思，“亨”在古代可以跟“享”相通；“享”就是祭祀，“元亨”实指大享之祭。——这是卦辞的记事部分。

“利贞”则是判断吉凶的部分。“利”就是好，你瞧，它的左边是禾谷，右边是一把刀，开镰收谷子，在农耕社会还有比这更好的事吗？至于“贞”，除了有贞节、坚贞之义，还有占卜之义：“贞”的上部即“卜”字，下面的“贝”表示占卜时所送的礼物。

可能古人大祭时卜得《乾》卦，结果都很顺利；于是卜者总结经验，便有了“元亨，利贞”的卦辞，意思是卜得此卦是利好之兆。这样解释，显然比“四德”之说更有说服力。

顺带说到，在《周易》卦爻辞中，有几个吉凶判断的字眼儿是巫师卜官们常用的。如上面提到的“吉”“利”，自然都是好兆头。有时又说“大吉”、“元吉”（也是大吉）、“终吉”（最后结果为吉）等。

至于负面的判断，则用“吝”（艰难）、“厉”（危险）、“悔”（困厄）、“咎”（灾患）、“凶”（大祸）等字眼儿，程度一层比一层深。

有时候，也用否定的方式表达正面的判断，如“悔亡”（即“悔无”）是说先有困厄，后来克服了；又如“匪咎”“无咎”“无不利”等，也属这类用法。

《乾》卦里面净是龙

说罢卦辞，再看看《乾》卦的七条爻辞——前头说过，《周易》每卦均为六爻，不过《乾》《坤》两卦特殊，各多出一条用爻：“用九”和“用六”。

> 初九，潜龙勿用。
>
> 九二，见龙在田，利见大人。
>
> 九三，君子终日乾乾，夕惕若，厉，无咎。
>
> 九四，或跃在渊，无咎。
>
> 九五，飞龙在天，利见大人。
>
> 上九，亢龙有悔。
>
> 用九，见群龙无首，吉。

七条爻辞都直接或间接提到龙。龙是传说中的神物：鹿角蛇身、鱼鳞鹰爪，上可腾云、下可潜水。只是儒家学者受先师孔子的教诲，避谈“怪力乱神”（怪异、勇力、悖乱、鬼神），于此处只好含混解释说：龙乃“变化之物”，象征圣人之德——“龙德”。于是《周易》里的“龙”也便成了圣人、君子的精神象征。

“初九潜龙勿用”是说“建子之月”（夏历十一月，乃周历一岁之首）阴气正盛，阳气潜伏于地下，尚未萌发。此刻“小人之道”盛行，圣人虽有“龙德”，却只宜深藏隐居。此条结论是“勿用”，即啥事也别做，静待时机。

“九二，见龙在田，利见大人”是说随着阳气上升，圣人出离隐居状态，进入社会层面。虽然暂时还无所作为，但跃跃欲试、前途大好，因此说“利见大人”——适合拜会身居高位的人：找工作的去见老板、求学的拜见导师，都是吉兆。

不过也有人说，这里的“大人”应指圣人本人；“利见大人”是说天下之人宜见圣人。无论如何，筮得此爻，大大有利就是了。

“九三，君子终日乾乾，夕惕若，厉，无咎。”是说君子的事业已经起步，“终日乾乾”，干得很卖力。“乾”的意思是健；“乾乾”是刚健奋发、自强不息之貌。不但白天拼命干，夜晚休息时也心怀警戒、如履薄冰——“夕惕若”的“夕”是夜晚，“惕若”是忧惧、警惕的样子。

只要有此心态，即便遇到危险坎坷（“厉”），结果仍是“无咎”。一个拼命工作又日夜警惕的人，即使有危险，也总能逢凶化吉、遇难成祥的！

再看“九四，或跃在渊，无咎”，按前人解释，“或”即惑。这是说君子不要一味冒进，有所疑惑则应停下脚步思考、休整，如此方能“无咎”。“渊”即水潭，那里本是神龙的巢穴，最适合它修养生息。

“九五，飞龙在天，利见大人”是说龙德君子重新出发，所谓“蛟龙终非池中物”，终于一飞冲天。此乃事业发达之象，筮得此爻，自是吉兆。——“九五之尊”可是帝王之位！

然而物极必反：“上九，亢龙有悔。”“亢”有高的意思；谁不想在事业上更上层楼、步步高升呢？然而高处不胜寒，身居高位的人总是孤独的，

北京北海公园九龙壁上的白龙图案

很容易成为众矢之的；若不知警戒，结局肯定不妙，“悔”也随之而来。

“用九”的爻辞是“见群龙无首，吉”。孔子解此卦时，说过“天德不可为首”的话。唐代学者解释说：“九是天之德也，天德刚健，当以柔和接待于下，不可更怀尊刚，为物之首。”这话无非是说：物极必反，刚健到头，不表现出柔和的一面来，就要走向反面了。

后人说“木秀于林、风必摧之”，又说“出头儿的椽子先烂”，看来这个“头儿”可不好“出”啊！而“群龙无首”刚好契合孔子“天德不可为首”的话，因而这又是吉兆。

如此讲解，总觉得有点“冬烘先生”讲《三字经》的味道。孔子真的说过这样的话吗？即使说过，是否就是这个意思呢？只好让我们存疑。

当代学者解《乾》卦

本想把《易传》“十翼”中有关《乾》卦的《文言》《彖》《象》《系辞》等内容连同历代学者的注疏文字一骨脑抄在这里，却又怕洋洋万言，多占纸张。

不过也有疑惑：商、周时的巫师卜官们，真的有那么广博的学问、深邃的思想，能在拢共不足百字的卦爻辞中，注入如此深刻博奥的意义吗？

相比之下，当代学者的阐释似乎更接近经典的本意。有学者认为，《乾》卦中的“龙”根本不是什么圣人“龙德”，应当就是自然界中一种神秘动物，据说有人还亲眼见过哩！

据《左传》记载，鲁昭公二十九年秋，“龙见于绛郊”。“绛”即今天的山西绛县，当时是晋国的国都，龙就出现在都城郊外。

此事还引起晋国大夫魏献子和蔡墨的关注，两人展开一场讨论。他们提到：龙是“虫”中“智者”，很难生擒。又说虞舜时曾有“豢龙氏”“御龙氏”，专门能调教龙、驾驭龙。又说龙经过驯养可以骑乘，还能驾车。龙也分雌雄，且肉味鲜美……

当代学者认为，《左传》记述的“龙”很可能是未经驯化的野马。不错，古人相马，即有“八尺为龙、七尺为騋（lái）、六尺为马”的说法。

蔡墨在讨论中还说龙是“水物”，本属“水官”管辖，后来朝廷不再设水官，豢龙、御龙之术也随之失传。——野马倒也喜欢在水边栖息。

两位饱学的古人自然也谈到《周易》中的龙，历数有关龙的卦爻辞：“潜龙勿用”“见龙在田”“飞龙在天”“亢龙有悔”“龙战于野”——有好几条都出自《乾》卦。

有一点可以肯定：龙在古人心目中是一种实际存在的神秘动物；因而解释《周易》不必兜圈子说什么“圣人”“龙德”之类，龙就是龙，如此而已。

简单地说，“潜龙”是说龙潜藏不见、静而不动。“见龙在田”是指龙出现在田野上，与《左传》中“龙见于绛郊”的情形相仿。“或跃在渊”则指龙跃于深潭——龙既然是“水物”，跃入水中当然是“得其所哉”，因而说“无咎”。而“飞龙在天”则是龙飞上天空，那是获得充分发展空间的好兆头。

至于“亢龙”，学者以为“亢”即“沆”（hàng），是指草多水浅的泥坑，龙处其中，乃被困之象，故说“有悔”。而“群龙无首”则是指群龙高飞入云，龙首被云所遮蔽，人们只能见到龙身龙尾，那当然也是升腾之象，因而是吉兆。

如此解释，简单明了，恐怕更合古经本义吧？。

《坤》卦：马儿啊，你慢些走

《坤》卦卦辞字数稍多：

坤：元亨，利牝马之贞。君子有攸往，先迷后得主，利。西南得朋，东北丧朋。安贞吉。

◎牝马：母马。

“元亨”仍如《乾》卦卦辞，是说从前举行大享之祭时曾筮得此卦。“利牝马之贞”则表示占问母马之事，得此卦为利好。如母马怀孕生驹，必定是马驹健壮、母子平安。

在古代，马既是生产、运输的工具，又是重要的战略物资。母马生育繁殖，是种群扩大、财富增值的大事；主人占得此卦，自然喜上眉梢。

同是《坤》卦，若用来占问君子前途，又将如何？例如君子要去旅行，一路上顺利吗？卦辞说：恐怕有点小波折：前半段有迷失道路的危险（“先迷”），不过还好，最终能回归正道，找到客店（“后得主”），所以仍是利好。这里的“有攸往”即“有所往”。去干什么呢？或许只是旅行游玩，也可能是外出谋生、寻找出路吧？

不过要注意，往西南走更有利，会遇到朋友，得贵人相助（“西南得朋”）；往东北则问题多多：与伙伴同行，中途可能闹翻或失散，甚至伙伴死掉也未可知（“东北丧朋”）。——不过也有人说，“朋”还可以代指钱财：古人以贝壳为货币，十只贝壳用绳子一穿，叫作一“朋”。因此“得朋”“丧朋”又可能是发财、破财的意思。

总之，占问旅途安否者若得此卦，当为吉兆。但也要小心，不要往东北方向走才好。

当然，这是现代人对卦辞的理解。那么古人又是怎么看呢？唐代学者解释说：《坤》卦是《乾》卦的对立面，代表大地，这也决定其柔顺、广大的特点。为什么要拿“牝马”说事呢？因为坤道属阴，而“牝”（雌性的）与“牡”（雄性的）相对，也属阴。且马与龙相比，显然要柔顺许多。——牛难道不“柔顺”吗？为什么不以牛为喻呢？唐人说：牛不能“行地无疆”，无以表现大地的“广生之德”，马却可以。

至于“君子有攸往，先迷后得主”，则是说属性为“坤”者——譬如女人、臣下、仆从乃至母马，要找对自己的位置，不要跑到男人、国君、主子或公马的前头去，否则就要迷失方向（“先迷”）。只有跟在后面夫唱妇随、君先臣后、母马随着公马走（“后得主”），才能阴阳和谐、天下太平。这样解说，固然符合古人的尊卑观念，然而是否就是卦辞原意，则要打个大大的问号。

古代学者接下来又解释：按八卦规定，西南属阴，东北属阳。占得《坤》卦，自然往西南走更有利。

想想挺有意思：今天的旅行者出发前忙着查看地图，了解道路状况及风土人情。古人则是忙着算卦，若筮得《坤》卦，原定的东北之行就有可能被取消。“上天”的警示，岂可等闲视之！

《坤》卦爻辞歧义多

《坤》卦的爻辞也是七条，作者依然那么惜墨如金：

> 初六：履霜，坚冰至。
>
> 六二：直方大，不习，无不利。
>
> 六三：含章可贞。或从王事，无成有终。
>
> 六四：括囊，无咎无誉。
>
> 六五：黄裳。元吉。
>
> 上六：龙战于野，其血玄黄。
>
> 用六：利永贞。

先看“初六”。“履霜”即踏霜，这是秋天的物候景象。秋天阴气凝结，不知不觉，冰封雪盖的冬天就来到了（“坚冰至”）。此爻是说事物的大变化总是从微小的转变逐渐累积而成，所以要时时警醒、防微杜渐。

“六二”有些难解：“直方大，不习，无不利。”有人说，“直”“方”“大”都是大地的特征，地平线是直的，大地是方正的（天圆地方嘛），又是广阔无垠的。所象征的道德理念，则是正直、端方，胸怀广阔。秉承了这样的道德，就是不去刻意修习（“不习”），也可以事事顺遂、无往而不利。

另一种解释这样断句：“直方，大不习，无不利。”学者解释说：古代“直”字可代“执”，也就是掌握、操作。“方”则指将两条船并在一起，也指竹木编成的筏，行于水上十分安稳、不易翻覆。“大不习”是很不娴熟的意思。此爻意思是说，驾驭“方”舟的人，即便技术很不熟练，也绝无翻船的危险。这两种解释，哪种更合经文原义呢?

对于“六三：含章可贞。或从王事，无成有终”，人们也有不同理解。一种认为：“含章”是指美德蕴含而不显露，暗喻辅佐君王、有功不居，最终会得善果。另一种则认为“含章”暗示武王伐商的那段历史。占卜遇此爻，诸事可行；作为从征者，即使没有显赫战功，也可受赏。两种解释孰是孰非，也很难断定。

“六四：囊括，无咎无誉”，是说把口袋扎紧（“括”是打结），袋里的东西出不来，袋外的东西进不去，如同一个人闭目塞听、不闻不问，还会有什么毁誉麻烦吗?

“六五：黄裳，元吉”，是说古人以黄色裙裳为吉服，故得此爻者为大吉之兆。也有人说，黄色在五色中最为高贵，而“裳”类似裙子，是下体之服；这刚好符合“坤”的地位：身份高贵却又居于臣位，故为大吉。这后一种解说，也仍有牵强的意味。

“上六”中又出现龙的形象：“龙战于野，其血玄黄。”两条龙在野外“死掐”，以致受伤流血，血色一黑一黄（“玄”即黑）。这景象够惨烈的!

古人的说法是：上六乃“阴之至极”，而阴到极盛时，也可以显现为龙形。阴龙、阳龙相斗，还能有好结果吗?此爻没有吉凶判断，解经的人说，这是两败俱伤之象，吉凶自不用说!

“用六”爻则只有三个字：“利永贞。”也就是说，占得此卦，用来卜问长期的吉凶，结果是利好；跟卦辞中的“安贞吉”倒是一致的。

积善之家，必有余庆

我们在前头讲过，古人（包括《易传》作者）对《易经》的疏解，多有附会之处，还总喜欢往伦理、政治等大道理上靠，仿佛经书中每个字都隐藏着什么微言大义似的。

其实呢，《周易》古经的编纂，更可能是古人在整理占卜档案的基础上归纳而成的。卦辞、爻辞之间有的联系紧密，有的关系松散，有的甚至根本没啥关联。

就说《坤》卦中的“黄裳元吉”吧，真的跟《坤》卦的总体精神——柔顺、广大有什么联系吗？又如“龙战于野，其血玄黄”，放在《乾》卦里还好理解，放到《坤》卦中就不好解释了。不是说“牝对牡为柔，马对龙为顺”（《周易正义》）吗？怎么一会儿工夫马又变成龙了呢？

弄明白《周易》只是一些占卜实例的整理归纳，这些问题也就迎刃而解了。说到底，《易传》的价值并不全在占卜上；许多解经文字中包含着道德、哲学的思考，以及对人生经验的阐释与感悟，那才是书中的瑰宝！

例如《坤卦·文言》解释初六“履霜坚冰至”时，就说了这样几句话：

> 积善之家，必有余庆；积不善之家，必有余殃。臣弑其君，子弑其父，非一朝一夕之故。其所由来者渐矣，由辩之不早辩也。《易》曰：“履霜，坚冰至。”盖言顺也。
>
> ◎弑：杀，专指臣子杀君父。◎渐：逐渐。辩：同辨。

这是说，善有善报、恶有恶报，不管什么结果，都是有前因的，是微善小恶一点一滴积累起来的，如同冰冻三尺非一日之寒一样。智者明察秋毫，能见微知著、从霜降即作好防寒的准备；这样一来，即便有严冬那样的弑君、弑父的大阴谋，也能消解于未萌之时。

“庆余堂”是一家药店的字号，含有“积善之家、必有余庆”之意

“盖言顺也”一句，按今人的理解，是指顺应天道。古人则解释说：过分柔顺也非好事，“积柔不已，乃终至祸乱”（《周易正义》）。

这番话，是否就是“履霜坚冰至”的本义呢？很难说。不过由降霜结冰，悟出“见微知著”“防微杜渐”的道理，倒是给人们敲了警钟。

至于“积善之家、必有余庆，积不善之家、必有余殃”，更成为千古名言。不少人认为“因果报应”的理念是外来的，是西汉末年佛教传入中国时带来的。其实早在三四百年前，《易传》对此已有明白表述。

看来“善恶有报”是东方文化共有的价值判断，内中宣示的扬善抑恶的立场和理念，成为人类文明的宝贵财富。

清华校训出《乾》《坤》

如果试着从《周易》中挑选一两句对当代影响最大的格言，《乾》《坤》两卦的《象》辞肯定能入选。试看《乾·大象》：

象曰：天行健，君子以自强不息。

这是《象》辞头一句，是对《乾》卦总体精神的概括。有人问：《乾》卦代表天，为什么不叫“天卦”呢？古人解释：“天”是指自然界的现实存在，“乾”则代表天的一种精神。“乾”与“健”同，有强壮、刚健之意。

世上万物皆有盛衰，“好花不常开，好景不常在”嘛。然而只有“天”不会疲倦，你看：日月升落、四季交替、周而复始——你见过“天”有懈怠停歇的时候吗？

“天”的刚健之德感动了君子，君子也因此奋发自强、拼搏不已。《乾》卦“六三”中说“君子终日乾乾”，讲的就是这个。

儒家学派的主张，多半给人偏于阴柔的印象：谦谦君子、温良恭俭让。然其内在精神却是刚健纯粹、中正不倚的，一旦目标认定，便矢志不渝、决不放弃！

再看《坤·大象》：

象曰：地势坤，君子以厚德载物。

清华大学校徽

《坤》卦代表大地，有着辽阔深厚、承载万物的胸怀体魄；精神上与《乾》卦相对，以柔顺、承受为德，体现为宽厚包容的品德；这同样感化着君子。

《礼记·中庸》谈到“诚”这种品德时，认为君子的“至诚”之德有悠远、博厚、高明的特点，“博厚所以载物也，高明所以覆物也，悠久所以成物也；博厚配地、高明配天、悠久无疆……”这是从天、地、时间三个维度析解君子之德，正可与《易传》的阐释相参照。

清华大学是中国数一数二的高等学府，其校训即“自强不息，厚德载物”。这八个字，正是取自《乾》《坤》两卦的象辞。

有人说：这则校训不止八个字，后面还有“独立之精神，自由之思想”；其实这是误传。因为“自强不息”里已经包蕴了独立不羁、勇于探索的精神；而“厚德载物”自然也有着包容百家、让思想自由驰骋的意思。若再加上两句，反而是叠床架屋、多此一举了。

勇猛精进而又谦逊宽容，这不但是对清华学子的要求，也不仅是对全国青年的期待，它已成为中华民族的文化基因和精神追求！

帛书透露的秘密

前头说到，儒家讲解《周易》，往往有借题发挥的地方。这让我们想起《韩非子》中一个故事：有个楚国人给燕国宰相写信，因为天色渐暗，便吩咐：“举烛！”嘴里这么说着，没过脑子，就把“举烛”两个字写进信里。

燕国宰相接到书信，对“举烛”二字研究了许久，恍然大悟说：是了，点燃灯烛就意味着崇尚光明、选用贤人啊！于是向燕王汇报，并制定了方针政策；燕国也因任用贤人而得到治理。——治理是治理，但这并非书信原意。韩非子说：“今世学者多似此类。”

那么儒家学派对《周易》的注解，是不是也有“歪打正着（zháo）”的地方呢？可能有，不过不一定是失误，有时是有意这么做的。

1973年，考古学者在湖南长沙马王堆汉墓中发掘出一批帛书，其中有《老子》《周易》《战国策》等。令人惊喜的是，帛书《周易》中竟还包括着未见流传的《易传》篇章，题为《二三子》《子曰》《要》《缪和》等。其中的《要》篇，记录了孔子学《易》的情形。

孔子晚年学《易》，几乎达到痴迷的程度：一部《易经》居家时放在座席旁，行路时装在行囊里。学生子贡很不理解，问孔子：您平日最不喜欢占卜这一套，为什么老了老了，忽然喜欢起这个来？孔子回答：你有所不知啊，《周易》可是好东西啊，这里有古人的教导，我并非拿它算卦用。

孔子说：读了《易》，一味刚强的可以知道畏惧，一向软弱的可以变得坚强，愚蠢无知的不致胆大妄为，心思诡诈的可以去掉机心。

那么《周易》为啥总把道理隐藏在深奥的文字后面、“有话不好好说”呢？据孔子分析，因为纣王无道，文王处境艰难，推演《易》时许多话不好直说，只能“讳而辟咎”（隐讳以躲避责罚）。——这可以说是最早关于“文字狱”的记载了。而孔子学《易》，正是要探索隐藏在经文背后的深刻意蕴。

孔子又说：如果后世有人质疑我，一定是针对我读《易》这件事。其实呢，“吾求其德而已，吾与史巫同途而殊归者也。君子德行焉求福，故祭祀而寡也；仁义焉求吉，故卜筮而希也”。

这话是说：我是从《易》中寻求道德的启示，我跟史官、巫师“同途殊归”，读的是同一部《易》，目标旨归却大不相同。君子通过修养道德以求福，所以祭祀搞得不多；君子笃行仁义以求吉，所以占卜也就很少。——这话说得够明白的。

由此可知，儒家对《周易》的研读，更重视经文中蕴含的“道”之规律、“德”之启发，解经时，也常常拿经文跟儒家理念相印证。

既然“举烛”笔误可以指导治国，一部内容丰富的卦书，为什么不能改造成诠释儒学理念、教导儒家后学的经书和课本呢？

盈亏有道说《谦》卦

当然，《周易》本身也有道德思考，且看《谦》卦。“谦”就是谦虚、逊让，心怀诚敬、三思而行。“五经”之一的《尚书》是最古老的经书，其中的《大禹谟》中已有“满招损，谦受益，时乃天道”的说法。大禹可是夏朝的开国之君，距今已有四千多年！

《易传·系辞》中说：“谦，德之柄也。”若想端起一只锅，得去抓牢锅柄；若要修养道德，就得从“谦”入手。可以说，“谦”是一切道德的抓手。

古人甚至认为，天下有“一道”，掌握了这个“道”，往大处说可以守住天下，退一步讲可以守住国家，再退一步，至少可以保住自身。这个“道”是什么？答案便是：“谦。”（《韩诗外传》）

《谦》卦是《周易》第十五卦，其卦画（䷎）是坤（☷）在上，艮（☶）在下。山从来是屹立在大地之上，怎么会跑到地底下边去了？学者说：这说明大地虚怀若谷，足以容纳万物。人们夸奖大人物谦逊容人，常说“宰相肚里能撑船”——船算得了什么？胸怀宽阔的大地，可以容得下万仞昆仑！

看看《谦》卦的卦辞：“亨，君子有终。”“亨”的意思依然是祭享；“君子有终”是说君子的事业最终会有好结果。当然，前提是始终保持谦和的态度，不可自满。

《易传·彖》对此有几句疏解：

> 《彖》曰：谦，亨。天道下济而光明，地道卑而上行。天道亏盈而益谦，地道变盈而流谦，鬼神害盈而福谦，人道恶盈而好谦。谦尊而光，卑而不可逾，君子之终也。
>
> ◎下济：下降以济万物。卑：低下。◎亏盈：减损过满的。益谦：增益欠缺的。变盈：盈满则会改变。流谦：指水会流向低洼处。害盈：损害过满的。福谦：护佑谦虚的。◎谦尊而光：尊贵者因谦虚而有光辉。卑而不可逾：地位低下的人会因谦虚而难以逾越。

大意是说：天虽高，但光明下射；地虽低，但气势上腾。这里面包含着上和下的辩证关系，“谦”的意思也含蕴其中。

接下来是一组排比句：天道主持万物的盈亏，减损盈满者、增益亏欠者。地道也如是，河水过满就会泛滥（“变盈”），并流向低洼的地方（“流谦”）。冥冥中的鬼神也专门忌妒自满者（“害盈”）、福佑谦逊者（“福谦”）。人道模仿天道、地道，自然也厌恶自满的，喜好谦虚的。尊贵者会因谦虚而增添光华，卑下者则因谦虚而变得不可逾越。保持谦德的君子，最终总会有好结果！

谦谦君子，无往不利

再看《谦》卦的爻辞：“初六：谦谦君子，用涉大川，吉。”“谦谦”是谦虚再谦虚。“大川”代表难以跨越的险阻。此爻是说：只要牢牢把握谦之德，再深再急的大河，也能平安涉渡，结果必然是“吉”。

“六二：鸣谦，贞吉。”“鸣”即名声在外。谦逊有德、名声远扬，所占依然是“吉”。

“六三：劳谦，君子有终，吉。”“劳”即功劳，也有说是勤劳的。无论功劳还是勤劳，只要谦虚，结局总是大吉大利。

“六四：无不利，撝谦。”“撝（huī）”即挥，也就是发挥。把内心的谦谦之德发挥于外，变成实际的言行，当然也是无往不利。

“六五”和“上六”忽然出现了战争的字眼儿，如“六五：不富以其邻，利用侵伐，无不利”。这又是怎么回事？

有人解释说：谦可不是窝囊，谦是以尊重赢得尊重。如果有个邻居，见我行事谦让便得寸进尺，不断侵害我家利益，使我总不能富裕起来（“不富以其邻”），那么我大张旗鼓地讨伐他，也是无往不利的，因为我是正义之师嘛！

此爻还有一种理解，即把标点断为“不富以其邻，利；用侵伐，无不利”。意思是说：自己不富裕，是因为乐善好施、帮助邻居之故，这样做终将带来好报，当然是“利”。不过如果邻居得寸进尺、恩将仇报，那么再行征伐也不迟；正义在手，依然是“无不利”！

想到一则清代故事：文华殿大学士张英是安徽桐城人，老家的亲人要造屋，因宅基地跟邻居闹纠纷，写信到京城寻求支持。张英寄诗一首："一纸书来只为墙，让他三尺又何妨？长城万里今犹在，不见当年秦始皇！"

房啊地啊，都是身外之物，人情才是最重要的。你看，万里长城今天还很坚固，可修建长城的暴君秦始皇又在哪里？恐怕连骨头都烂没了！

家人得书，恍然大悟，自动把围墙往自家方向撤让三尺。邻家受了感动，也撤让三尺，中间留出一条六尺宽的通道。这条通道至今还在，人称"六尺巷"，成为崇尚谦让、倡导睦邻的"教育基地"。

今天的六尺巷，巷口牌坊刻有"礼让"二字

不过设想一下，假如邻居冥顽不化，你让他三尺、他更进一丈，那就不用再客气了，"用侵伐，无不利！"谦让也是有限度的。

同样，"上六：鸣谦，利用行师，征邑国"，是说君子恪守谦德所带来的远近名声，有利于行军作战、打败敌国。这大概便是孟子描摹过的景象：正义之师所到之处，百姓如同"大旱之望云霓"，早就翘首盼着呐，无不"箪食壶浆以迎王师"！

《周易》六十四卦，各卦的卦爻辞总是有吉有凶，就连代表天地精神的《乾》《坤》两卦也不例外。一卦之中卦爻辞全是正面的，只有极少数，而《谦》卦便是其中之一。看看里面的判断，不是"吉"，就是"有终""无不利"。

这事您怎么看？是不是足以说明先哲对"谦"的推崇，超越其他道德？

商族惨史藏《旅》卦

《周易》中除了道德讨论、哲学思考，还有历史故事。有些史实连正史上都缺乏记录，如王亥故事。

《周易》的《大壮》卦“六五”说：“丧羊于易，无悔。”《旅》卦“上九”又说：“鸟焚其巢，旅人先笑后号咷。丧牛于易，凶。”你看，又是“丧羊”，又是“丧牛”，又是起火，又是哭笑，背后分明有一段热闹的史实。

这段历史大概当年是人人熟悉的典故。可是写入《易经》几百年后，已无人知晓底细。单是一个“丧羊（牛）于易”的“易”字，就始终没能搞清楚。

据当代历史学家顾颉刚考证：“易”是地名，“有易”即今天河北易水一带。而整个故事讲的是王亥客死他乡的惨史。

王亥是商朝开国之君商汤的七世祖，他对殷商之族贡献很大。相传他重视畜牧业，擅长驯马驯牛。以前的车子都是靠人力推挽，王亥则发明让牛驾车，载着货物长途贩运，商族实力大增。

商族因一直围绕河南商丘一带活动，故称商族；他们所从事的贸易活动，也被称作“商业”；“商人”自然也成了“买卖人”的专称。

到王亥这儿，商人开始赶着牲口到远方游牧、贸易。有一回商队跋涉几百里，来到有易这地方。大概因为口袋里钱多吧，王亥未免处处摆阔，生活也不检点，勾引人家妇女，这引起有易国君绵臣的忌妒与嫌恶，下黑手杀害了王亥！王亥的大批财富：羊啊、牛啊，也都归绵臣所有。这就是“丧羊于易”“丧牛于易”的历史事实。

大概在此之前，有易君臣就曾不断骚扰王亥，因此《旅》卦爻辞中还有“九三，旅焚其次（客舍），丧其童仆，贞厉”“九四，旅于处，得其资斧（盘缠），我心不快”等记述。

“旅”即旅行、出游，而游牧、贩运当然也包括在内。大概王亥在被害之前，已经发生过客舍被焚的事，连同随侍童仆也被烧死。这当然是很坏的兆头，故称“贞厉”。

“旅于处”是说又找到新住处，而且从前丢失的盘缠也失而复得，但心情仍然不好（“我心不快”）——毕竟童仆不能再生。

接下来便是故事的惨烈结局：“鸟焚其巢，旅人先笑后号咷（嚎啕）。丧牛于易，凶。”——“鸟焚其巢”是借鸟喻人，王亥这一次到底没能逃脱厄运。有人说他是被有易国君绵臣杀死的，也有说他死于内讧。

尽管几年后王亥的儿子上甲微兴兵灭掉了有易，替父报仇，但作为商族首领，王亥死得有点难看！商族的子孙们对这段不光彩的历史，也尽量避而不谈。只有在《周易》和《竹书纪年》等古老文献中，还留有只言片语的记录——《周易》这书，不单纯是一本算卦书啊！

《睽》卦里的“堂吉诃德”

《周易》第三十八卦《睽》卦是一篇“历险记”，卦主一路屡逢奇事又平安还乡，遭遇有点像西班牙小说《堂吉诃德》中那位怪骑士。

“睽（kuí）”本有怒目而视的意思，同时又有乖离、违背或孤独等义。爻辞中出现“睽孤”一词，有人说是指孤独的旅行者，也有人说指孤儿乃至遗腹子，我们取前一义。此卦的卦辞是“小事，吉”，即占卜小事，吉祥平安。

且看初爻：“初九，悔亡，丧马勿逐，自复，见恶人，无咎。”——“悔亡”就是“悔无”，也就是遇上挠头事，结果还不错。半路上马跑掉了，也不用去追，它自己会回来的（“自复”）。遇上恶人也没啥了不起，结果是“无咎”。

“九二，遇主于巷，无咎。”人在旅途，最怕找不到打尖住店的地方。然而不久就在小巷中遇到旅舍老板，这下子吃住都有了着落，依然是

“无咎”。

“六三，见舆曳，其牛掣，其人天且劓（yì），无初有终。”（舆：车。天：额头，又指在额上刺字。劓：削鼻之刑。）继续上路，遇上了麻烦：大概是牛车陷在泥坑里；人往后拽、牛往前拉，一动也不动。赶车的是个受过刺额、削鼻之刑的奴隶。但是还好，开头有麻烦，问题最终得到解决。

四、五两爻都提到朋友：“九四，睽孤遇元夫，交孚，厉，无咎。”这是说孤独的旅人遇上一位善士（“元夫”），不久两人一同被俘虏（“交孚”），一时险象环生（“厉”）；不过别急，“无咎”，不久就被释放了。

“六五，悔亡，厥宗噬肤，往何咎。”（厥宗：他的同宗亲戚。噬肤：一种解释是吃肉。）是说遇上了同宗的亲戚，还一同参加了宴会，自然也是无悔无咎的好事。

“上九”一爻情节最紧张：

> **睽孤见豕负涂，载鬼一车，先张之弧，后说之弧。匪寇，婚媾，往遇雨则吉。**
>
> ◎豕：猪。负：同“伏”。涂：通“途”。张：拉开弓弦。弧：弓。说：这里是弛的意思，即松开弓弦。◎婚媾：结亲。

我们的旅人先是看到一口猪伏卧在泥路上，接着一抬眼，竟见一辆满载着“鬼”的车驶过来！旅人连忙拈弓搭箭，拉满弦正要射，却又放下了，因为他终于看清了，那不是群鬼，也不是强盗，而是一车穿得花里胡哨的老乡，前去迎亲！——“匪寇婚媾”这话，在不止一条卦爻辞中出现过。

此刻下起雨来。不过对于奔走旅途的人，这点雨又算得了什么呢？所以筮得此卦如果正逢下雨，也仍是吉兆。

我们的“堂吉诃德”虽然没有挑战风车，却差点跟一车“鬼”干上一仗，也够滑稽。好在一路上有惊无险，卦辞里说的“小事，吉”就是指这个吧。

也有学者认为，如此丰富生动的情节背后，肯定也有精彩的历史故事。谁的故事？应当是少康复国的传说。

少康是大禹的后代，但从他曾祖太康始，王位就被后羿及其弟子寒浞（zhuó）篡夺了。寒浞还杀死少康的父亲后相，身怀六甲的少康之母从水洞钻出，逃回娘家，生下少康。少康是遗腹子，故卦爻辞中称他“睽孤”。

少康成年后，先后当过有仍氏的“牧正”和有虞氏的“庖正”（分别是放牧与庖厨之官）。有虞国君还把两个女儿嫁给他，并陪嫁了十里见方的一块土地以及五百户百姓——这就是史书所说的“有田一成，有众一旅”了。

少康愤发图强、日夜谋划，经过多年努力，终于以少胜多、灭掉寒浞，恢复了夏后氏的统治——如此说来，《睽》卦所述正是少康中兴所走过的艰苦道路！

这个假设挺有意思，在众多解说中，也算是一家之言吧。

《贲》卦：唱着歌儿迎新人

说《睽》卦是有惊无险的旅游篇，那么《贲（bì）》卦就是喜气洋洋的娶亲记了。它是《周易》第二十二卦。

“贲”有色彩斑驳的意思，又当装饰讲。据说孔子卜得《贲》卦，很不高兴，认为不吉。子贡说：《贲》卦也很好嘛，为什么说不吉呢？孔子说：白就白，黑就黑，弄个花花色，有什么好？

大概早期《周易》各卦的吉凶判断还没固定下来；否则《贲》卦的卦辞是“亨，小利有攸往”（到哪儿都不错），孔子为什么说不吉呢？

学者普遍认为，《贲》卦讲的是新郎迎亲的全过程。“初九，贲其趾（脚），舍车而徒”，是说新郎很注意修饰，连脚上都纹着图案，他放着车不坐，徒步而行。为什么不坐车？是路窄车难行，还是为了“显摆”他的一双美足？

“六二，贲其须。”“须”即胡须，从前的男子，年纪轻轻就留起胡须，而且修剪得干净整齐。也有人说，“贲”在这里是胡须斑白之意，然而新郎有那么老吗？

“九三，贲如濡如，永贞吉。”仍是说胡须，“濡如”是被水沾湿的样子，可能是出行遇雨。不过筮得此爻兆头很好，“永贞吉”，好日子长着呢！

再下面，是骑马迎亲的场面：“六四，贲如皤如，白马翰如，匪寇，婚媾。”这简直就是诗啊！前两句形容骏马，“贲如”是带花纹，“皤如”是颜色雪白，“翰如”是马鬃很长的样子。

这几句犹如说：那旁有人骑着骏马，毛色雪白略带纹路，马鬃飘飘好不威武，不是强盗、是迎亲队伍。——我们还记得，《睽》卦中也有“匪寇婚媾”的话，大概那个年代时兴抢亲，迎亲的队伍兴师动众，远看跟强盗差不了多少！

“六五”是来到新娘家的情形：“贲于丘园，束帛戋戋（jiān，少），吝，终吉。”新娘的家园也早已装饰得五彩缤纷。新郎献上聘礼：成匹的丝帛，只是数量少了点。女家不大高兴，有点推三阻四的，因此说“吝”。不过新郎、新娘两厢情愿，又有谁拦得住呢？所以仍是“终吉”。

最后的结果是“上九，白贲，无咎”。“白贲”是指素白的帛上画着五彩的图画，这是“锦上添花”的意思吧？当然是“无咎”了！

《周易》六十四卦，我们只简单介绍了五六卦——就是这五六卦，已让我们粗浅认识到：《周易》是占卜书，同时又是哲学著作、道德课本、历史读本、诗文选、故事书……内容丰富极了！

读读这本古老的著作，了解我们祖先是如何认识世界、探索人生、崇尚美德的……这是每位华夏子孙都应完成的基本功课。

6

第六辑

Part Six

《春秋》三传（上）：听“故事”，品“书法”

《春秋》与哈雷彗星

中国人重视历史，“五经”之中倒有两部是史书：《尚书》以记言为主，《春秋》则侧重记事——我们就来谈谈这部《春秋》。

一年里头，春、秋两季是最好的季节，许多朝廷大事多在春秋举行；于是“春秋”便成了各国国史的代称。当然也有不同叫法，如晋史称《乘》，楚史称《梼杌（táo wù）》，“春秋”后来则成为鲁史的专名。

相传《春秋》也是孔子所作：鲁哀公十四年（前481），有个砍柴的打到一只独角怪兽，谁也不认识。孔子听说，跑去一看，说：这不是麟吗？它是为谁而来呢？又是干什么来了？唉，看来我的主张不行喽！说着就淌下热泪来。

原来孔子见多识广，认得麟是一种仁兽，乃祥瑞之物，天下太平时才会出现。如今它被打死了，难道还会有什么好事儿吗？

这会儿孔子已经老了，他为自己的主张奔走一生，没有哪位君主愿意采纳他的主张。眼看光阴无情、人生苦短，孔子万分感慨，决心写一部史书，让人们从历史的实例中得出善恶的教训，也等于宣传了自己的学说和理想。

据说孔子只用了九个月便把这部书写出来，取名《春秋》。书从鲁隐公写起，一直写到鲁哀公“获麟”为止（前722—前481）——就因这部书，历史学家前展后延，把东周前期的这段时间称为“春秋”（前770—前

476）。

不过跟孔子删《诗》《书》的传说相同，孔子作《春秋》的说法同样不很可靠。事实上，《春秋》的作者应是鲁国的历代史官，孔子顶多做了些整理的工作。

《春秋》以鲁国的十二位国君为次序，共记录了二百四十二年的历史；其中既有鲁国的历史，也包括同时期其他各国的历史事件。这种按时间顺序记录史事的写法，有点像记流水账，人们称之为“编年体”。在我国现存的史书中，《春秋》算得上最早的编年史了。

那么《春秋》的记述是否准确呢？学者做了验证。据考察，书中记录了二百多年间的三十六次日蚀天象，其中有三十三次跟现代天文学的推算相吻合。此外，鲁文公十四年有“秋七月，有星孛入于北斗”的记录；据考这是世界上对哈雷彗星的最早记录，显然是无法伪造的。

《春秋》的语言极其简洁，有这么个例子：有一回，宋人见天上掉下五块陨（yǔn）石来；书中于是记录：“陨石于宋五。”只用五个字，便把这一天文现象交代得清清楚楚。

可是过分简练又成了缺点，一部《春秋》只有一万六千字，却记录了二百四十多年的历史，平均每年只合六七十个字，又怎能把史实讲清呢？更甭提事件的前因后果了。

《春秋三传》书影

譬如据《春秋》记载，庄公二十六年，“曹杀其大夫”，僖公二十五年，“宋杀其大夫”。——杀的是哪位大夫？又是谁杀的？为什么而杀？竟没有一个字的交代。

再加上许多重要史实书中也缺乏记录，宋代王安石因此批评《春秋》是“断烂朝报”，意为残缺不全的朝廷简报，倒也形象。

这样的“经典”，不经讲解就看

不懂，于是便出现了不止一部解经之作，如《左氏传》《公羊传》《穀（gǔ）梁传》《邹氏传》《夹氏传》，等等。不过流传下来的却只有《左氏》《公羊》《穀梁》这三部，人们习惯上称为“《春秋》三传”。

有意思的是，这三传后来都升格为“经”，成了“十三经”中的成员；作为本经的《春秋》，反而失去独立的地位，成了三传的“附庸”！

附录：《左传》目次

隐公（在位十一年，前722—前712），桓公（在位十八年，前711—前694），庄公（在位三十二年，前693—前662），闵公（在位二年，前661—前660），僖公（在位三十三年，前659—前627），文公（在位十八年，前626—前609），宣公（在位十八年，前608—前591），成公（在位十八年，前590—前573），襄公（在位三十一年，前572—前542），昭公（在位三十二年，前541—前510），定公（在位十五年，前509—495），哀公（在位二十七年，前494—前468）。

《春秋》三传，风格不同

《春秋》三传都是用作者的姓氏命名的。

《左氏传》全称叫《春秋左氏传》，简称《左传》，作者是鲁国人左丘明。有人说，左丘明跟孔子同时，是孔子志同道合的朋友。

做《史记》的司马迁则说左丘明是位盲人，失明后发愤著书。除了《左传》，还著有《国语》——所谓“左丘失明，厥有《国语》”（司马迁《报任安书》），说的就是这个。

也有人提出疑问，说《左传》所记史实有些发生在孔子死后多年；作为孔子的朋友，左丘明能活那么久吗？或许作者另有其人，也未可知。无论如何，《左传》至迟到战国初年已经完成。流传到汉代的《左传》是用

“古文”抄写的。

至于《公羊传》和《穀梁传》，最后成书都在《左传》之后。“公羊”和“穀梁”都是复姓。公羊名高，相传是孔门弟子子夏的学生。孔子拿《春秋》当讲义教学生，子夏再拿老师的讲义教公羊高；以后代代相袭，开始还只是口头传授，到汉景帝时，才被弟子后学记录在竹帛上，使用的则是“今文”。

穀梁呢，一说名淑（或俶），一说名赤，相传也是子夏的学生。不过同一位老师教出的学生，在讲解《春秋》时却常常“打架”。因而学者对二人同门的说法也抱着将信将疑的态度。不过有一点可以肯定，即《穀梁传》成书比《公羊传》还要晚。

同是解经，三传的解法也不尽相同。《公羊传》和《穀梁传》重在解释经书词句，一个字一个字抠字眼儿。《左传》则不然，它的解经方法是“讲故事”，即用历史细节来弥补《春秋》的疏漏，娓娓道来，引人入胜。

就以《春秋》头一句“元年春王正月”为例，看看三传的不同：

《左传》：惠元妃孟子。孟子卒，继室以声子，生隐公。宋武公生仲子。仲子生而有文在其手，曰：“为鲁夫人。”故仲子归于我。生桓公，而惠公薨，是以隐公立而奉之。元年春，王周正月，不书即位，摄也。

◎元妃：诸侯正妻为元妃。◎继室：正妻死后，将侧妃扶正，称继室。◎我：这里指鲁国。◎薨（hōng）：诸侯死称薨。奉：奉事，辅佐。

《左传》解经，先补叙隐公执政的背景，说鲁惠公的元配夫人叫孟子，孟子死后，惠公将侧妃声子扶正，生下隐公。

宋武公生了个女儿叫仲子；仲子一落生，手上纹路看似“为鲁夫人”几个字。因而仲子长大后，便嫁给了鲁惠公。仲子生下桓公，鲁惠公也随之辞世。作为哥哥的隐公于是立异母弟弟桓公为太子，自己从旁辅佐朝政。

《左传》接着对《春秋》经文“元年春王正月”作出解释说：“元

年春”是指周历正月；之所以不明写隐公在这一年即位，是因为他只是“摄”，也就是代理执政。

那么对“元年春王正月”这六字经文，《公羊传》又是如何讲解呢？

《公羊传》：元年者何？君之始年也。春者何？岁之始也。王者孰谓？谓文王也。曷为先言王而后言正月？王正月也。何言乎王正月？大一统也。公何以不言即位？成公意也。何成乎公之意？公将平国而反之桓。曷为反之桓？桓幼而贵，隐长而卑。……

◎孰：谁。◎曷为：为什么。◎成：成全。◎平：治理。反：返还，还给。

这种解经风格跟《左传》截然不同，采用的是问答体。先问：“元年”指什么呢？是指隐公主政开始。“春”是什么意思？是一年之始。“王”又是指谁？指周文王。为什么先说“王”后说“正月”？因为是“王”的“正月”。为什么说“王”的“正月”？这是强调周朝为大一统。鲁隐公主政，为什么不说“即位”？这是为了成全隐公的意志。成全隐公啥意志呢？隐公打算治理好国家并还政于桓公。为什么要还政于桓公呢？因为桓公年幼但出身高贵，隐公年长却出身卑微。……

这么一字一句、自问自答地讲解，如同老塾师给小学生解书——这里只摘录了开头几句，后面还有百多字哩！

《穀梁传》的解经方式跟《公羊传》大同小异，同样用问答式，文字却还要啰嗦许多。三传相比较，您是否认为《左传》讲得最清楚，可读性也最强？

顺带说到，《公羊》《穀梁》两传篇幅相仿，各有四万多字。《左传》则将近二十万字；不但在“三传”中篇幅最长，就是在“十三经”中也独占鳌头——其他十二种经书里，最长的《礼记》也还不到十万字！

“一字褒贬”的《春秋》“书法”

孟子有句名言：“孔子成《春秋》而乱臣贼子惧。”（《孟子·滕文公下》）这是说，孔子撰写《春秋》铁面无私、褒贬分明，“乱臣贼子”怕被钉在“历史耻辱柱”上，因而有所畏惧！——我们知道，《春秋》并非孔子所做，不过从前的人都相信孟子这话。

据解经的学者说，《春秋》中每个字都用得严谨而有分寸。晋人杜预（杜甫的远祖）就说：“《春秋》虽以一字为褒贬，然须数字以成言。”就是说，书中每个字都含有褒贬深意，得用好几个字才能解释清楚。

晋代的范宁也说：《春秋》一个字的褒奖，就如同赠给对方一件华贵无比的锦袍；一个字的贬斥，又像是在公开场合给对方一顿鞭子！

唐代学者孔颖达则举例说，《春秋》中若称一个人的名字，这本身就含着贬低的意思，因为直呼其名是没有礼貌的；只有称一个人的表字，才带有尊重褒奖之意。

《公羊传》《穀梁传》便专爱钻研《春秋》文字中的“微言大义”，这叫探讨“书法”——不是“真草隶篆”的那种“书法”，而是修史者记述史实、褒贬人物的一套特殊表达方式。

譬如上节讨论《春秋》开篇，说经书此处只写“元年春王正月”，避而不提鲁隐公即位，就体现了《春秋》的“书法”：暗示隐公虽然执政，却不是正式国君。看来，“一字褒贬”是“书法”，“不著一字”同样也是“书法”！

有时，解经者还讨论《春秋》选词构句的顺序。如僖公十六年在宋国发生两件奇事，一是“陨石于宋五”，一是“六鹢（yì）退飞过宋都”。为什么前者把数词“五”放在最后，后者却把数词“六”放在开头呢？这样写，有什么“说道”吗？《公羊传》解释说：

曷为先言陨而后言石？陨石记闻，闻其磌然，视之则石，察之则五。……曷为先言六而后言鹢？六鹢退飞记见也，视之则六，察之则鹢，徐而察之则退飞。五石六鹢何以书？记异也。外异不书，此何以书？为王者之后记异也。

◎磌（tián）然：石头落地的声音。◎鹢（yì）：一种水鸟。

对陨石这事，为什么先说“陨”后说“石”呢？因为此事记的是听觉感知：先听见陨石落地时发出的巨大声响，去看时，是石头，再细数，是五块；所以记为“陨石于宋五”。

后一件事，为什么先说“六”后说“鹢”呢？六只水鸟退着飞，记的是视觉感知：先看见六只，细看是水鸟，再细瞧，是退着飞；所以记为“六鹢退飞过宋都”。那么五块石头、六只水鸟都是些小事，为什么要记在史书上？因为都是不寻常的事，所以要记下。按《春秋》规矩，发生在外国的灾异一般不记载，这回为什么要记呢？因为宋国是殷商王族的后裔，所以要为他们记下来。

经《公羊传》这么“掰开揉碎”地一解说，仿佛这里面真的有什么不可更易的“书法”规律似的。是不是这样呢？恐怕《春秋》作者写作时，压根儿没朝这儿想吧。

来自《公羊传》的“大一统”观念

不过别小看《公羊传》，它在汉代被人们热捧，曾左右中国人的历史观，影响至今还在。

中国思想史上有一件大事，即汉武帝听从董仲舒的建议，“废黜（chù）百家，独尊儒术”。董仲舒（前179—前104）是西汉经学大师，对《公羊传》情有独钟。他以儒家学说为基础，吸收了诸子百家、“阴阳五行”等理论，创立了一套“天人感应”学说。

人们常挂在嘴边的“三纲五常”，便是董仲舒归纳总结的。“三纲”即君为臣纲、父为子纲、夫为妻纲；“五常”指仁、义、礼、智、信。在此之前，西汉统治者崇信道家黄老之说，不大重视儒学。董仲舒凭借自己的才学和魄力，连连上书说服汉武帝，在庙堂上为儒学争得了“一家独大”的地位。

董仲舒

董仲舒向汉武帝献策时，便引用了《公羊传》中的“大一统”概念。我们前头说到，《公羊传》开篇说过“何言乎王正月，大一统也”的话。

董仲舒借题发挥，认为“大一统”是“天地之常经，古今之通谊”。汉代既然是“大一统”王朝，指导思想当然也要“大一统”。“诸不在六艺之科、孔子之术者，皆绝其道，勿使并进！”——从此儒学成了占统治地位的官方哲学，其影响力贯穿了两千多年的帝制时代。

《公羊传》还被汉朝的大臣们当作处理重大政事的“理论依据”。有这么一件事：汉昭帝始元五年，有个人自称“卫太子”，跑到朝廷来申诉。

卫太子本是汉武帝卫皇后所生太子，早在“巫蛊之乱”中自尽身亡。眼前这个卫太子如果是真的，依着长幼顺序，他的弟弟汉昭帝就该让位才对！这事惊动了朝野上下，一时围观者成千上万，众朝臣也都不知所措。

此时京兆尹隽不疑站了出来，命人把“卫太子”捆起来。他对众大臣说：你们为什么怕卫太子？春秋时卫灵公的儿子蒯聩出逃，灵公死后，由蒯聩的儿子辄（也就是卫灵公的孙子）继位。后来蒯聩回国，辄却拒绝让出君位来。

《公羊传》怎么评论这事呢？说是“不以父命辞王父（王父即祖父）命，以王父命辞父命，是父之行乎子也。不以家事辞王事，以王事辞家事，是上之行乎下也”。意思是说：不能拿父命抗拒祖父之命，却可以用祖父之命对抗父命，这样做符合儿子顺从父亲的正道。不能拿家里的事抗拒王命，可以用王命对抗家事，这是符合下级服从上级的正道。

隽不疑的意思是：昭帝的帝位是从父亲武帝那里承袭来的，自然代表着武帝的意志，因而是正统；即便哥哥卫太子真的回来，也不能违抗父命。《公羊传》在评论蒯聩事件时已经给出了处理指南，你们各位还有什么可犹豫的呢？

《公羊传》的几句史评，为隽不疑提供了充足的理论根据，轻易化解了一场惊天动地的政治危机。——《公羊传》在那时真是风光得很！

宋楚议和：《公羊传》也会“讲故事”

《公羊》《穀梁》也并非全是“老塾师解书”，其中也有“故事”。有些历史记述，真比故事还好听。

《春秋》经文有“宋人及楚人平”六字，说的是宣公十五年（前594）的事。且看《公羊传》对此如何讲解。

上来仍是“书法”分析：“夏五月，宋人及楚人平。外平不书，此何以书？大其平乎己也。”“平”即讲和。这里是说，盛夏五月，宋人和楚人谈判讲和。鲁国以外的国家讲和，一般不记载，这里为啥记载呢？是强调双方自己讲和，没有外人的介入与促成。

接下来说：“何大（夸大，突出）乎其平乎己？庄王围宋，军有七日之粮尔，尽此不胜，将去而归尔……”以下便是对这段史实的讲述。

原来，楚庄王率军围困宋国都城，城里人日子不好过，城外楚军也只剩下七天粮食，筹划着班师回国。楚庄王派元帅司马子反登上城外土山窥探城中虚实，宋国大夫华元也出城登上土山，直接跟子反对话。

子反问：城里情况如何？华元实话实说：糟透了！已经到了“易子而食、析骸而炊”（交换着吃孩子，劈开人骨当柴烧）的地步！子反感到奇怪：兵不厌诈，你怎么把实底交出来了？华元说：还不是看您是位君子嘛，“君子见人之厄则矜之”（君子见人受难就同情）啊！子反很受感动，把楚军只剩七天粮的“情报”也和盘托出。

子反回去把情况向庄王汇报，庄王很生气，说：你怎么能这么干？子反说：“以区区之宋，犹有不欺人之臣，可以楚而无乎？是以告之也。”——凭着他小小的宋国，尚且有不欺骗人的大臣，难道我们堂堂楚国反而没有吗？所以我才据实相告！

庄王说：也罢，既然这样，我们干脆扎下营盘，把宋灭了再回国吧。子反说：要打您打，反正我是要回去了。庄王拧不过，说：你回去，我跟谁在这儿呢？干脆我也跟着一块回去吧。于是楚军解围而去。

《公羊传》在此又说：“故君子大其平乎己也。此皆大夫也，其称‘人’何？贬。曷为贬？平者在下也。”意思是说：君子这是强调两位大夫自己讲和。不过子反、华元都是大夫，为什么经文中不说“宋大夫”“楚大夫”，只说“宋人”“楚人”呢？这里有贬低的意思。为什么贬低？因为这不是君主的意志，而是底下人的主意。

故事讲得挺好，这两句“歪评”却显得有点多余了！

【文摘】

宋人及楚人平

【经】（宣公十五年）夏五月，宋人及楚人平。

【传】外平不书，此何以书？大其平乎己也。何大其平乎己？庄王围宋，军有七日之粮尔，尽此不胜，将去而归尔。于是使司马子反乘堙而窥宋城。宋华元亦乘堙而出见之。司马子反曰：“子之国何如？”华元曰：“惫矣！”曰：“何如？”

曰："易子而食之，析骸而炊之。"司马子反曰："嘻！甚矣，惫！虽然，吾闻之也，围者柑马而秣之，使肥者应客。是何子之情也？"华元曰："吾闻之：君子见人之厄则矜之，小人见人之厄则幸之。吾见子之君子也，是以告情于子也。"司马子反曰："诺，勉之矣！吾军亦有七日之粮尔！尽此不胜，将去而归尔。"揖而去之。

反于庄王。庄王曰："何如？"司马子反曰："惫矣！"曰："何如？"曰："易子而食之，析骸而炊之。"庄王曰："嘻！甚矣，惫！虽然，吾今取此，然后而归尔。"司马子反曰："不可。臣已告之矣，军有七日之粮尔。"庄王怒曰："吾使子往视之，子曷为告之？"司马子反曰："以区区之宋，犹有不欺人之臣，可以楚而无乎？是以告之也。"庄王曰："诺，舍而止。虽然，吾犹取此，然后归尔。"司马子反曰："然则君请处于此，臣请归尔。"庄王曰："子去我而归，吾孰与处于此？吾亦从子而归尔。"引师而去之。故君子大其平乎己也。此皆大夫也。其称"人"何？贬。曷为贬？平者在下也。（《公羊传》）

◎乘堙（yīn）：登上攻城的土山。◎惫：疲惫，极度困乏。◎柑马：使马口衔木。秣：喂草料。这里指为了掩饰缺乏粮草的情况，喂马时让马衔木，以防多吃。下句"使肥者应客"指让胖人接待宾客，也有掩饰饥荒的目的。◎情：实情相告。◎厄：困厄。矜：怜悯。◎幸：幸灾乐祸。◎勉：努力。◎舍而止：盖房子住下来。一说：放弃目标，停止行动。

《左传》的故事更生动

同是讲解"宋人及楚人平"，《左传》把前因后果说得更清楚。原来，楚国伐宋是有前因的。此前，楚庄王派使者申舟出使齐国，临行时嘱咐说：路经宋国时，不必向他们申请借道，直接通过就是了。申舟有点担心，说宋人爱“犯浑”（“宋聩”），我这趟去，必死无疑！楚庄王说：你死了，我会替你报仇的！——这明摆着是“找碴”去的。

果然，申舟一入境就被宋人拦了下来。宋大夫华元说：路过我国也不打声招呼，这是“鄙我”（拿我们当他们的边地）呀！这跟亡国有什么两样？杀了这使者，楚国一定会来讨伐，同样是亡国，先杀了再说吧！真的把申舟杀了。

楚庄王得到消息，气得拂袖而起，朝外便跑。卫士追到前庭，才把鞋子递上；又追到寝宫门外，才把佩剑递上；再追到蒲胥闹市，才让他坐上车子！

这年九月，楚师包围了宋都。到第二年五月，已经围困了八个月。楚师久攻不下，本打算撤军。申舟的儿子申犀拦住庄王的马头说：我爹爹明知必死，却不敢违抗王命，毅然前往，结果遭到杀害。您若撤军，可是言而无信啊！

庄王正在进退两难之际，有人给他出主意说：何不大兴土木、建造房屋，让逃跑的农民回来种田？宋人怕咱们打持久战，肯定会屈服的。庄王答应了。

“解铃还须系铃人。”宋军统帅华元夜入敌营，直逼司马子反的床榻，把他摇醒说：我们国君派我来通报城中困境，城里已是“易子而食，析骸以爨（cuàn，炊）”了！即便如此，我们也不能接受城下之盟，宁可亡国、绝不屈服！不过楚军若能后撤三十里，这事好商量。

人家逼到床头，子反心中害怕，只得与华元私下订立盟约，并报告庄王。两国议和的结果是：华元被押到楚国做了人质。两国誓约中说：“我无尔诈，尔无我虞。”（我不欺骗你，你不欺骗我）——“尔虞我诈”这个词儿，就是这么来的。

同一件史实，两书的记述主干相同、细节各异。总的说来，《左传》的记述似乎更翔实，来龙去脉也更清楚。

《穀梁传》也谈到宋楚议和，但只有几句“书法”评论：

【经】夏五月，宋人及楚人平。【传】平者，成也，善其量力而反义也。人者，众辞也。平称众，上下欲之也。外平不道，以吾人之存焉，道之也。

“平”即“成”，也就是讲和的意思，这是赞赏双方量力而行、回归道义。称“人”，是强调人多，即讲和不是个人意愿，上上下下都在期待和平。鲁国以外的事一般不作记载，但这件事中也有鲁人参与（“以吾人之存焉”），所以在书中记上一笔。——不错，《春秋》中确有“十有五年春，公孙归父会楚子于宋”的记载，公孙归父是鲁国大夫，“楚子”即楚庄公。

“假道灭虢”《穀梁》篇

不过《穀梁传》有时也讲故事，且看“虞师晋师灭夏阳”，那是发生在僖公二年（前658）的事。

晋献公要攻打虢（guó）国，可是中间还隔着虞国，不好动手。大夫荀息替献公出主意：何不拿屈地产的好马和垂棘产的玉璧去贿赂虞国，借道伐虢呢？

献公有点舍不得，说：这都是晋国的宝贝啊，给了虞国，他不借道又怎么办？荀息说：小国对待大国，如果不愿借道，它肯定不敢接受如此贵重的礼物；如果接受了，就一定会借的。再说这璧不过是从您的宫中仓库挪到宫外仓库，这马不过是从您的宫中马厩牵到宫外马厩罢了，您又有什么舍不得的？

献公还是不放心，说：虞国有个贤臣叫宫之奇，他不会让虞公接受礼物的。荀息说：宫之奇这个人啊，心里明白但性格懦弱，他不会力争的。何况他从小跟虞君一同长大，虞君也不会重视他的看法。再者说：奇珍名马摆着眼前，而可能发生的灾祸却在邻国灭亡以后，这是中智以上的人才会考虑的事；我看虞君也就是中智以下的主儿。——献公这才下了决心。

宫之奇果然劝阻虞公：晋国派使者来，话说得那么谦卑、礼物又如此贵重，这事肯定对咱们不利。可虞公哪里肯听？

宫之奇多说无益，只得说：“语曰：‘唇亡则齿寒。’其斯之谓与！”——俗话说：嘴唇不在了，牙还能好吗？我们现在就是这种情况啊！于是带着全家逃往曹国去了。

晋国灭掉虢国后的第五个年头，果然把虞国也灭掉了。荀息牵着马、拿着璧来见晋献公，说：“璧则犹是也，而马齿加长矣！”璧还是那块璧，这马却老了几岁！话音儿里带着几分得意。

《公羊传》也讲述了这段史实，结尾似乎更精彩：

> 虞公抱宝牵马而至，荀息见曰：“臣之谋何如？”献公曰：“子之谋则已行矣，宝则吾宝也，虽然，吾马之齿亦已长矣！”盖戏之也。

见利忘义的虞公最终抱着玉璧牵着骏马来投降，样子够狼狈。不过“宝则吾宝”“吾马之齿亦已长矣”的话，却是出自献公之口。献公犹如跟荀息“抬杠”，说：你当初说这两件宝贝会毫发无损，如今璧倒还是那块璧，马的年齿却老了好几岁，不是原来的马了！——虽然只是玩笑话（“戏之也”），可一幅洋洋自得、又不愿在臣子面前“服软”的统治者面孔，简直画活了！

【文摘】

假道灭虢

【经】（僖公二年）虞师、晋师灭夏阳。

【传】……晋献公欲伐虢，荀息曰："君何不以屈产之乘、垂棘之璧，而借道乎虞也？"公曰："此晋国之宝也。如受吾币而不借吾道，则如之何？"荀息曰："此小国之所以事大国也。彼不借吾道，必不敢受吾币。如受吾币而借吾道，则是我取之中府，而藏之外府；取之中厩，而置之外厩也。"公曰："宫之奇存焉，必不使受之也。"荀息曰："宫之奇之为人也，达心而懦，又少长于君。达心则其言略，懦则不能强谏；少长于君，则君轻之。且夫玩好在耳目之前，而患在一国之后，此中知以上乃能虑之。臣料虞君中知以下也。"

公遂借道而伐虢。宫之奇谏曰："晋国之使者，其辞卑而币重，必不便于虞。"虞公弗听，遂受其币而借之道。宫之奇又谏曰："语曰：'唇亡齿寒。'其斯之谓与！"挈其妻子以奔曹。

献公亡虢，五年而后举虞。荀息牵马操璧而前曰："璧则犹是也，而马齿加长矣。"（《穀梁传》）

◎夏阳：虢国要塞。◎屈：晋国邑名，盛产良马。◎垂棘：地名。◎币：泛指财物礼品。◎中府：这里指晋国的宫中府库。外府：这里指虢国的宫中府库；因虢国即将被拿下，故荀息把它称为晋献公的"外府"。下文中的"中厩""外厩"与此意同。◎达心：内心通达事理。◎少长于君：从小跟虢君一同长大。◎挈（qiè）：带着。妻子：妻与子。

《左传》："唇亡齿寒"警示深

这段"唇亡齿寒"的典故，在《左传》中有着更翔实的描述：原来晋国向虞借道，不是一次，而是两次。头一次是僖公二年，虞公收了晋国的玉璧、宝马，借道给晋。此番晋国只打下虢国要塞夏阳，便撤兵回国了。

到了僖公五年，晋国再度向虞国"假道"，这才引发宫之奇的激烈劝谏，并说了那段著名的话：

> **虢，虞之表也。虢亡，虞必从之。晋不可启，寇不可玩，一之谓甚，其可再乎？谚所谓"辅车相依，唇亡齿寒"者，其虞虢之谓也！**
>
> ◎表：外围，屏障。◎启：开启。玩：忽视。◎辅：面颊。车：牙床。

唇亡齿寒

这话是说，虞虢相互表里，虢亡，虞肯定跟着亡。晋国的贪念不可挑起，外面的强敌不可轻忽。借道一次已属过分，哪能再有第二回啊？俗话说得好：面颊靠着牙床，嘴唇没了牙凉！这说的就是虞、虢关系啊！

虞公狡辩说：晋国跟我同宗，哪里会害我？宫之奇说：若论同宗，虢跟晋的关系比你更近，不是照样要被灭掉吗？凭什么在乎你啊？虞公又强辩说：我祭祀时从来都用最丰洁的供品，神灵自会保佑我的。宫之奇答道：

臣闻之，鬼神非人实亲，惟德是依。故《周书》曰："皇天无亲，惟德是辅。"……如是，则非德，民不和、神不享矣。神所冯依，将在德矣！若晋取虞而明德以荐馨香，神其吐之乎？

◎冯（píng）依：凭依。◎馨香：代指供品。吐：拒绝。

宫之奇引经据典，无非要表达一个意思：鬼神（"皇天"）只保佑有德的人。统治者不修德，百姓就不来亲近你，供品再丰盛，神也不会享用的。神灵只与美德同在。如果晋袭取虞国后修养道德、供奉馨香的祭品，神灵难道会拒绝不成？

宫之奇的话句句有理，怎奈虞公鬼迷心窍，就是不听。宫之奇只好率族人出走，临走时说："虞不腊矣。在此行也，晋不更举矣！"——虞国不会再举行年终的腊祭了，亡国就在这一回，晋国不必再另外费事兴兵了！

这年十二月，晋军灭掉虢国。归途驻扎在虞国，乘机灭掉了它。《左传》没提"屈产之乘"和"垂棘之璧"的下落。那还用说吗？

郑伯克段，《左传》名篇

《春秋》隐公元年，有"夏五月，郑伯克段于鄢"的记录，说的是郑庄公在鄢地打败弟弟共叔段的史实。《公羊传》对这事怎么看呢？依然是一段"书法"解析：

克之者何？杀之也。杀也，则曷为谓之克？大郑伯之恶也。……段者何？郑伯之弟也。何以不称弟？当国也。……

◎大：夸大，强调。◎当国：与国为敌。

《穀梁传》的讲解也是同一副架势：

克者何？能也。何能也？能杀也。何以不言杀？见段之有徒众也。段，郑伯弟也。何以知其为弟也？杀世子母弟，目君；以其目君，知其为弟也。……

◎见（xiàn）：显现，表示。◎杀世子母弟，目君：按古史惯例，国君杀掉太子或同母弟弟，要强调其国君身份。

至于“郑伯”如何“克段”，读《公羊》《穀梁》二传，只能越看越糊涂。若想知端的，还要到《左传》里去寻找来龙去脉。

郑庄公和共叔段是同父同母的亲哥俩。母亲姜氏生育庄公时难产，受到惊吓，于是给孩子取名“寤生”（难产的意思）。

庄公自小就不受母亲待见，姜氏只偏疼小儿子段，想立他为太子，可丈夫郑武公不答应。武公死后，寤生继位，是为郑庄公。

不过姜氏仗着母后的身份，千方百计替段争地盘、争好处。庄公只好把京邑封给段。段把城墙修得十分坚固，自号“京城大（太）叔”，势焰直逼庄公。

有大臣替庄公担心，要他早作防备。庄公却不肯动手，只说：“多行不义必自毙，子姑待之（多做背离道义的事，会自取灭亡的，你们姑且等着瞧）。”

见哥哥如此“软弱”，段的野心愈发膨胀，他命令郑国西面和北面边地的百姓都得听他的。大臣向庄公抱怨说：国无二主，您要想把国家送给“大叔”，干脆明说，我们现在就去侍奉他好了！您若不打算让位，还是趁早除了他，免得百姓生二心！——庄公还是不紧不慢：“无庸，将自及（用不着，他会自取其祸的）。”

段更加猖狂，干脆占了西面和北面的边地，把地盘扩大到廪延那地方。大臣怕段势力太大，争得民心。庄公说：“不义不昵（亲昵），厚将崩（没有正义就没人亲昵、拥护，势力增大只会加速灭亡）。”

段加固城墙、聚集粮草，补充军备，招兵买马，打算偷袭都城。姜氏暗中为他作内应，打算为他开城门。庄公得着实信儿，说：“可矣！”派将领率二百辆战车猛攻京邑。京邑的百姓没人替段卖命。段逃到鄢地，庄公又追击而至，大败段军。段只好逃往共地去了。

祸患已除，庄公不由得想起姜氏的种种作为，恼怒之余，命人把她安置到颍地，发誓说：不到黄泉，永不相见！“黄泉”就是阴间，这话犹如说：这辈子再也不要见到你！

隧道之中“唱大戏”

故事的后半段，颇具传奇色彩：颍考叔是颍地的官员，得知此事，便带着礼物去见庄公。庄公赐他饭食，他却把肉留在一边。庄公询问缘故，他回答说：小人有母亲，吃惯了小人的粗茶淡饭，从没尝过国君的美味肉羹，请允许我带回去给她老人家尝尝。

一句话触动了庄公的心思，说：“尔有母遗，繄我独无（你有母亲可以孝敬，哎，我却没有啊）！”颍考叔装糊涂，问：是怎么回事？庄公据实相告，并表达了悔恨之意。颍考叔说：这有何难？您若挖地出泉，在隧道里与老人家相见，谁又能说您说话不算数呢？

庄公照他的话做了。当他进入地道去见姜氏时，唱道：“大隧之中，其乐也融融！”姜氏走出隧道唱道：“大隧之外，其乐也泄泄！”（融融、泄泄：分别有和乐、舒畅的意思）——母子这是真情流露，还是做戏给人看，就不得而知了。

《左传》作者大概也有怀疑，因而有意避开郑庄公，只借君子之口盛赞颍考叔：“颍考叔，纯孝也，爱其母，施及庄公。《诗》曰‘孝子不匮，永锡尔类。’其是之谓乎！”（施：推广。匮［kuì］：匮乏。锡：同赐。）——颍考叔可算是纯粹的孝子，爱自己的母亲，还能带动庄公行孝。《诗》说：孝子永不缺孝心，教育同胞影响深。说的就是这类事吧！

《左传》写到太叔段逃往共地后，也有几句“书法”解析：

书曰：“郑伯克段于鄢。”段不弟，故不言弟；如二君，故曰克；称郑伯，讥失教也：谓之郑志。不言出奔，难之也。

◎郑志：郑庄公的意愿。◎难：难以表达。

郑庄公掘地见母

段的所作所为不像当弟弟的，所以这里不提他是庄公的弟弟。兄弟相争，像是国家出了两位君主，所以用了“克”这样的字眼儿。称“郑伯”而不称哥哥，这是讥刺他对弟弟失于教诲，没尽到哥哥的责任；并暗示他放纵段是有意而为。不说段“出奔”，是因史官不好这么写——一般有罪的人才用“出奔”这个词，史官不用这个词，是因为不好判断吧。

其实读者对“书法”兴趣不大，他们更喜欢听作者讲述故事、刻画人物。像这位郑庄公，为了国君的位子，不惜把亲兄弟置于死地，连母子的情分都不顾了，真有点“无毒不丈夫”的味道。至于那偏心护短的妈妈和骄横放肆的弟弟，虽然都没正面出场，读者依然能从文章中感受到他们的性情和心态。

在这点上，《左传》远远超越了《公羊》《穀梁》二传。

【文摘】

郑伯克段于鄢

【经】（隐公元年）夏五月，郑伯克段于鄢。

【传】初，郑武公娶于申，曰武姜。生庄公及共叔段。庄公寤生，惊姜氏，故名曰寤生，遂恶之。爱共叔段，欲立之。亟请于武公，公弗许。及庄公即位，为之请制。公曰："制，岩邑也，虢叔死焉，佗邑唯命。"请京，使居之，谓之京城大叔。祭仲曰："都城过百雉，国之害也。先王之制：大都不过叁国之一，中五之一，小九之一。今京不度，非制也，君将不堪。"公曰："姜氏欲之，焉辟害？"对曰："姜氏何厌之有？不如早为之所，无使滋蔓，蔓难图也。蔓草犹不可除，况君之宠弟乎？"公曰："多行不义必自毙，子姑待之。"

◎寤生：难产，倒生，出生时脚先出。◎亟（qì）：多次。◎制：地名，今河南汜水境内，原是东虢君的领地。◎岩邑：险要的城邑。佗：他，别的。唯命：听从命令。◎京：地名，在今河南荥阳。◎雉：长三丈、高一丈为一雉。国：国都。◎叁国之一：是国都的三分之一。◎不度：不合法度。不堪：受不了。◎辟：避。◎厌：满足。早为之所：早做打算。滋蔓：蔓延。

既而大叔命西鄙、北鄙贰于己。公子吕曰："国不堪贰，君将若之何？欲与大叔，臣请事之；若弗与，则请除之。无生民心。"公曰："无庸，将自及。"大叔又收贰以为己邑，至于廪延。子封曰："可矣，厚将得众。"公曰："不义不昵，厚将崩。"

大叔完聚，缮甲兵，具卒乘，将袭郑。夫人将启之。公闻其

期，曰：“可矣！”命子封帅车二百乘以伐京。京叛大叔段，段入于鄢，公伐诸鄢。五月辛丑，大叔出奔共。

◎鄙：边境。贰：不专一，这里指听命于两个主人。◎无庸：不用。自及：自招祸患。◎廪延：地名，今河南延津一带。◎厚：土地广大。◎昵：亲近，拥护。崩：土崩瓦解。◎完聚：修城聚粮。缮：制造、修缮。具卒乘：装备步兵战车。◎启：开门，做内应。◎鄢：地名，今河南鄢陵。◎共：地名，今河南辉县。

书曰：“郑伯克段于鄢。”段不弟，故不言弟；如二君，故曰克；称郑伯，讥失教也；谓之郑志。不言出奔，难之也。

遂置姜氏于城颍，而誓之曰：“不及黄泉，无相见也。”既而悔之。颍考叔为颍谷封人，闻之，有献于公，公赐之食，食舍肉。公问之，对曰：“小人有母，皆尝小人之食矣，未尝君之羹，请以遗之。”公曰：“尔有母遗，繄我独无！”颍考叔曰：“敢问何谓也？”公语之故，且告之悔。对曰：“君何患焉？若阙地及泉，隧而相见，其谁曰不然？”公从之。公入而赋：“大隧之中，其乐也融融！”姜出而赋：“大隧之外，其乐也泄泄。”遂为母子如初。

君子曰：“颍考叔，纯孝也，爱其母，施及庄公。《诗》曰：‘孝子不匮，永锡尔类。’其是之谓乎。”（《左传》）

◎郑志：郑伯的意愿。◎城颍：地名，今河南临颍一带。◎封人：守护疆界的小官。◎遗（wèi）：赠送。◎繄（yì）：语助词。◎阙地：掘地。◎施：推广。◎锡：同“赐”。

季梁说："夫民，神之主也"

三代盛行鬼神迷信，人们普遍认为：只要把最丰洁的粮食、最肥美的牲畜奉献给"皇天""上帝"，就能获得神灵护佑。不过到了春秋时期，一些贤明之士对祭祀的"原理"和"功用"又有了新的理解与阐释。

宫之奇劝谏虞公时就说过："鬼神非人实亲，惟德是依。""黍稷非馨，明德惟馨。"即是说，鬼神不随便亲近人，只保佑有德的人。祭祀的粮食没有香气，美好的德性才馨香无比。

不仅宫之奇有这样的想法，在当时，这种进步观念已被许多开明贵族所接受。有个叫季梁的随国大夫，在劝谏随君时，说得更加明白透彻。

桓公六年，楚国要攻打随国，把军队驻扎在瑕地，等着随国使者少师前来谈判。楚大夫斗伯比给楚王出主意说：汉水以东的国家，数随国最大；搞定随国，其他小国也就好办了。我们若摆出咄咄逼人的姿态，汉东诸国便会抱团儿来对付我们；我们若向随国示弱，让随国野心膨胀、甩开小国，这对我们最有利。

楚王于是下令"毁军"，故意显出军容不整的样子。随国使者少师看了，信以为真。回国后便撺掇随侯发兵，追击楚师。

季梁站出来说：老天正眷顾楚国呢，楚军做出这个样儿来，是诱惑我们呐，您急个啥？我听说，小国确实能抗衡大国，但前提是"小道大淫"（小国有道，大国乱搞）。"道"是什么？"道"就是"忠于民而信于神也"（忠于百姓、取信于神灵）。国君考虑如何对百姓有利，这便是"忠"；祝史在祭祀时不虚夸，这就是"信"。现如今，老百姓饿得嗷嗷叫，君主却放纵私欲、奢侈无度，祝史祭祀时虚报祭品，我认为就目前形势而言，我们很难跟大国对抗！

随侯不服气，说：我祭祀所用的牲口毛纯体壮，黍稷也丰盛完备，这还不能取信于神灵吗？季梁说：

夫民，神之主也。是以圣王先成民而后致力于神。

◎成民：成全民事。

老百姓是神灵的主宰，前代圣君也总是先办好百姓的事，然后才致力于神灵祭祀！——季梁的话，真有惊天地、泣鬼神的力量！人们素来认为，百姓乃至贵族，都是神的奴仆，只有对神匍匐膜拜的份儿，可如今季梁竟说百姓是神灵的主人，岂非“逆天”？

不过季梁的话又有点耳熟，还记得吗，《尚书·泰誓》里已有“天视自我民视、天听自我民听”的话，正可跟季梁此语相呼应。

季梁还有许多道理要讲哩。他说，向神灵祭献牲畜时，人们祝告说：牲口又大又肥！这话的真实意思是：百姓都很富足，所以才能把牲口养得又肥又壮、没灾没病、种类繁多。

同样，向神奉献黍稷时，人们又祝告说：洁净的粮食多又多！这是向神报告：春夏秋三季没灾荒，百姓和乐、人寿年丰。……正因为百姓和乐，神才肯降福保佑、让我们心想事成！

可是如今怎么样？百姓各有异心，鬼神也没了主心骨（“鬼神乏主”）；君王个人的祭祀再丰盛，又能求得什么福气？我看您只有修明政治、团结兄弟之邦，才能消灾免祸！

随侯听了这番话，越想越怕，于是接纳季梁的劝谏，用心执政，楚国真的不敢轻举妄动。

不过两年以后，楚国听说随侯依旧宠信少师，于是再度发兵。随侯不听季梁的劝告，一味听任少师瞎指挥，结果吃了败仗。随侯落荒而逃，连同座驾和驾车的少师也被楚人俘获了。

后来随国想跟楚国讲和，楚王不答应。楚大夫斗伯比对楚王说：少师不在了，这是老天爷替随国去了病根儿啊，看来随国是灭不掉的了。楚王这才答应讲和。

有一句话斗伯比没说出口：何况随国还有季梁在！

曹刿论战，“忠”为前提

春秋时战事不断，有人做过统计：《左传》所记军事行动有四五百次之多！我们前面所讲的楚宋议和、唇亡齿寒、郑伯克段、季梁谏君，哪一件跟战争没关联？

《左传》写战争自有特点：描写战场厮杀爱用简笔、一带而过；可是交代战争背景、记录军帐论辩、总结战后教训，却不惜笔墨。有些战争规模不大，却因指挥者的准确判断和精彩剖析，让人牢记不忘。齐鲁长勺之战，就是人们熟知的例子。

庄公十年，齐人伐鲁，鲁国上下一片惊慌。有个叫曹刿（guì）的平头百姓求见鲁庄公。同乡劝阻他说：有那些顿顿吃肉的大官们操心这些事，你何必去插一杠子！曹刿回答：那些吃肉的家伙都是无能之辈，目光短浅，哪里靠得住！

曹刿一见庄公，先问：您凭借什么打仗呢？庄公回答：衣服、食物这些养身之物，我不敢独占，总要分一些给大家。曹刿说：小恩小惠不能人人沾光，百姓是不会听从。庄公又说：祭神的牲口玉帛等，我不敢虚夸，一定要如实向神祝告。曹刿说：这一点小信用，也不会感动神灵的。庄公又说：大大小小的案子，我虽不能件件明察，但一定要尽心竭力地秉公处理。曹刿说：这算是忠于百姓的表现，就凭这个，可以打一仗（“忠之属也，可以一战”）！

曹刿跟鲁庄公同车上了战场。庄公下令击鼓进军，被曹刿拦住了。直等到齐军击鼓冲锋三次，曹刿才下令反击。等齐军败走时，曹刿又反复观察瞭望，这才让鲁军追击。在曹刿的指挥下，鲁军大获全胜。

战后，曹刿解释说：打仗全凭一股士气。头回擂鼓，对方士气正旺！二回就衰落不少。等到第三回，齐军已经懈了气。他们懈了气，咱们士气正旺，所以一战而胜。齐国是大国，虽然一时败退，恐怕还有埋伏。我远观近察，见齐军车轱辘印儿混乱，战旗也东倒西歪的，知道是真败了，这才下令追击。

这段记述不到三百字，却把战前的政治准备、战时的决策指挥和战后的总结剖析叙述得清清楚楚。文章的重点放在一个“论”字上，而战斗场面的描写倒在其次；这很能体现《左传》的叙事风格。

子鱼谈兵，宋襄抱恨

《左传》中的“论战”文字还有不少。如僖公二十二年宋、楚两军战于泓水，《左传》对此叙述颇详；而最精彩的地方，恰恰是战后子鱼的一番剖析——从前的《左传》选本把这一段单独摘出，题为《子鱼论战》。

子鱼是宋襄公的异母哥哥，因为是庶出，所以把君位让给弟弟，自己从旁辅佐。哥儿俩同心同德，把宋国治理得有模有样。

不料宋襄公从此野心膨胀，想在这乱世中过一把“霸主”瘾！——春秋时，周天子威权大跌，诸侯群龙无首。不过每隔一段时间，总有一两个大国借着替周天子撑腰的名义，挑头召集诸侯国结盟，以盟主身份发号施令，几乎取代了周天子的职位。这样的霸主，春秋时出现过五位，号称“春秋五霸”，分别是齐桓公、晋文公、秦穆公、楚庄王，宋襄公也名列其中（一说吴王阖闾、越王勾践、郑庄公也是五霸之一）。

其实宋国实力有限，主盟实在勉强。子鱼就忧心忡忡地说：小国争当盟主，这简直是招祸！宋国要亡了吧？早晚的事啊！

果然，宋国因这次主盟而得罪了楚国。僖公二十二年冬，楚军找碴攻打宋国，宋襄公不自量力，率军迎战，在泓水岸边摆好阵势。

一开始，楚军渡河渡了一半。宋军司马请示说：敌众我寡、机会难得，我们应当先发制人！宋襄公说：不行！等到楚军全部渡过河，尚未排阵，司马又请求出击。宋襄公仍不准许。

楚军一旦排好阵势，立刻发动猛攻。结果宋军大败，宋襄公伤了腿，侥幸逃脱。

宋国上下都抱怨宋襄公，宋襄公却振振有辞，说是君子有君子的规矩：不伤害受伤的人，不活捉头发花白的对手，不靠险要的地势取胜。我虽是殷商亡国之君的后裔，但我有我的原则，决不攻击没做好准备的敌人！

子鱼当面驳斥说：大王你不懂打仗啊！强敌受困于狭窄地形而且队列不整，这正是天助我也！我们当头拦截、击鼓进攻，不是正当其时吗？即便这样，还怕打不赢呢！

况且今天我们面对的，是你死我活的敌人。即便是老家伙，追上他抓回来也是应该的，还管什么头发花不花、白不白呢？我们训练士兵，就是教他们无畏杀敌；对受伤未死的敌人，为什么不能再补上一刀？如果可怜对方受伤，还不如压根儿就别伤害人家才好；如果可怜人家年纪老，还不如一开始就投降算了！三军作战，要利用一切有利条件，险要地形当然不容错过；击鼓进军、猛攻不成列的敌军，也是完全应该的！

宋襄公自知理亏，心中窝囊，又受了重伤，第二年就死掉了。

7

第七辑

Part Seven

《春秋》三传（下）：征伐以礼，舌辩以理

蹇叔哭师与弦高犒师

《左传》擅长写战争，像晋楚城濮之战、秦晋崤（xiáo）之战、晋楚邲（bì）之战、齐晋鞌（ān）之战、晋楚鄢陵之战，都写得气势宏大、脉络清晰。

就来看看秦晋崤之战吧。僖公三十二年冬天，晋文公重耳（前671—前628）死了。重耳年轻时在宫廷斗争中遭受迫害、流亡他乡，吃尽苦头。十九年后终于回国登上君位。他任人唯贤，爱惜百姓，晋国国力大幅提升。后来他又联合秦、齐大败楚师，成了春秋五霸之一，与齐桓公齐名。人们一说春秋霸业，必提“齐桓、晋文”。

重耳死后，灵柩准备运往曲沃停放。出了绛城，棺材里突然发出牛鸣般的声音。卜官让大夫们下拜，然后传达重耳的“命令”说：不久将有西方军队从我们这儿开过，攻击他们，定会大获全胜！

这里所说的西方军队，是指秦军。也就在这时，秦国驻守在郑国的大夫杞子给本国捎信儿说：郑国人让我掌管他们的北门钥匙，机会难得；如果偷偷来袭，拿下郑国不成问题！

秦穆公向老臣蹇（jiǎn）叔征询意见，蹇叔说：兴师动众去偷袭远方的敌人，这样的蠢事从没听说过！军队筋疲力尽，而远方国家早有准备，那怎么能行？况且士兵一路辛苦、最终一无所获，是要起反心的。千里长征，瞒得了谁啊？

然而忠言逆耳，穆公竟不肯听从，仍派孟明视、西乞术、白乙丙三位将军在东门外整军誓师，准备开拔。

蹇叔去送行，拉着孟明的手哭着说：百里先生啊，我今天看着你出征，就再也看不见你回来了！穆公嫌他“乌鸦嘴”，骂道：你懂得啥？你若死得早，坟头小树都有两把粗了！（尔何知？中寿，尔墓之木拱矣！◎拱：两只手手指合围。）

蹇叔的儿子也在出征队伍里，蹇叔边哭边唠叨：晋人一定会在崤山布下埋伏。那里有两座陵，南陵是夏后皋的墓，北陵是周文王避风雨的地方。你一定会死在两陵之间，我等着到那儿收你的尸首啦！——秦国大军就这样开拔东进。

秦军行进到成周北门时，将士们纷纷摘下头盔、跳下战车向周天子致敬。周天子虽然已失去权威，但这点表面的礼数还是要有的。不过也仅仅是做个样子，将士们没走两步，就又跳上战车，三百辆战车就这样隆隆驶过。

王孙满是周王室的成员，年纪尚小，看到这情形，对周天子说：秦军轻狂无礼，定会吃败仗的。轻狂就不重视谋略，无礼就会满不在乎。进入险境却毫无警惕，又不懂谋略，能不吃败仗吗？

郑国商人弦高正准备到成周做买卖，在滑国与秦军迎头相遇。他灵机一动，自作主张拿了四张熟牛皮献给秦军，又送来十二头牛，说：我们国君听说贵军要路过我国，特命我赶来犒劳您和部下。我们那地方虽穷，但您驻扎一天半天还是没问题的，郑君已经为您预备了一天的粮草；您若离开，还可以为您提供一夜的警卫。弦高一面应付秦军，一面派人紧急回国报信。

郑穆公得着信儿，派人到秦大夫杞子的馆舍去侦察，发现对方已经磨刀喂马、做好接应秦军的准备。——秦大夫杞子还是两年前郑、秦结盟时被派到郑国来驻扎的。

郑穆公派去的人“敲山震虎”，对杞子说：您住在这儿的时间也不短了，我们这地方穷，招待不周啊。为了给您送行，我们有猎场，劳驾您自己去打几只麋鹿什么的，也算是心疼我们了，怎么样？这等于对杞子下了逐客令。

杞子知道事情败露，便连夜逃走了。西来的秦军听说郑国早有准备，只好临时改变计划，顺路灭掉滑国后，灰溜溜地班师回国去了。

崤之战的前前后后

秦师撤军的当口，晋国的朝廷上正进行着激烈的辩论。晋国卿大夫先轸（zhěn）主张乘机攻打秦军，说秦穆公不听蹇叔劝阻，劳师动众、一意孤行，这是天赐良机！不接受上天的赏赐、轻易放走敌人，只会招来灾祸！

大夫栾枝却说：秦国对晋国有恩，有恩不报，反要攻击人家，你心里还有死去的国君吗？栾枝这是指晋文公重耳流亡国外时，秦君曾收留他，还把女儿文嬴嫁给了他。

可先轸说：我们有国丧，秦国不但不同情，反而攻打我们的友邦郑国，这就是无礼，还讲什么恩德呢？我听说，一天放过敌人，会留下几辈子的祸根！为子孙后代着想，总可以对得起先君了吧？

于是晋国进行战争动员，正在服丧的晋襄公也把白丧服染成了黑色，那是战袍的颜色。这年四月十三日，晋军在崤山的狭窄山谷中设伏，全歼了秦军。孟明视、西乞术和白乙丙这三位秦将也全都被俘。据《公羊传》《穀梁传》形容，此战秦军“匹马只轮无反者”（一匹马、一辆战车都没能逃回）。这也正应了蹇叔的预言。

不过三位秦将很快就被晋襄公释放了。襄公的嫡母文嬴是秦穆公的女儿，她主张释放秦将，襄公又怎么好回绝呢？

先轸上朝，听说秦将被释，不觉大怒，说武人出生入死在战场上生擒敌将，一个妇人几句花言巧语、说放就放了！毁我战果、助长敌威，我看晋国就要亡了！说着，头也不回“呸”地往地上吐了口唾沫（“不顾而唾”）。

襄公也有所醒悟，赶紧派人去追。追到黄河边上，人家已经登船。孟明视在船上叩头说：蒙晋君大恩，不把我们杀了祭鼓，让我们回国受戮，也可以死而不朽了！如果蒙您恩惠可以不死，三年后我会来拜谢君王恩赐的！

孟明视等人回到秦国，秦穆公穿着素服到郊外迎接被俘的将士，当众痛哭说：是我不听蹇叔之言，让你们几位受辱了，这是我的罪过啊！他并没有剥夺孟明视的兵权，说：这都是我的错，大夫又有什么罪呢？不能因为小错而掩盖大德啊。

孟明视深受感动，此后励兵秣马、日夕备战，终于在三年后大败晋人，夺了两座城邑；并到崤山埋葬了三年前战死将士的尸骨，实践了“三年将拜君赐”的誓言！

不过孟明视报仇时，晋国大将先轸已经不在了。当年先轸当着襄公的面“不顾而唾”，还粗鲁地称太后为“妇人”，事后自己别提多后悔了，说：我在君前无礼，却没受到惩罚，这是国君宽宏大量，可我自己能原谅自己吗？

后来他率领晋军跟狄人作战，有意摘下头盔冲进敌阵，奋力拼杀，就这么战死在沙场。狄人把他的头颅送回晋国，他的面容竟跟活着时一样！

回顾秦晋这场大战，是由杞子报信开始，之后是蹇叔哭师、王孙满论秦师，这边则是弦高犒军、郑人逐杞子，并由此导致秦师撤军灭滑及晋人谋袭秦师——这是大战前的几场戏。至于秦军战败之后，又有晋襄公放虎归山、先轸“不顾而唾”等几场戏，最后以秦穆公忏悔作结。

一场大战在几千里范围内展开，涉及四五个国家。作者却能眼观六路、剪裁得体、举重若轻，不但把大战的来龙去脉交代得一清二楚，还写活了许多人物！

至于在崤山两陵间展开的战斗厮杀场面，作者只用了寥寥数语，一带而过：“夏四月辛巳，败秦师于崤，获百里孟明视、西乞术、白乙丙以归。”这里用的，依然是《左传》写战争的一贯手法。

不过作者对一些历史细节，却不肯轻易舍弃。譬如说到晋军克敌后，晋襄公穿着染成黑色的丧服为父亲文公举行葬礼，而晋国的丧服从此也改为黑色（“遂墨以葬文公，晋于是始墨”）。这还是跟前面的“子墨衰绖”（子：指文公之子襄公。墨：染成黑色。衰绖（dié）：丧服。）相呼应呢。

这句看似不经意的闲话，蕴含着对胜利者的赞美：向死去的先辈表达敬意，有什么祭品比一场大战的胜利更丰厚，有什么服色比战袍的颜色更尊贵呢？

战场上的精英们

千军万马的战场本来是人命如蚁、人性失色的地方，《左传》却擅长以生动的文笔，刻画出从容游走于刀锋箭镞之间的英雄人物，从而彰显出《左传》的叙事特色。

就说鲁宣公十二年的晋楚邲之战吧，楚国兴兵攻打郑国，晋国发兵援郑，与楚国在黄河边上遭遇。其中有这么一段：楚将乐伯乘着战车到晋营前挑战。居中驾车的是许伯，在右面持戈护卫的是摄叔，乐伯居左，负责射箭。这是一辆战车的“标准配置”。

怎么挑战呢？三人各有主意：许伯说：我听说单车挑战应当驱车飞驰以致军旗倒伏，一直冲到敌营跟前，再兜转回来。乐伯说：我听说应由车左射箭，并代替御车人驾车，御车人则下车从容整理马匹，把马颈上的皮绳整顿好，然后登车返还。摄叔说：我听说挑战应由车右冲进敌垒，杀敌割耳、并活捉一人回来。

春秋时期的战车，乘载三名将士

于是三人按各自的办法操弄了一番，然后驱车回营。晋军当然不甘示弱，派了兵车两翼包抄、奋力追赶。乐伯弯弓搭箭，向左射马，向右射人，箭不虚发，晋军一时不能靠近。

眼看箭筒中只剩最后一

支箭，刚好有头麋鹿跑过，乐伯一箭射去，正中麋鹿脊背。乐伯见后面紧紧追赶的是晋将鲍癸，便让摄叔把麋鹿献给他，说：时令未到，好猎物还没登场，先献上一只麋鹿，给您的部下开开荤吧！

鲍癸感慨说：车左善于射箭，车右擅于辞令，这几位都是君子啊！于是下令停止追击，就这么放走了三人。——出入战场如履平地，生死关头风度不失，连敌人也不能不佩服他们！

另有一位齐国勇士，也在《左传》留下大名。成公二年，晋齐在鞌地交战，齐将高固单车前往晋营挑战。他拿石头扔向晋军，还俘虏了一名晋军士兵，然后跳上战车跑回齐军营垒；觉得余兴未尽，又把桑树根系在战车后面，尘土飞扬地在营盘里来回驰骋，高喊："欲勇者贾（gǔ）余馀勇！"——有谁需要勇气？我这儿有多余的勇气可买！

接下来，晋齐双方摆开战阵。这边晋军统帅郤（xì）克的战车由解张驾驭，郑丘缓为车右。那边齐侯亲乘战车发布命令说：让我们消灭了敌人再吃早饭（"余姑翦灭此而朝食"）！马也不披护甲，就朝晋军冲去！

交战中，晋军统帅郤克中了箭，血一直流到战靴上。他一边擂鼓，一边呻吟说：我受伤了！解张说：刚一开战就有箭射穿了我的手肘，我折断箭杆继续驾车，血把左边的车轮都染成红黑色！可我声张了吗？您也忍着点吧！郑丘缓也说：从开始到现在，一遇到危险，我就下去推车子，您都没注意到？不过看来您真是伤得不轻！

解张又说：我们车上的旗子和战鼓，就是全军的耳目，晋军前进后退都听它指挥。此车一人坐镇，就可全军成功。可不能因为个人的痛苦、坏了国君的大事啊！咱们披盔戴甲、手握兵刃上战场，顶大不就是一死吗？痛苦还没到死的份儿上，咱们还是尽力而为吧！于是他左手拉着两根缰绳，右手拿着鼓槌帮郤克敲鼓，马撒欢似的往前飞奔，晋军也都跟着冲了上去，追着齐军，绕华不注山跑了三圈！

晋军取得了这场战争的胜利。胜利应当归功于统帅郤克，更应归功于主帅战车上的"精神领袖"解张！

【文摘】

解张御郤克

（成公二年六月）癸酉，师陈于鞌。邴夏御齐侯，逢丑父为右。晋解张御郤克，郑丘缓为右。齐侯曰："余姑翦灭此而朝食！"不介马而驰之。郤克伤于矢，流血及屦，未绝鼓音，曰："余病矣！"张侯曰："自始合，而矢贯余手及肘，余折以御，左轮朱殷，岂敢言病？吾子忍之！"缓曰："自始合，苟有险，余必下推车，子岂识之？然子病矣！"张侯曰："师之耳目，在吾旗鼓，进退从之。此车一人殿之，可以集事，若之何其以病败君之大事也？擐甲执兵，固即死也；病未及死，吾子勉之！"左并辔，右援枹而鼓。马逸不能止。师从之，齐师败绩。逐之，三周华不注。（《左传》）

◎陈：列阵。◎邴夏：与下文的逢丑父都是齐大夫。◎解张：与郤克都是晋大夫，郤克是此战的晋军统帅。郑丘缓是晋将。◎姑：姑且。朝（zhāo）食：吃早饭。◎介：披甲。◎病：受伤。◎合：两军交兵。贯：贯穿。朱殷：深红色。◎殿：镇守。集事：成事。◎擐（huàn）：穿。◎并辔：一手挽双辔。援枹（fú）：拿鼓槌。◎逸：飞跑。◎华不（fū）注：山名，在山东济南附近。

"会说话儿"的韩厥

在这场大战中，晋大夫韩厥也始终驾车冲杀在最前线。头天晚上，他梦见已故的父亲叮嘱他：明天一定要站在战车中间。所以早上一登车，他就亲自驾车，占据了中间位置。

他发现齐侯的战车就在前面，于是催马紧追。齐侯的射手邴夏说：我看后面车上居中的那位像是君子，待我射他一箭。齐侯说：认为是君子还射，这可不合礼法啊！于是邴夏左右开弓，先把韩厥的车左射下车，又把车右射倒在车厢里。

韩厥独自驾车，紧追不舍。刚好晋大夫綦毋张丢失了战车，于是爬上了韩厥的车子。他先站在左边，韩厥用胳膊肘拱他；站到右边，韩厥又拱他。他只好站在韩厥身后。

趁着韩厥俯身安顿车右尸首的当口，齐侯跟车右逢丑父调了个位置。快到华泉时，齐侯战车被一棵小树绊住了。逢丑父本应下去推车，可他头天晚上睡在栈车里，有条蛇爬到他身子底下，咬伤了他的小臂，因此不能推车。齐侯就这么被韩厥赶上了。

面对一国之君，当然不能失礼。韩厥拿着马缰绳走上前，向齐侯行跪拜礼，捧着酒杯和玉璧献上，说是我们国君应鲁国和卫国的邀请，派我等前来跟齐军作战，临行一再叮嘱我们：别让军队在齐国久留。我不幸在军队里服役，身不由己；又怕奔走逃避，有辱两国国君。我勉强当个战士，向您报告我的无能，由于缺乏人手，我也只好充数罢了！

他这么啰嗦客气的当口，车上的“齐侯”命令车右下车打水。那人下了车，爬上另一辆战车逃走了。——原来韩厥不认识齐侯，只凭位置判断。哪知对方已经“调包”，车上的“齐侯”竟是逢丑父，逃跑的才是齐侯！

逢丑父被俘后，郤克本想杀掉他。逢丑父喊冤说：至今也没见有人代君受过，眼下只有我这么做，难道反要被杀头吗？郤克想想也对，说：一个人不惜一死、为君免祸，杀掉他不吉，还是免他一死，用来勉励忠臣吧！

第二年，齐晋和好，齐侯到晋国朝拜。宴会上，齐侯盯着韩厥仔细看。韩厥说：您还认识我吗？齐侯说：只是服装改了。韩厥登上台阶，举杯敬酒说：我当日之所以不惜一死拼命追赶，就是为了两位国君有堂上欢宴的这一天啊！——韩厥还是这么会说话儿！

有意思的是，一千年多后，韩厥的形象还出现在元杂剧《赵氏孤儿》

中。在剧中，他的身份仅是一员偏将，出于正义救助赵氏孤儿，最终还牺牲了性命。然而据历史记载，晋国上卿赵盾、赵朔死后，赵氏家族遭遇了覆亡之祸，韩厥为了报答赵家的知遇之恩，确曾出面向晋景公力争，最终为孤儿赵武保住了爵位和封地。不过韩厥的身份并非偏将，更没搭上性命。他那时身居高位，举足轻重。后来韩、赵、魏三家分晋，韩国的君主便是韩厥的族裔。

“客客气气”的战争

春秋时的战争跟后来的战争有所不同，兵戎相见却又讲求礼数的事，不止发生在韩厥一人身上。

成公十六年（前575），晋国跟楚国这对“老冤家”在鄢陵又有一场较量。晋将郤至在战场上三次碰到楚王的车队，即使离得老远，也必定跳下战车、摘下头盔，跑过去行礼致意。

楚王也注意到这个敌方将领，让工尹襄拿一张弓送给他，算是答礼，并传话说：战斗正酣，我看见有位打着红皮裹腿的人很有礼貌，一见我就跑过来问候，跑得不累吧？

郤至摘下头盔恭敬地听工尹襄传达楚王的问候，回答道：您的外国臣子郤至奉本国君主之命参战，身着铠甲，不便下拜！承蒙慰问，实在不敢当啊。只好向您的使者行礼拜谢了。于是向工尹襄作了三个揖，这才走开。

韩厥这回也在军中，他发现郑伯的战车就在前面。郑军这次是楚国的盟军。替韩厥驾车的杜溷（hùn）罗说：快点追啊，我看前面那个驾车的用心不专、总是回头，咱们一定能赶上！韩厥却说：我上回差点儿俘虏了齐君，这回不能再羞辱另一位君主了。于是命令停止追赶，就这样放了郑伯一马。

晋将栾鍼（zhēn）跟晋侯同车，见到楚国主帅子重的旗子，对晋侯说：过去我出使楚国，子重问起晋军的长处，我回答说：“好以众整（优势在于人多而整齐有序）。”他问还有啥，我说“好以暇”（临事从容不迫）。今天两国交兵，连个使者都没派，怎能说“整”呢？事到临头说了不算，也不能算“暇”。请派人替我送壶酒给子重吧。晋侯答应了。

使者捧着酒壶去见子重，替栾鍼传话说：我们国君无人可用，让我栾鍼持戟充任车右，不能分身来犒劳您的部下，只好送壶酒给您。子重说：是了，栾先生曾跟我在楚国说过那些话，他送酒，肯定是这个原因。他的记性可真好！于是把酒一饮而尽，让使者回去，这才重新击鼓作战。

这种“客客气气”的战争，在世界战争史上也是绝无仅有的吧。

战场上的伦理纠结

孟子曾说过“春秋无义战”的话。的确，那时诸侯你征我伐，一年到头没个消停。挑起战争的，个个都有堂皇的理由；可是私底下，没有一回不是为了统治者的私利：争地盘、劫人口、抢夺人家财帛甚至抢割人家庄稼……有时竟是因为看上人家漂亮女人！

尽管各国之间打得“热窑”似的，可大家又都是“自己人”，至少同朝为臣、表面上尊奉同一个周天子；许多交战国还沾亲带故。

譬如晋国打败齐国，派使者向周天子“献俘”，被周天子委婉地批评了一通，说是“献俘”本来针对不肯归服的夷狄之族，将俘虏献给周天子，杀一儆百；至于同姓兄弟及甥舅国家，是没这个礼法的！齐国是姜太公的后代，跟周王室是甥舅关系，怎么还闹出“献俘”这一出呢？

有了这层关系，虽然一场战争下来总要死伤不少将士，但贵族层面却还有点羞羞答答、不肯撕破面皮。春秋战场上的种种怪现象：向敌方君主行礼啦、给对方统帅送酒啦，便可以部分地归结到这个原因上。

另外也因当时的贵族普遍接受君子教育，受着道德伦理的熏染和约束，即便上了战场，“角色”一时转换不过来。即如前面说到的宋襄公，他的那套“不重伤”“不禽二毛”“不鼓不成列”理论，放到书斋里，不能说不漂亮。可是面对楚人的虎狼之师，你还要大谈仁义，就未免有些滑稽了。

《左传》的好看之处有时也正体现在这些地方，既描摹战场厮杀的宏大场面，也不忘记录人在战场上的人性挣扎、心理纠结。

晋楚邲之战，晋军吃了败仗。晋大夫赵旃为了让哥哥和叔叔顺利逃走，把自己车上的两匹好马卸给他们，结果自己被楚军赶上。危急时刻，只好丢掉车马躲进树林里。

晋国的逢大夫驾车从这儿路过，他嘱咐同车的两个儿子：千万别回头看！两个儿子好奇，偏要回头，一看便叫起来：赵老头儿（赵旃）在后边呢！逢大夫大怒，把两个儿子赶下车，指着一棵树说：明天我到这儿为你俩收尸！说罢载上赵旃，绝尘而去。第二天，逢大夫按标记去找儿子，见两人的尸首重叠着躺在树下。这真是一出人伦悲剧！

逢大夫当然爱他的儿子，可是一辆车只能坐三个人；因此他发现上司赵旃时，本打算装作没看见，驱车跑掉就算了。可两个儿子哪知当爹的心思呢？偏要把事情挑明，逼得逢大夫只好硬着头皮做选择，结果是牺牲了儿子，救了上司，他内心的痛苦是可想而知的！这样的描写尽管只是三言两语，可作者对人物心理的把握，比文学作品还深刻些！

此外，《左传》作者擅长点染，不忘在沉重话题中加上一点花絮。例如在晋楚邲之战中，晋军成了最后的输家。败退时，他们的战车陷在泥坑里，追击的楚军居然教他们如何抽去车前横木，把车拔出泥坑。再往前走，马又盘旋不进，楚军又教他们拔掉兜风的大旗、扔掉车轭，这才逃离。

可是晋军“肉烂嘴不烂”，在如此狼狈的时刻，还不忘回头讽刺楚军：我们可不像贵军，经常逃跑、跑出经验来了！

展信与烛之武：谁的嘴巴更厉害

《左传》虽以记事为主，但讲到朝堂论政、外交谈判等情节，仍有长篇记言的内容。这些对话理据充足，声情并茂，以不同的论说风格，展示着智者贤人的论辩才能和忠贞机智。有时一番雄辩，竟能使侵略者理屈词穷、“打道回府”，不禁令人击节赞叹！

就来看看“展喜犒师”这一段吧，这是僖公二十六年的事。齐孝公发兵从北面进攻鲁国，驻扎在国境上。鲁僖公派大夫展喜去“犒师”，乘机探听虚实，见机行事。

展喜出境见到齐孝公，说我们国君听说您大驾光临，特派我来犒劳您的部下。孝公问：鲁国人害怕吗？展喜说：鲁国的小人都很害怕，可是君子不怕。孝公说：我看你们鲁国家家室内空虚，像是悬挂着的磬；田野光秃秃，连根青草都没有，凭什么不怕啊？

展喜回答：我们是凭着先王的遗命。当年我们鲁国的祖先周公跟你们齐国的祖先太公都是周室的股肱之臣，一左一右辅佐成王。成王慰劳他们，赐他们盟书，说“世世子孙无相害也”。这盟书就藏在盟府中，由太史掌管着。

贵国先君齐桓公正是根据先王遗命纠合诸侯，以商讨的方式解决矛盾、弥补缺失、济危扶困，以此彰显周天子赋予的重任。等到桓公去世，孝公即位，各国都盼着说：他一定会继承桓公道德功业的。我们这些小国也因此不曾修筑城墙、集合徒众、严加防范。都说：难道孝公即位九年就废弃王命、丢掉职责了吗？那又怎么对得起齐国先君呢？他肯定不会这样做的！也正因如此，我国的君子并不害怕贵国。

孝公听了这番话，一句话没说，便下令撤军回国。你看，展喜的一席话，是不是抵得上百万雄兵？

另一个凭三寸不烂之舌说服侵略者退兵的例子，发生在僖公三十年晋、秦攻郑的时候。当时晋军进驻郑国的函陵，秦军进驻郑国的氾南，郑国上下一片惊恐。有个大夫向郑伯建议：国家危险了，如果派烛之武去见秦君，秦师一定会撤走。

烛之武推辞说：我年轻时就不如人，如今老了，更不行了。郑伯道歉说：我没能早早重用您，这是我的错；不过郑国完了，对您也不利啊！烛之武只好答应。

到了夜间，烛之武用绳子系着吊出城外，见到秦伯说：这回秦、晋一同包围郑国，郑国必亡无疑了！如果灭掉郑国对您有利，您的部下也没白忙活。不过越过别的国家，拿远方的小国当成自己的飞地，您知道这有多难。所以说，灭掉郑国只能让您的邻居晋国得利。邻国势力加强，就等于您的势力减弱，这可是赔本的买卖！您还不如赦免郑国，让郑国做个东方道路上的主人（东道主），可以为贵国使者过境提供方便，这对您才是有利无害的。

何况当初秦国对晋君有恩，晋君许诺把焦、瑕两地割让给秦。可晋君早上回国，晚上就筑城防御，这您是记得的。晋国哪有个满足啊？灭了东边的郑国，肯定还要向西发展；向西边发展，如果不占秦国的土地，又占谁的去？这损害秦国而有利晋国的买卖，您就看着办吧！

秦伯听了，恍然大悟，于是跟郑人结盟，派了杞子等三位大夫帮助郑国守卫，然后班师回国。——我们前面提到杞子驻扎在郑国，就是这次秦、郑交涉的结果。

烛之武退秦师

这边呢，晋国将军得知秦国撤军，非常气愤，本想攻打秦军。晋侯说：算了吧，没有秦国的帮助，就没有我们的今天。得到人家帮助还要败坏人家，这是不仁；失掉了同盟国家，这是不智；以破裂代替和睦，这是不武。我们还是回去吧。于是也跟着撤军而回。

烛之武的一席话，阻挡了两个大国的进攻！他的这张嘴，比展喜还要厉害几分！

【文摘】

烛之武退秦师

【经】（僖公三十年）晋人、秦人围郑。

【传】九月甲午，晋侯、秦伯围郑，以其无礼于晋，且贰于楚也。晋军函陵，秦军氾南。佚之狐言于郑伯曰："国危矣，若使烛之武见秦君，师必退。"公从之。辞曰："臣之壮也，犹不如人；今老矣，无能为也已。"公曰："吾不能早用子，今急而求子，是寡人之过也。然郑亡，子亦有不利焉！"许之。

◎晋侯：晋文公。秦伯：秦穆公。贰于楚：指郑对晋有二心，结好于楚。◎函陵、氾南：都是地名，前者即今河南新郑一带，后者为今河南中牟一带。◎佚之狐：郑大夫。郑伯：郑文公。烛之武：郑国贤士。◎辞：推辞。

夜缒而出。见秦伯曰："秦、晋围郑，郑既知亡矣。若亡郑而有益于君，敢以烦执事。越国以鄙远，君知其难也。焉用亡郑以陪邻？邻之厚，君之薄也。若舍郑以为东道主，行李之往来，共其乏困，君亦无所害。且君尝为晋君赐矣；许君焦、瑕，朝济而夕设版焉，君之所知也。夫晋，何厌之有？既东封郑、又欲肆其西封，若不阙秦，将焉取之？阙秦以利晋，唯君图之。"秦伯说，与郑人盟。使杞子、逢孙、杨孙戍之，乃还。

子犯请击之。公曰："不可。微夫人之力不及此。因人之力而敝之，不仁；失其所与，不知；以乱易整，不武。吾其还也。"亦去之。（《左传》）

◎缒（zhuì）：用绳子吊下城。◎执事：左右。这里是对对方的敬称。

◎越国：越过别国。鄙远：拿远方地盘当自己的边邑。◎陪邻：增加邻国土地。◎行李：使臣。共：同“供”。乏困：缺乏，需要。◎赐：恩惠。◎焦、瑕：地名，今河南陕县一带。济：渡河。设版：筑墙。◎厌：满足。◎封：疆界。这里指扩展自己的边疆。肆：扩张。阙：同“缺”，亏损，使减损。◎图：打算。◎说：同“悦”。◎戍：留戍，守卫。◎子犯：晋臣狐偃。◎微：没有。夫（fú）人：此人。◎因：靠着。敝：伤害。◎所与：友邻，同盟者。知：同“智”。◎乱：动乱。整：友好和睦。

寺人披的“君臣”论

春秋又是个以理服人的时代，无论什么人，只要言之成理，总能被人接受。且看《左传》的两个例子，发言者一个是“小人”，一个是“君子”，谈的都是君臣关系。

这个“小人”即寺人披——寺人就是宦官，后世称为太监，是专门伺候君王的奴仆。事情发生在僖公二十四年，那年晋公子重耳结束了十九年的流亡生活，回国当上国君，即晋文公。晋国的吕、郤两个家族曾参与对重耳的迫害，眼下害怕报复，暗中策划谋反，打算放火焚烧宫室，趁乱杀死重耳。

寺人披得到消息，来向重耳告密，可重耳不见他。此前晋惠公追杀重耳时，寺人披是得力干将，十分卖力。

重耳让人数落寺人披说：我在蒲城那一回，惠公命你第二天晚上赶来杀我，可你头一天就赶到了。后来我跟狄君在渭水边打猎，惠公又命你来杀我，要你三个晚上到达，可你两个晚上就赶来了。就说有国君的命令吧，你又何必那么卖力呢？你当时一刀砍断我的衣袖，那衣袖还在呢。你啊，还是快走吧！

寺人披没走，他说：小臣本以为您回国后一切皆在掌控之中，如果还没有，您会再次遭难的！臣子执行国君的命令，不能有二心，这是自古以来的规矩。替国君除掉所痛恨的人，一定要全力以赴（“君命无二，古之制也；除君之恶，唯力是视”）。至于蒲人、狄人，跟我又有什么关系呢？您今天即位为君，恐怕也不把蒲、狄放在眼里吧！

寺人披接着说：当年管仲与齐桓公为敌，曾射中桓公的带钩。桓公不念旧恶，照样让他当宰相。您如果跟桓公想法不一样，我会自动走开，还麻烦您来轰我吗？走的人多了，不少我一个受过宫刑的小臣啊！

重耳听寺人披说得有理，于是召见他，寺人披向重耳报告有人谋反，重耳于是偷偷跟秦伯在王城会见。到了三十日那天，宫中果然起火，造反的人搜遍宫中也没找到重耳，一直找到黄河边上，秦人正等着他们呢。结果造反者被诛杀，重耳将妻子嬴氏从秦国接回，坐稳了国君的宝座。

应该怎样看待寺人披呢？一方面，他是统治者的忠实走卒，执行主子的命令，有十分力绝不使八分！可另一方面，一旦主子坍台，他又即刻另觅“高枝”，眼睛都不眨一眨！——最终重耳接受了他，说明这样的人统治者还是需要的。

晏子为什么不肯死

在另一个故事里，对君臣关系发表高见的是一位“君子”——晏婴（前578—前500）。晏婴即“晏子使楚”中的晏子，他身为齐国上大夫，很受朝廷倚重。

那是鲁襄公二十五年的事，齐庄公被齐臣崔杼（zhù）杀死在崔家。原来，崔杼娶了个寡妇叫棠姜，齐庄公见棠姜长得美，便总到崔家去“串门”，借机与棠姜鬼混；还拿自己“不当外人”，随便把崔杼的帽子赏给别人。

崔杼恨在心头，想要杀死庄公。一次他推说生病，没去上朝。庄公借口探病，又来跟棠姜拉扯，结果被堵在屋里。一伙家丁把他逼上露台，庄公央告要跟崔杼结盟，以求活命，崔杼不答应。庄公正待跳墙，结果腿上挨了一箭，一头栽到夹道里，被乱刀砍死！

庄公的亲信及心腹官员有的被杀，有的被逮，也有自杀“殉主”的。可身为上大夫的晏子却没死。

晏子站在崔家门外，手下人问他：死吗？晏子说：单是我一个人的国君吗，我死？手下人又问：跑吗？晏子又说：是我的罪过吗，我跑？手下人又问：回去吗？晏子回答：国君死了，又能回哪儿去呢？

晏子接着自问自答说：国君是干什么的？仅仅是凌驾于百姓之上的吗？他是主持社稷的啊。大臣事奉国君，难道是为了吃香的、喝辣的吗？是为了养护社稷啊。国君若为社稷而死，大臣就应为他而死；国君若为社稷而逃，大臣就应跟着他逃。但国君若为他自己的事死了、逃了，咱又不是他的宠臣死党，哪里敢去攀那“高枝”呢？况且国君也不是我一个人的国君，同为大臣，既然有人可以杀他，我又何必为他死、为他逃呢？可是话说回来，此刻我又能到哪儿去呢？

大门打开了，晏子走进去，头枕着庄公的尸体大哭，又起身跳了三跳，表达心中的悲痛，这才离开。有人建议崔杼杀掉晏子，崔杼说：他在百姓中威望高，放了他，可以笼络民心。

晏子与寺人披的自辩词高下有别，却又有共同点：都围绕着“忠君”问题做文章。寺人披强调“国君至上”——不是忠于国君这个人，而是忠于国君的职位；因此无论惠公当权还是文公在位，他都同样忠诚，这里面倒含有一点“现代意识”哩。

晏子则更进一步，强调忠于社稷应胜过忠于国君。后来孟子提出“民为贵，社稷次之，君为轻”的理念，便是对晏子学说的进一步发展。

晏子在齐国从政五十多年，身为卿相，贡献很大。关于他的故事还有很多，除了“晏子使楚”，还有“折冲樽俎”（折冲：克敌制胜。樽俎：酒席间）等。

《史记》作者司马迁对晏婴评价很高，说他伏尸而哭是知礼；又说晏子如果还活着，自己宁愿给他执鞭坠蹬当随从。钦佩之情，溢于言表！

微管仲，吾其左衽矣

其实在晏子之前，齐国还有一位贤相，名气比晏子还大，便是齐桓公的宰相管仲（前719—前645）。跟晏子相似，他也在君臣关系上遇到了难题。

原来，齐僖公死后，太子诸儿即位，是为齐襄公。齐襄公荒淫昏聩，他的两个弟弟公子纠和公子小白预见到齐国将乱，分头逃到鲁国和莒国去避难。

日后齐国果然大乱，齐襄公被叔伯兄弟公孙无知所杀。可公孙无知还没把位子坐稳，便也死于一场内乱。齐国一时君位空虚，公子纠和公子小白闻讯，立刻动身回国、来抢君位。

两位公子各有"高参"：辅佐公子纠的是管仲和召忽，辅佐公子小白的是鲍叔牙。为了阻挡公子小白，管仲亲率战车到途中拦截。他远远见到小白，一箭射去，将小白射倒在车上！——其实这一箭只射中小白的带钩。直至听说小白回国登基的消息，管仲才恍然大悟、后悔不迭。

公子纠还想仗着鲁国的势力跟小白争君位。鲁君是公子纠的岳父，当然站在女婿一边。结果却是鲁军战败，齐人逼鲁君杀死公子纠，并逮捕了管仲和召忽。召忽自杀殉主，管仲却没有死。

辅佐公子小白的鲍叔牙，本来跟管仲是莫逆之交——后人常拿"管鲍之交"来比喻"铁哥们儿"。此回恰是鲍叔牙来鲁国押解管仲回国。不过鲍叔牙早就向小白（此刻已是齐桓公）举荐了管仲；桓公大人大量、不记旧恶，放手任用管仲为相。后来齐国强盛，"九合诸侯，一匡天下"，成了春秋霸主，便全都仰仗管仲之力。

孔夫子很少用"仁"来称许他人，可他称赞管仲说："桓公九合诸侯，不以兵车，管仲之力也。如其仁，如其仁！"（《论语·宪问》，下同）又说"管仲相桓公，霸诸侯，一匡天下，民到于今受其赐。微管仲，吾其被发左衽矣。……"（匡：匡正。微：非，没有。左衽：边地少数民族衣衿在左，与中原汉族正相反。）这是说齐桓公多次跟诸侯会盟，却不依靠武力，这全是管仲的功劳，这就叫“仁”啊。没有管仲，我们这些人早就成了外族的奴隶了！

孔子是发自内心地敬佩管仲。

子产外国拆墙记

晏婴、管仲都是大国名臣，影响自然不小。《左传》中还记述了一位小国宰相，同样为后人称道，便是郑相子产。

子产（约前582—前522）名侨，大致跟孔子同时。虽说是小国执政，他却干出让大国吃惊的事来：出使大国，把人家招待所院墙拆了！人家不但不恼，反而更敬重他。子产也因此名扬天下！

襄公三十一年，子产陪郑伯到晋国会盟，住进晋国宾馆。由于宾馆院门狭窄，装载礼品的车子没法进入，子产便命人把院墙拆了，将车马停进院子里。

晋人来责问，子产振振有词，说道：我们郑国国土狭小，夹在大国之间，大国说不定什么时候就来要这、要那，我们又不敢置之不理，只好搜罗了所有财富，前来朝拜。结果贵国的执政官总是没空，也不知哪天能接见。我们带的礼物早晚是贵国君王的财货，不按礼仪交接吧，就不能入库；不入库吧，又怕日晒雨淋、干湿损坏，那样一来，我们的罪过就更重了！

我听说，贵国先君晋文公做盟主时，自己住在矮小的宫室里，楼台亭榭皆无，却把接待诸侯的宾馆修得高大宽敞，如同君王的寝宫！库房、马厩也都修缮一新，道路平坦、墙壁雪白，诸侯宾客一到，有专人负责照明、巡视、给车轴膏（gào）油，伺候得十分周到。各国使者能及时陈列、奉献他们的礼品，从没有宾客滞留的事。文公办事效率极高，跟宾客忧乐与共，有事则加以安抚，不懂就进行教导，有困难还给予周济。大家宾至如归，没灾没祸，既不怕盗贼，又不怕损耗。

如今又怎样？铜鞮（dī）山的晋侯宫殿绵延好几里，而各国来宾却只能住在奴仆住的小房子里，院门窄得进不了车，又不能翻墙而入；加上盗贼公行、天灾难防，宾客觐见无门，君王接见没有准时候。如果不拆围墙，就没地方收藏财物，一旦损失，又罪加一等！假如能快点奉上财物，我们甘愿把围墙修好再走。

郑子产

晋侯自知理亏，赶快接见郑伯，还特意提高礼仪等级，举行了盛大宴会，赠送了丰厚的礼品，礼送郑国君臣回国。接着又大兴土木，建造接待诸侯的宾馆。

晋国大夫叔向赞叹说：辞令真是不容废弃啊！子产善于辞令，一番话让各国跟着受益。《诗经》早就说过：辞令若和顺，百姓团结紧；话儿入耳甜，百姓安如山（辞之辑矣，民之协矣；辞之绎矣，民之莫矣）。——郑国的子产早就懂得这个道理了！

做官如同裁锦缎

子产擅长说理，见识极高，因而深受拥戴和信任。子皮是郑国的宗室，地位高于子产，也曾当过郑国的执政。后来子产做了相国，子皮有事还总是征询他的意见。

有一回，子皮想派一个叫尹何的年轻人管理自己的封邑。子产说：这小伙儿年纪轻轻，不知行不行？子皮说：这孩子办事谨慎，又十分听话，我挺喜欢他，他绝不会背叛我。虽说没什么经验，让他边干边学嘛！

子产说：这可不行啊！喜欢一个人，只求对他好。而今您喜欢一个人，却让他去理政。这就像让一个不会操刀的人去割肉一样，多半会伤着自己的。您喜欢人的方式竟是要伤害他，又有谁敢博得您的欢心呢？对于郑国来说，您就像屋子的大梁；大梁若折了，搭在梁上的椽子也都四散崩塌。像我们这样的，自然也会被压在底下，所以我有话不能不直说啊。

子产怕子皮不明白，又打比方说：您有华美的锦缎，肯定不会让人用它来练习裁剪！而高官大邑是我们赖以存身的东西，您反而让没经验的人去“练手”，跟锦缎比起来，它的价值不是要昂贵得多吗？

我听说，人要先学习，然后再做官；没听说拿做官代替学习的。如果您真这么办，那一定会招来祸患的。如同打猎一样，射术、御术一流的猎手，一定能获得不少猎物；可是一个人从没驾过车、从没射过箭，一登车便心慌意乱，总担心人仰马翻，又哪有心思打猎呢？

子产一连用了几个比喻：又是割肉、又是盖房、又是裁剪、又是田猎，把道理掰开揉碎讲给子皮听。子皮听得心服口服，说：您说得好啊，是我一时糊涂！从前我总说让您治理国家，我呢，管好自己的家族就行了；如今我发现：这还远远不够！从现在起，即便是我家的事，也要听您的指教了！

经过这次谈话，子皮对子产更放心了，他把政事全都交给子产，子产也因此能放手治理郑国。

子产善于用人，对朝臣的才能了如指掌。例如冯简子擅长决断大事，子太叔仪容秀美、有文采，子羽对四方诸侯的政令及大夫们的情况了如指掌，又擅长辞令，裨谌能出谋划策，但只擅长筹划田野里的事，城里的事不在行……

因而，有外交上的事，子产就派子羽去办；遇上田野的事，就跟裨谌同车考察策划，然后让冯简子做决断；计划完成后就交给子太叔去执行，让他向宾客们布置交代……

子产还大刀阔斧进行改革，例如制定城乡章程，让人们各司其职；还划分田界，百姓打井盖房也都井然有序。他还亲近、任用忠诚俭朴的士大夫，惩办那些骄纵奢侈的家伙。

一开始，人们对子产的改革措施很反感，编成民歌小调唱道：“取我衣冠而褚之，取我田畴而伍之。孰杀子产，吾其与之！”（褚：同贮，这里指财物税。伍：同赋。与：帮助。）——算计我的衣帽要收钱，丈量我的土地要征赋。谁要杀子产，我愿来相助！

可是三年以后，小调的词儿改了：“我有子弟，子产诲之；我有田畴，子产殖（种植）之。子产而死，谁其嗣之？”——我有子弟，子产教诲；我种田地，子产栽培；子产一死，谁能继位？

还有什么奖励，比百姓的口碑赞颂更宝贵呢？

子产不毁乡校

古人重视教育，都城及地方都设有学校。设在州、党的学校，称为“乡校”，那里又成为公共场所。在郑国，人们没事总爱在乡校里扎堆聊天，把那儿当成了“俱乐部”。聊天的话题自然离不开时政，有人对国事评头论足，传到执政者耳朵里，很让他们恼火。

郑大夫然明向子产提议说：干脆拆掉乡校，怎么样？子产回答：为什么呢？人们早晚没事，到乡校里放松放松，顺带谈谈执政的好坏，这不挺好吗？他们认为好的呢，咱们就坚持推行；他们讨厌的呢，咱们就改正。他们就是咱们的老师啊，为什么要毁掉乡校呢？

子产又说：我只听说竭力行善可以减少怨恨，还没听说加强威压可以防止怨恨的呢。加强威压固然可以一时止住怨恨之声，但就像筑堤防水一样，一旦洪水决口，伤人一定很多，我们想救也没那力量了！不如让水从小口子流出，并加以引导；这就像保留乡校，让我们不断听到批评、当作良药一样！

这一回，子产并没有滔滔不绝地讲一通大道理，只是打了个比方，拿“防川”的道理解释为什么要容忍批评，却把一条千古不易的真理讲述得既明白又透彻，至今不乏借鉴意义。——孔子听到这话也说：由这件事上看，如果有人说子产不仁，我是不信的。

子产的执政经验成了郑国的宝贵政治遗产，在他死后还在起作用。他执政近二十年，终因积劳成疾，一病不起。临终他对大夫子太叔说：我死后，你必然接替我执政。你记着，只有有德之人能用宽大使百姓服从，其次就莫如严厉了。烈火这东西，人们看着就怕，可死于火的人倒不多，因为人们总是躲得远远的。水这东西，看着挺柔弱，人们就容易轻视、玩弄它，结果死于水的反倒更多。总之，如何掌握宽大的尺度，是最不容易的。

子产死后，子太叔执政。他不忍心实行严厉的制度，为政宽纵。郑国盗贼也就多起来，都聚集在萑苻（huán fú）泽里。子太叔悔恨，说：我若早听夫子的话，也不至于到这般地步！于是集合士兵攻打盗贼，最终全部杀掉，治安形势大为好转。

孔子评论说：好啊，施政过分宽纵，百姓就会怠慢，怠慢了，就用严厉来纠正；太严厉又要伤害百姓，又要施行宽大政策。总之，用宽大来调剂严厉，用严厉来补救宽纵，政事也因此平和。[①] ——孔子听到子产的死讯，难过得流下眼泪，说是：他的仁爱，正是古代的遗风啊（“古之遗爱也”）！

孔子对子产惺惺相惜，大概因为子产的思想符合中庸之道吧？孔子教导学生子贡，曾说“一张一弛，文武之道也”（《礼记·杂记》；张：拉紧。弛：放松。文武：周文王、周武王），说的就是“宽猛相济”啊！

【文摘】

子产不毁乡校

（襄公三十一年）郑人游于乡校，以论执政。然明谓子产曰：“毁乡校，何如？”子产曰：“何为？夫人朝夕退而游焉，以议执政之善否。其所善者，吾则行之；其所恶者，吾则改之。是吾师也，若之何毁之？我闻忠善以损怨，不闻作威以防怨。岂

① 仲尼曰：“善哉！政宽则民慢，慢则纠之以猛。猛则民残，残则施之以宽。宽以济猛；猛以济宽，政是以和。”（慢：怠慢。残：受伤害。济：补救。）

不遽止？然犹防川也：大决所犯，伤人必多，吾不克救也；不如小决使道，不如吾闻而药之也。”然明曰：“蔑也今而后知吾子之信可事也。小人实不才。若果行此，其郑国实赖之，岂唯二三臣？”

仲尼闻是语也，曰：“以是观之，人谓子产不仁，吾不信也。”

◎然明：郑大夫，姓鬷（zěng）名蔑。◎退：业余休息。◎忠善：竭力行善。损：减损，减少。作威：实行威压。◎遽（jù）：马上，立刻。◎防川：筑坝拦水。克：能。◎道：同“导”。药之：以当药石。◎信：实在。可事：可成大事。◎赖：依靠。岂唯二三臣：哪止我们这两三位大臣（要依靠他呢）。

《左传》又是“成语词典”

近代学者梁启超对左丘明的叙事本领推崇备至，说是“《左传》文章优美，其记事文对于极复杂之事项——如五大战役等，纲领提挈得极严谨而分明，情节叙述得极委曲而简洁，可谓极记述之能事”。

除了记事，《左传》还有大段人物对话，梁启超对此同样赞不绝口：“其记言文渊懿美茂，而生气勃勃，后此亦殆未有其比。”（《要籍解题及其读法·左传、国语》）

的确，左丘明不但是伟大的史学家，还是首屈一指的大散文家，后世的散文大家如汉代的司马迁，唐代的韩、柳，宋代的欧阳修、三苏，明代的归有光，清代的方苞、姚鼐……几乎都是他的学生！

今天我们所熟悉的典故成语，有不少便出自《左传》。仅仅一篇《宫之奇谏假道》，便给我们留下“唇亡齿寒”“辅车唇齿”“假途灭虢”“暮虢朝虞”等好几个成语。

再如关于秦晋崤之战的记述，又衍生出“东道主”“北门锁钥”“墓木已拱”“励兵秣马”“死而不朽”等词语。

至于晋齐在鞌地决战，齐将高固高喊：“欲勇者贾余馀勇”，由此凝练为成语“馀勇可贾”；齐君下令“余姑翦灭此而朝食”，后来演变为

"灭此朝食"，也都熟在人口。

此外，《子产坏晋馆垣》中的"宾至如归""盗贼公行""敬谢不敏"等成语，同样脍炙人口。

出自《左传》的典故成语还有很多，随便翻翻，便能找出一大串：一鼓作气、鞭长莫及、退避三舍、铤而走险、惩恶扬善、除恶务尽、大义灭亲、吉人天相、马首是瞻、好整以暇、名列前茅、尔虞我诈、含污纳垢、数典忘祖、食言而肥、政出多门、外强中干、困兽犹斗、风马牛不相及、人心不同各如其面……

有个"上下其手"的成语，现在还常用。语出襄公二十六年。当时楚国攻打郑国，有个叫穿封戌的楚国小军官，抓住了郑军守将皇颉（jié）。楚国贵族王子围也来争功，硬说皇颉是他俘虏的。两人争执不下，去找楚大夫伯州犁评理。

伯州犁说：那就问问俘虏吧。于是把皇颉叫来，说：他俩争的就是你吗？看你像个君子，应当明白事理。伯州犁把手高高抬起，指着王子围说：这位先生是王子围，是我们国君尊贵的兄弟！又把手朝下一指说：此人是穿封戌，是方城山外一个小县尹。你说说，你是被谁俘虏的？

皇颉心领神会，马上说：我碰上的是王子，我是败在他手里。穿封戌大怒，抽出戈来追赶王子围。——后人遂以"上下其手"形容那些玩弄手法、通同作弊的行为。

"多难兴邦"一词也来自《左传》。那是昭公四年，晋侯跟大夫司马侯讨论与邻国相处的话题。晋侯说：有三个优越条件可以让晋国免于危险、无敌于天下：一是地势险要，二是盛产良马，三是我们的强邻齐国和楚国多灾多难。有了这三条，晋国无往而不胜！

司马侯说：我看，这三条恰恰都含着危险：巩固国家，高山和良马是靠不住的，重在国君修明道德，以沟通神、人。而邻国的祸难，更不值得高兴，有些国家发生祸难，反倒成为振兴国家、开辟疆土的好机遇，齐桓、晋文的情况便是如此。而没有祸难的国家，没准儿反倒亡了国。——"多难兴邦"一语便是对司马侯这番话的凝练归纳。

清末民族英雄林则徐有一副著名对联："苟利国家生死以，岂因祸福趋避之。"意思是说：只要有利于国家的事，搭上命也要干；国事当前，哪能因个人祸福决定进退取舍呢？

对联的上句则是化用子产的两句话。子产为郑国制定赋税政策，不少人骂他。子产并不畏惧，他说："何害？苟利社稷，生死以之！"——怕啥？如果能对国家有利，我拼死拼活也要去干！

《左传》中描摹记述的先贤言行及形象，同样成为后人学习的榜样！

8

第八辑

Part Eight

《论语》是一部“君子手册”

“四书”与《四书章句集注》

“四书”是指四部儒家经典：《论语》《孟子》《大学》《中庸》。这四部书都是春秋战国时的“老唱本”了，可是把它们放到一块、合称“四书”，却是宋代的事。

《论语》是儒家先师孔子（前551—前479）的言行记录，里面还掺着少量孔门弟子的言论。譬如“吾日三省吾身”的话，便是孔子的弟子曾参说的。

《孟子》则主要记录孟子的言论。孟子（约前372—前289）是战国时人，比孔子晚生近二百年。《论语》《孟子》本来跟《老子》《墨子》《韩非子》等同属“诸子”系列，不过到了唐代，《论语》已升格为“经”；《孟子》升格则要迟至宋代。

至于《大学》《中庸》两篇，如前所说，那本是《礼记》中的篇章。有人说，《大学》的作者是孔子的高足曾参（前505—前435）；《中庸》作者是孔子的孙子子思（前483—前402）。

《大学》《中庸》这两篇在唐代就很受推重。到北宋时，大儒程颐、程颢哥儿俩对这两篇更是推崇备至。南宋朱熹（1130—1200）干脆把这两篇从《礼记》中抽出来，跟《论语》《孟子》并列；并对这四本书加以注释讲解，于是便有了那部大名鼎鼎的《四书章句集注》。

“章句”是指逐句串讲的教授方法，“集注”是汇集他人的讲解注释，附在经书文字旁以作参考。举个例子来看，《论语·学而》篇第一章为“子曰：‘学而时习之，不亦说乎。有朋自远方来，不亦乐乎……’”对后面这一句，《四书章句集注》这样讲解：

> 乐，音洛。〇朋，同类也。自远方来，则近者可知。程子曰：“以善及人，而信从者众，故可乐。”又曰：“说在心，乐主发散在外。”

“乐”是个多音字，因而朱熹一上来先正音，说“乐”在这里应读“洛”。接着解释说：“朋”是“同类”的意思。底下“自远方来，则近者可知”一句，似乎是预先解答学生的疑问：朋友从远方来高兴，从近处来就不高兴吗？当然不是。见到远方的陌生朋友高兴，近处的亲密朋友来了，还用说吗？后面的“程子曰”，则是“集注”的部分，把前人的解释抄在这里，也就代表了朱子自己的意见。

程子即程颐，他对这句的解释是：你待人友善，人家当然相信并依从你，大老远的也要跑来，所以这是快乐的事。程子又说：“说”（即悦）是指心里高兴，“乐”则是把高兴的情绪抒发于外。这里为什么要辨析“说”和“乐”呢？因为“说”就出现在前一句“有朋自远方来，不亦说乎”中。

程颐是朱熹的师祖，《集注》中每每引“程子曰”，可见朱熹对师祖的服膺。此外，《集注》中还常见“尹氏曰”“谢氏曰”“游氏曰”“杨氏曰”“胡氏曰”等，所引分别是尹焞（tuī）、谢良佐、游酢（zuò）、杨时、胡安国等学者的解释。

这部《四书章句集注》因注释简要、语言浅显、解说明白，对初学者帮助很大，后来竟成了读书人入门典籍以及科举考试的官定参考书，风行七百年之久。那时一提“四书”，便是指这部带朱注的《四书章句集注》。

孔子的一生

读《论语》，先来说说孔子。

孔子的祖上本是宋国的贵族。我们知道，西周武庚之乱，周公把纣王的庶兄微子封在殷商故地商丘，建立了宋国。微子死后，弟弟微仲继位为君，那便是孔子的先祖。也就是说，孔子不但是宋君的后人，同时是殷商王族的后裔。

孔子六世祖孔父嘉在宋国当过大司马，死于内乱；其子木金父逃到鲁国。也有说孔家在孔子曾祖孔防叔那一代才迁来鲁国的。

孔子出生在鲁国陬（zōu）邑，也就是今天的山东曲阜，因为他爹叔梁纥（hé）在此做官——曲阜也曾是殷商的都城。

相传孔子出生时，爹爹叔梁纥已经七十岁了，而母亲颜氏还不到二十岁。大概不是名媒正娶吧，史书把两人的结合称为“野合”。

孔子出生时，头顶凹陷（“圩［yú］顶”），爹娘盼他快快长好，索性为他取名“丘”，也就是小山包的意思。另一种说法是，当娘的怀孕时曾到尼丘（也称尼山）祈祷，孔子名“丘”、字“仲尼”，便是这么来的——“仲尼”的“仲”是老二的意思，因为孔子上面还有个异母哥哥叫孟皮，身有残疾，是个跛子。

孔子

孔子三岁上死了爹，是年轻的寡母把他一手拉扯大的。由于日子清苦，孔子年轻时干过许多粗活，给人家看过仓库，管过牧场。他后来跟学生说：“吾少也贱，故多能鄙事（鄙事：粗活）。”都是实话。

孔子从小就对礼仪祭祀等事感兴趣，跟小朋友做游戏，常常把俎豆等礼器摆放好，模仿大人祭祀行礼。“俎”和“豆”都是盛放祭品的容器。

由于勤学好问，孔子年纪轻轻便已是“礼仪专家”了。不过他不放过任何学习的机会，到太庙（周公庙）里瞻仰，遇到礼仪细节，总是问这问那。有人就褒贬说：谁说陬邑那小子懂礼啊？进了太庙，还不是“每事问”？孔子听了，谦逊地回答：“是礼也（这正是遵礼而行）。”礼的要求是“知之为知之，不知为不知”；那种不懂装懂的做法，才是不懂礼！

不过孔子的志向可不是在祭祀时当个小司仪。他有一套依礼治国的理念，很想得到施展的机会。后来鲁国发生了内乱，孔子便到齐国去寻找机会。齐景公倒是挺看重他，可齐国那时正是晏婴（也就是晏子）当政，孔子插不进手去，只好回鲁国去。

直到五十岁时，孔子才得到机会，被鲁定公任命为中都宰（相当于汶上县县长），干了一年，成效卓著。不久又荣升司空，跟着又当上司寇，兼摄相国职事。

当时的鲁国，大权旁落。实际的掌权者是季孙氏、叔孙氏、孟孙氏三位世卿，号称“三桓”。而这三家的势力，又受各自家臣的左右。孔子打算拆毁三家的城邑（“隳［huī］三都”），打打他们的威风，结果遭到抵抗，还动了刀兵！最后只拆掉两座，剩下一座不了了之。

后来齐国送来几十名歌姬舞女，季孙氏沉溺乐舞，多日不理朝政。又加上鲁国举行郊祭后，按礼节应当把祭肉分给大夫们，却偏偏没有给孔子送来。孔子当然知道其中含义，于是连礼帽都没摘，就离开了鲁国！

孔子二十几岁开办私人学校，收徒教学，成为中国私人讲学第一人。在那个只有贵族能读书的时代，孔子却是来者不拒。日后他走到哪里，总有许多学生追随。

孔子离开鲁国后曾长期住在卫国，其间还去过陈国、蔡国，并途径宋、曹、郑等国。在陈、蔡之间，他们遭人围困，饿了七天！可孔子仍不忘带着学生在大树下演习礼仪。——孔子五十五岁离开鲁国，六十八岁才回去。其间十四年，便是人们常说的“周游列国”时期。

晚年的孔子专注于教学和文献整理工作。——他十九岁时娶妻亓

（qí）官氏，第二年生下儿子孔鲤。六十七岁时，妻子死在了卫国。到六十九岁时，儿子孔鲤也先他而去。又过了一年，他最喜欢的学生颜回也病死了。再过两年，学生子路又在卫国的政变中遇害。遭受着一连串的打击，孔子的健康一天不如一天。

一天夜里，孔子梦见自己坐在正厅的两根柱子之间（“两楹之间”）。早上醒来，他唱道：“泰山其颓乎，梁木其坏乎，哲人其萎乎！”（颓：崩坏，倒塌。萎：衰落，萎谢。）

学生子贡听到这凄凉的歌声，进来探望老师。孔子说：夏人死了，在东阶上停灵；殷人死了，在两楹间停灵；周人死了，停在西阶上。我是殷人后代，昨天梦见坐在两楹间；如今圣王不出，谁还信奉我的学说啊，想来我要死了！

孔子就此一病不起，七天后，这位儒家学派的开创者、思想家、教育家、政治家溘然而逝！他生于鲁襄公二十二年（公元前551年），卒于鲁哀公十六年（公元前479年），享年七十三岁。

孔子一生从事教育，有弟子三千人，其中出类拔萃的有七十二位。孔子死后，许多弟子为他守孝三年，高足子贡更是守墓六载！不少弟子及鲁人尊敬他，在他的墓周围定居，规模竟达上百家，称为“孔里”。

《论语》与孔门弟子

今天的大学者，大多是“著作等身”，写的书摞起来跟人一般高！可是孔子时代还没有这个风气。孔子自称“述而不作”，即只传述前代圣贤的思想、教诲，自己不创作。

老人家真是太谦虚啦，他整理“六经”拿来教导学生，并在教学中阐发自己的心得，形成一套包容哲学、伦理、政治、教育的完整理念，这还不是创作吗？只是没记录成文罢了。

不过孔子去世后，他的学生把平日的听课笔记汇集起来，编辑成书，使孔子的思想得以保存，便有了这部千古流传的《论语》。

《论语》的“论”字发音如“轮”，据《汉书》作者班固说，“论”有“论纂”（也就是编纂）之意——“论语”便是经过编纂的孔子言论。其中不少内容是孔子与学生的问答；一些学生的心得体会也被记录在书中。

由于书是学生们你一章、我一章拼凑起来的，条理性、系统性难免欠缺。好在通读下来，孔子的核心理念还是十分清晰的；加之又都是口语记录，通俗简练、生动亲切，让人读着读着，仿佛觉着老人家就坐在面前似的。

《论语》全书共二十篇，每篇包含若干章，每章多半只是一两句话。这种记录片言只语的文章体裁，称为“语录体”。全书算下来共四百九十二章，一万五六千字。

二十篇，篇篇都有个小标题，就借用本篇第一章的开头两三个字。例如第一篇第一章起首为“子曰：‘学而时习之，不亦说乎？……’”这一篇的标题，便是“学而”。第二篇第一章起首为“子曰：‘为政以德，譬如北辰……，”这一篇的标题，便是“为政”。以下依次是第三篇《八佾（yì）》、第四篇《里仁》、第五篇《公冶长》……

《论语》中引用孔子的话，总要用“子曰”（有时也用“孔子曰”）开头。“子”是尊称，有“先生”之意，在书中专指孔子（也有个别例外）。至于孔门弟子的话，引用时则直书其名，写作“颜渊曰”“子路曰”“子贡问曰”……这几位都是孔门高足。

不过在弟子中，也有两位称“子”的：“曾子”和“有子”，即曾参和有若。于是有人猜测，编纂《论语》时，可能曾参和有若的弟子出力不少，或是做过最后的整合润色；遇到老师的名字，自然要以“子”相称、以示尊敬了。

汉代司马迁《史记》特辟《仲尼弟子列传》，把孔门弟子的佼佼者列为一篇，共二十五人，他们是：

颜回（字子渊）、闵损（字子骞）、冉耕（字伯牛）、冉雍（字仲弓）、冉求（字子有）、仲由（字子路）、宰予（字子我）、端木赐（字子贡）、言偃（字子游）、卜商（字子夏）、颛孙师（字子张）、曾参

（字子舆）、澹台灭明（字子羽）、宓不齐（字子贱）、原宪（字子思）、公冶长（字子长）、南宫适（字子容）、曾点（字子皙）、颜无繇（字路，又称季路）、高柴（字子羔）、漆雕起（字子开）、司马耕（字子牛）、樊须（字子迟）、有若（字子有）、公西赤（字子华）。——这些学生的名字，常出现在《论语》里。

孔子学生中还有两对父子：一对是曾参与父亲曾点，一对是颜回与父亲颜无繇。父子两代都师从孔子，至少说明孔子从教时间之长，从旁印证了孔子的自我评价："学而不厌，诲人不倦！"

附录：《论语》篇目

学而篇第一、为政篇第二、八佾篇第三、里仁篇第四、公冶长篇第五、雍也篇第六、述而篇第七、泰伯篇第八、子罕篇第九、乡党篇第十、先进篇第十一、颜渊篇第十二、子路篇第十三、宪问篇第十四、卫灵公篇第十五、季氏篇第十六、阳货篇第十七、微子篇十八、子张篇第十九、尧曰篇第二十。

君子是怎样"炼"成的

假如你我拜孔子为师，每天跟着老人家一同诵诗习礼、提升道德，不知不觉地，我们便会进入一种理想的人格境界——君子的境界。

不错，孔子的教学目的就是要培养"君子"，而《论语》则可以看作一部"君子修习手册"。全书不足两万字，"君子"一词竟出现了一百零七次！

那么"君子"又是指什么样的人呢？顾名思义，君子最早当指国君之子，如同"公子"最初用来称呼公侯之子一样。也有人说，君子的"君"即"群"，"子"是大丈夫的意思；"君子"即"一群大丈夫"。说得人将信将疑。

翻开词典，有关“君子”的阐释有两条，一是“对统治者和贵族男子的通称，常与‘小人’‘野人’对举”；二是“泛指才德出众的人”。

孔子口中的“君子”到底指哪一种？或许两种意思兼而有之吧。大约那时的人普遍认为，“上等人”即等同于才德出众者，“下等人”即等同于愚笨无能者。那样的时代有那样的认识，并不奇怪。

即便如此，孔子在当时就已意识到，“贵族男子”跟“才德出众者”并不能直接划等号。他曾说过这样的话：

子曰：“先进于礼乐，野人也；后进于礼乐，君子也。如用之，则吾从先进。”（《先进》）

这话的意思是：先学习礼乐再当官的是“野人”（在这里指没有爵禄的平民）；先有爵禄后学礼乐的是“君子”。让我选用人才，我愿选先学礼乐的平民。这段话里的“君子”，显然专指贵族子弟。不过在一般情况下，孔子口中的“君子”仍多指才德出众者。

曾参是孔子最喜欢的学生之一，他对君子的描述，是从君子的作为和担当考量的：

曾子曰：“可以托六尺之孤，可以寄百里之命，临大节而不可夺也。君子人与？君子人也！”（《泰伯》）

◎孤：孤儿，这里指君主临终托付的幼君。寄：寄托，委托。百里：这里指江山。夺：强迫改变。

你可以把幼小的孤儿放心托付给他，你可以把国家命脉信任地交付给他，在紧要关头他仍能坚守节操，这样的人是君子吗？当然是君子！

曾参对君子的判断带有诗意的夸饰，孔子对君子的解释则十分简朴质实。他不止一次强调：君子是具备了“仁”“智”“勇”三种品德的人。

子曰："君子道者三，我无能焉：仁者不忧，知者不惑，勇者不惧。"子贡曰："夫子自道也。"（《宪问》）

孔子说：君子的高标准有三条，而我一条都没做到：君子是仁者，永远乐观无忧；君子是智者，永不为世事迷惑；君子是勇者，勇往直前、无所畏惧！学生子贡说：老师真谦虚，其实这正是他老人家的自我写照啊！

孔子提出的三条，"仁"涉及道德层面，"智"是指智慧、知识，"勇"则与气魄、体力相近。我们今天要求孩子们德、智、体全面发展，人人争当"三好生"；其实这三好标准由来已久，可以上溯到孔子！

《颜渊》还记载，有一回学生司马牛问孔子：君子的主要表现是什么？孔子回答："君子不忧不惧。"司马牛有点疑惑：就这么简单吗？孔子说："内省不疚，夫何忧何惧（反省内心，没有什么可愧疚的，又哪来的忧愁和恐惧啊）？"

在这里，孔子不仅再次强调君子的标准（"仁者不忧""勇者不惧"），同时指出君子的修炼之道：做好内省功夫，做到心底无私，便是通往君子境界的坦途正道！

除了励志养心，孔子还要求君子做到自尊自信、坚毅有恒、谦逊恭谨、讷（nè）言敏行（说话谨慎、做事勤敏）、重义轻利、勇于任事、坚守立场、灵活权变……总之，"君子"这顶帽子可不好戴，要经历长期的甚至是艰苦的修养与磨炼——有句名言叫"艰难困苦，玉汝于成！"（语出宋人张载《西铭》；玉：这里有相助、磨炼之意。女：同汝，你。）还有句俗语叫"成人不自在，自在不成人！"——君子正是这样"炼"成的！

君子如何，小人怎样

孔子在论说君子时，还常常跟"小人"对照。举几则来看：

子曰：“君子喻于义，小人喻于利。”（《里仁》；孔子说：“君子懂得义，小人只懂利。”◎喻：明白，懂得。）

子曰：“君子怀德，小人怀土；君子怀刑，小人怀惠。”（《里仁》；孔子说：“君子向往道德，小人怀念乡土；君子警惕法度界限，小人则一心只想金钱利益。”◎土：乡土；也可理解为土地。◎惠：恩惠，好处。）

子曰：“君子固穷，小人穷斯滥矣。”（《卫灵公》；孔子说：“君子穷困时仍然意志坚定，小人走投无路便无所不为。”◎固：坚持，固守。穷：穷困无助，走投无路。滥：无节制。）

子曰：“君子坦荡荡，小人长戚戚。”（《述而》；孔子说：“君子胸怀宽广坦荡，小人却总是局促抱怨。”◎荡荡：坦荡。戚戚：忧伤、烦恼貌。）

子曰：“君子泰而不骄，小人骄而不泰。”（《子路》；孔子说：“君子安适舒泰，待人谦逊；小人则待人傲慢，又总是焦躁不宁。”◎泰：舒泰安祥。）

子曰：“君子和而不同，小人同而不和。”（《子路》；孔子说：“君子追求和谐却从不苟同，小人总是无原则地苟同却难以和谐相处。”◎和：和谐相处、相互协调。同：无原则地苟同。）

子曰：“君子周而不比，小人比而不周。”（《为政》；孔子说：“君子团结而不勾结，小人勾结却又各怀鬼胎。”◎周：合群，团结。比［bì］：勾结。）

子曰：“君子成人之美，不成人之恶。小人反是。”（《颜渊》；孔子说：“君子乐于助人、总是成全人家的好事，从不为恶事推波助澜。小人则正相反。”）

子曰：“君子不可小知而可大受也，小人不可大受而可小知也。”（《卫灵公》；孔子说：“君子不宜通过小事考验，却可以承担重大任务；小人难以承担重大任务，却往往能通过小节的考验。”◎小知：通过小事了解。大受：承受重大考验。）

子曰："君子求诸己，小人求诸人。"（《卫灵公》；孔子说："君子严格要求自己，小人则一味苛求他人。"◎诸：之于。）

子曰："君子易事而难说也。说之不以道，不说也；及其使人也，器之。小人难事而易说也。说之虽不以道，说也；及其使人也，求备焉。"（《子路》；孔子说："君子容易侍奉，却难以取悦；如果不用正当方式，他是不会开心的；而君子待人自有原则，能量材而用。小人则难以侍奉，却容易博得他的欢心；纵然用不正当的方式，他也会高兴的；至于用人，则总是吹毛求疵、求全责备！"◎事：侍奉。说［yuè］：取悦。◎器之：量材而用。◎求备：求全责备。）

不妨对照一下，自己像个君子吗？

"仁"就是"爱人"

如果用一个字来概括孔子的核心理念，无疑当举"仁"字。在智、仁、勇的君子三准则中，"仁"代表德。

有一回学生樊迟问孔子：什么是"仁"？孔子只回答两个字："爱人。"（樊迟问仁。子曰："爱人。"《颜渊》。）这话说着容易，做起来却难。

人没有不爱自己的，可爱别人就不那么容易。这个"别人"里，既包括父母、兄弟、妻儿、朋友，也包括陌生人乃至地位卑贱者。然而在孔子看来，只要是人，无论地位高低，关系远近，都应该是关爱的对象。

孔子在鲁国做官，有一回下朝，听说马棚失火；孔子忙问："伤人乎？"却"不问马"（《乡党》）。这个事例，正可为孔子的"爱人"做个注脚：马棚里的人，多半是马夫、仆役吧？然而孔子的态度很明确：人的生命是宝贵的，不管他是贵族还是奴隶；至于马，哪怕是君王的千里驹，与人相比，也不值一顾——这便是仁者的价值取向。

据《孟子》记述，孔子还曾说过“始作俑者，其无后乎”[①]的话，这是诅咒那个发明了拿偶人殉葬的人。

秦代兵马俑

我们知道，古代贵族死了，曾有用活人殉葬的残暴习俗。不过随着社会的进步，以活人殉葬的风气渐渐消弭。人们改用木制或陶制的偶人来取代活人，到地下去“伺候”墓主。这些木偶或陶偶便是“俑”。

孔子大概对这段丧葬演变史了解不多，误认为俑殉在先，后来才发展为人殉，于是强烈诅咒那个“始作俑者”（俑殉的发明者）。

孟子对孔子此言另有解释，他说，孔子之所以这样说，是因为他压根儿不能容忍用人形来殉葬（“为其象人而用之也”），那同样是贬低、作践人的尊严！

孔子一向温文尔雅，这回居然诅咒“始作俑者”断子绝孙！这种激烈的态度，是不是有悖于“仁”呢？其实，仁者也并非一味地讲求爱，在《里仁》篇里，孔子就说过“唯仁者能好（hào）人，能恶（wù）人”的话——真正的仁者，立场鲜明、敢爱敢恨：爱天下所有的善良人，痛恨那些以害人为能事的家伙！孔子的“恶”，正是基于他的“爱”和“仁”啊！

“一以贯之”说“忠”“恕”

有一回，孔子忽然对学生曾参说：曾参啊，我们的学说里有一个根本理念贯穿其中。曾参回答：是啊。孔子出去了，别的学生问曾参：先生的

① （孟子曰：）“仲尼曰：‘始作俑者，其无后乎！’为其象人而用之也。”（《孟子·梁惠王上》；无后：断子绝孙。）

话是什么意思？曾参说：先生学说的核心，不过是“忠恕”而已。[①]

这里的“忠”，本意指一个人无论做事、待人，都要竭尽全力、一心一意，不要滑、不惜力。至于“恕”呢，按我们今天理解，有宽恕、宽容的意思；古人则强调要设身处地替别人着想。

学生子贡问孔子：有没有一句话可以终身施行呢？孔子回答：有啊，应该就是“恕”吧？自己所厌恶的事，不要强加到别人身上。[②]这句话，孔子常挂在嘴边，光《论语》中就提到不止一次。

可以说，“忠”跟“恕”是相辅相成的一对好兄弟，一个正面着力，一个反面推想。照朱熹的说法，便是“尽己之谓忠，推己之谓恕”——做事倾尽全力叫“忠”，由自己的感受推想到别人的感受，叫“恕”。

“忠”“恕”是通往“仁”的手段，孔子所谓“吾道一以贯之”，即为人们指出一条达到“仁”的路径。

对于“忠”，这里再多说两句。提到“忠”，人们马上会联想到“忠君”、“愚忠”等字眼儿；甚至把“忠”跟“奴性”归到一起；又把孔子看成宣扬忠君思想的鼻祖，这可是对孔子的误解。

一部《论语》，谈到“忠”的地方并不多。其中一处是孔子教导学生要重视“文、行、忠、信”四个方面（《述而》），也就是要求学生既重读书、又重实践，做事尽心、待人诚信。这难道有什么不对吗？

有时孔子还把“忠”“信”放到一块儿说，嘱咐学生：“主忠信，毋友不如己者，过则勿惮改”（《子罕》）。——坚守忠诚、信实，少跟道德上不如自己的人过分亲密，有了过错别怕改正。

当然，孔子也确实说过“君使臣以礼，臣事君以忠”（《八佾》）的话，不过这两者是互为条件的：君对臣以礼相待，臣才对君报以忠心。前面说过，鲁国举行祭祀时，没给孔子送祭肉，这是失礼的表现；孔子礼帽

① 子曰：“参乎！吾道一以贯之。”曾子曰：“唯。”子出，门人问曰：“何谓也？”曾子曰：“夫子之道，忠恕而已矣。”（《里仁》；贯：贯穿。唯：应答语，表同意。）

② 子贡问曰：“有一言而可以终身行之者乎？”子曰：“其‘恕’乎！己所不欲，勿施于人。”（《卫灵公》）

都没摘，就驾车离开了。在君王面前，孔子何曾有过奴颜媚骨？

其实在孔子时代，“忠”不仅是臣对君的道德准则，平级之间乃至君对民、上对下，也都提倡以“忠”相待。

曾子有句名言：“吾日三省吾身：为人谋而不忠乎？与朋友交而不信乎？传不习乎？”（《学而》；省［xǐng］：反省。习：实践。）这个“忠”的对象，就可以是任何人。

我们前头讲《春秋》时，也涉及好几处谈“忠”的例子。譬如随国的季梁即要求随君“忠于民而信于神”；再如曹刿论战时也指出，国君能用心处理百姓的案件，是“忠之属也”，可以获得民心、借此一战。

然而到了汉代，“忠”的内涵渐渐被歪曲。东汉学者马融模仿《孝经》写了一篇《忠经》，对“忠”的内涵做了阐释描述，说“忠者，中也，至公无私”，“忠也者，一其心之谓也”。但同时又夸大忠的效用，妄称“善莫大于忠，恶莫大于不忠”；极力鼓吹“天下尽忠，以奉上也”“奉君忘身，徇国忘家”，要臣民对君主无条件地单向尽忠！

这与其说是对儒家“忠德”观的发展，毋宁说是偷梁换柱式的歪曲与“反动”！

“仁”跟“礼”有啥关系

忠、恕是通往仁的途径。此外孔子还跟学生讨论过与“仁”相关的恭、敬、宽、信等品德，这一切又都可以归结到“礼”上：一个人若能依礼而行，他离“仁”的目标也就不远了。听听孔子跟得意门生颜回的对话：

> 颜渊问仁。子曰：“克己复礼为仁。一日克己复礼，天下归仁焉。为仁由己，而由人乎哉？”颜渊曰：“请问其目。”子曰：“非礼勿视，非礼勿听，非礼勿言，非礼勿动。”颜渊曰：“回虽不敏，请事斯语矣。”（《颜渊》）

◎归仁：犹言“称仁”。◎目：条目，细节。◎敏：聪敏，灵活。

颜渊即颜回，是孔子最喜欢的学生。孔子对他的喜爱常常不加掩饰：“贤哉，回也！一箪食，一瓢饮，在陋巷，人不堪其忧，回也不改其乐。贤哉，回也！”（《雍也》）——颜回太出色了！每天只吃一碗饭，喝一瓢凉水，住在穷街陋巷里却读书不辍。人们都受不了那份儿罪，颜回却乐在其中。他真是太棒啦！

对于颜回的讨教，孔子当然是无保留地倾囊相授。他说：克制自己的欲望，使言行合于礼，这就是仁！当然，追求仁主要靠自己，难道能靠别人吗？

颜回请老师说得具体一点，孔子便说了那段有名的话：不合礼的事不看，不合礼的话不听，不合礼的意思不表达，不合礼的事不做。

对于“礼”，我们前面讲“三礼”时已有初步探讨。而孔子所倡导的周礼，则是西周初年由周公制定的一整套礼仪：尊卑等级、道德伦理、行为规范全都包含其中。

东周时，周天子威风不再，已到了“政令不出洛阳城”的地步。各诸侯群龙无首、相互征伐，受苦的则是天下的黎民百姓。

颜回

孔子对此开出“药方”，认为人们（尤其是贵族）如能克制不断膨胀的欲望，回归礼所规定的位置，做国君的像个国君，当大臣的像个大臣，父亲有父亲的样儿，儿子尽儿子的责（“君君，臣臣，父父，子子。”《颜渊》），上上下下全都各守本分、依礼而行，社会自然会回归有序状态。那样一来，还愁百姓没安稳日子过吗？那样一来，孔子的“仁爱”目标自然也就实现了。

可惜的是，孔子到死也没等到“克己复礼、天下归仁”那一天！

这碗饭到底给谁吃

孔子爱人，是不分贵贱的。按孔子的话，就是“泛爱众”。这跟现代伦理中的“博爱”倒是十分贴近。孔子的原话是这样说的：

> 子曰：“弟子入则孝，出则弟，谨而信，泛爱众，而亲仁。行有余力，则以学文。”（《学而》）
>
> ◎弟：同悌，指弟弟敬爱哥哥。泛爱众：广博地爱众人。◎文：文化，文献。

一个好青年应当在家孝顺父母，出门敬爱兄长，谨言慎行、讲求信用，博爱大众、亲近仁者。行有余力，就学习文化。

话说得很有条理：爱总是从最亲近的家人开始的，对亲人“孝”“悌”，乃是“泛爱众”的练习与准备。依此顺序，由近及远、由亲及疏，才能做到“老吾老以及人之老，幼吾幼以及人之幼”（孟子语）。反之，一个连生养自己的父母都不爱的人，却口口声声要“泛爱众”，他的话，鬼才信！

孟子说得更透彻。他说：“仁之实，事亲是也。”（《孟子·离娄上》）——仁的实在内容，就是孝敬父母；孟子分析爱的层次说：

> 君子之于物也，爱之而弗仁；于民也，仁之而弗亲。亲亲而仁民，仁民而爱物。（《孟子·尽心上》）
>
> ◎亲亲：爱亲人；前一个亲是动词，亲近、爱护。

在孟子的仁爱体系中，不但摆正了“亲”（亲人）和“民”（百姓）的关系，还把“物”（包括动物、植物及一切物质）也纳入其中。即是说，君子对于万物，爱惜却不必用仁德对待；对百姓，用仁德对待却不必亲如家人。君子亲爱自己的亲人，由此推广到仁爱百姓，再扩展到爱惜万物。——人们把儒家这套关于仁爱的理论，叫做“爱有差等”。

说起来，先秦诸子没有哪家反对仁爱的。譬如墨家的口号是“兼爱”，即不分等级亲疏地爱所有人。这似乎比儒家的“爱有差等”更彻底、更进步。

不过墨家的“兼爱”理想虽然美好，实行起来难度却很大。学者钱穆先生曾出过一道难题：遇上灾年，只有一碗饭，是给自己的父亲吃，还是给别人的父亲吃？分给两人吃，谁都活不成，“兼爱”变成了“兼不爱”；给别人父亲吃而看着自己的父亲饿死，也断无此理。（《四书释义》）

两相比较，儒家理论似乎更具实践性，而墨家的“兼爱”主张就显得有些空泛、难以施行了。

不迷信鬼神的孔夫子

有一阵子社会上兴起“大批判”，有人信口开河地说：“孔老二”迷信鬼神、宣扬天命！你问他有何根据，他说：孔老二说过“死生有命，富贵在天”的话，这不是宣扬“天命”又是什么？

不错，这话确实出自《论语》；不过不是孔子的话，而是他的学生子夏说的。孔子另一个学生司马牛忧心忡忡地说：人家都有兄弟，只有我没有。子夏听了说：“商（子夏名卜商）闻之矣：死生有命，富贵在天。君子敬而无失，与人恭而有礼，四海之内，皆兄弟也。君子何患乎无兄弟也？”

这是子夏开导司马牛的话：我听说，一个人的死生富贵要听天由命。其实君子只要严肃敬业、没有过失，待人恭谨有礼貌，走到哪里都有好兄弟。君子何愁没有好兄弟呢？

这里所谓“死生有命、富贵在天”，是指人所不能控制的外在因素。

子夏强调的则是：寿夭贫富、兄弟有无，这固然是人力不能控制的；但作为君子，只要加强修养、做好自己分内的事，有些事是可以改变的，譬如没有同胞兄弟，却可随处结识志同道合的“兄弟”。——您当然听得出，子夏所表达的是不甘于“听天由命”，要凭借个人努力去改变命运！这也正是孔子的观点。

孔子很少谈鬼神之事。《论语》记载说：“子不语怪、力、乱、神。”（《述而》；力：宣扬勇力、暴力等事。乱：悖乱、不合礼法之事。）这是说，孔子几乎从不谈论怪异、暴力、悖乱及鬼神等事。

另有两条语录也印证了这一说法。一条是：“子罕言利与命，与仁。”（《子罕》；与：前一个“与”是连词，同“和”；后一个“与”是动词，赞成，称赏。）——孔子很少谈财利和命运，只称赏仁德。

另一条是：“子贡曰：‘夫子之文章，可得而闻也；夫子之言性与天道，不可得而闻也。’”（《公冶长》）——子贡说：老师关于文献方面的学问，我们都听到了；老师谈论天性和天道的话，我们则没听过。

老师不讲，难道学生不问吗？当然要问：

季路问事鬼神。子曰：“未能事人，焉能事鬼？”曰：“敢问死。”曰：“未知生，焉知死？”（《先进》）

子路问孔子如何对待鬼神。孔子说：活着的人还不能服事呢，又怎么能服事死人？子路又说：请问死是怎么回事？孔子说：连生的道理还没搞明白，又怎么懂得死的道理呢？——孔子用反问的方式，表达了自己的看法和态度。

有人反驳说：孔子倡导礼治、重视祭祀，这难道不是迷信鬼神吗？我们让孔子自己来解释：

祭如在，祭神如神在。子曰：“吾不与祭，如不祭。”（《八佾》）

◎与：参与。

这是孔子祭祀时的心态：祭祖时，就好像祖先还活着；祭神时，好像神就在那里。孔子还说：我如不能亲自参加祭祀，就像不曾祭祀一样。孔子在此强调的是祭祀者的态度及内心感受，至于有没有鬼神，孔子始终不置可否。

这种态度，在与学生樊迟的问答中表达得更清楚：

樊迟问知。子曰："务民之义，敬鬼神而远之，可谓知矣。"（《雍也》）

◎知：同"智"。◎务：致力于。之义：靠拢义。远：疏远，远离。

樊迟向孔子请教怎样做算得上"智"。孔子说：专注于为百姓做合乎义理的事；敬重鬼神，但离他们远点，这就可以算是"智"了。孔子对"鬼神"的态度，始终在疑信之间。

这已经很了不起了！要知道，孔子生活在人类跨越蒙昧的门槛走向开明的时代，理性的呼声还很弱小，旧有的"迷信"势力依然强大。在那个凡事都须卜问的文化氛围中，孔子以他那虽不激烈却十分坚定的态度，对鬼神的存在提出质疑，这需要多大的勇气和自信？

想想两千多年后的今天，仍有人热衷于求神问卜、烧香跪拜，你不觉得孔子实足以担当"伟大"这个字眼儿吗？

孔子何曾主张"以德报怨"

有人批评孔子，说他提倡"以德报怨"，是宣扬"奴性"、不够"爷们儿"！先不评价是非对错，先应搞清这话是谁说的。

事实上，这是把老子的话错安到孔子头上。老子在《道德经》第六十三章中说：“为无为，事无事，味无味。大小多少，报怨以德。”

不过确实有人问过孔子：“以德报怨何如？”孔子反问道：那又拿什么来报德呢？正确的态度应该是“以直报怨，以德报德”（以公平正直回报仇怨，以恩德酬答恩德。《宪问》）啊！

然而孔子所说的“直”，是受伦理约束的。楚大夫叶公对孔子说：我们那儿有个正直的人，他爹偷了人家一只羊，他便去告发。孔子说：我们那儿所说的正直跟你这个不一样，乃是“父为子隐，子为父隐。直在其中矣”（爹替儿子隐讳、儿子替爹爹隐讳，“直”就在这里体现出来。《子路》）。

在这里，孔子没有直接回答“爹爹偷羊”这个问题的是非曲直，只是提出一条原则：父子是骨肉至亲，相互间隐恶扬善才是正道。

父子之间当然也要讲是非，但爷儿俩的关系显然比两个陌生人之间多着血缘亲情。如何在“亲情”与“是非”之间求得平衡，大概还需要就事论事。——世界各国的法律体系不尽相同，但涉及亲情时，常有所规避；如不强迫亲人之间互证有罪等。这已很接近“父为子隐，子为父隐”的原则了。

孔子在行“直道”的同时，也兼顾到“礼”。如孔子生了病，鲁国正卿季康子送药给他。孔子依礼拜谢，但同时又说：我不了解这药的药性，所以不敢试服。在这里，孔子的“直”很可能惹季康子不高兴，然而在不失礼的前提下实话实说，这又是他的原则。

就是面对国君，孔子也不改他的耿直。子路问他应该如何事奉国君，孔子说：“勿欺也，而犯之！”（犯：冒犯，直陈意见。《宪问》）——孔子是从来不当“好好先生”的。

补充一句：其实老子也不赞成“报怨以德”。据学者考证，《老子》第六十三章中的“报怨以德”一句，本应出现在七十九章，与“安可以为善”相衔接，意思是：用德来回报怨恨，又怎么算是妥善的办法呢？言外之意是：还是不结怨为妙。

孔子为啥恨“乡愿”

不错，孔子最恨那些无原则、无是非的好好先生。在他的字典里，这种人被称作“乡愿”（也作“乡原”）。

“愿”字的本义是恭谨，“乡愿”即指表面恭谨、貌似忠厚，却毫无原则的人。这种人心口不一、随风摇摆、只知四处讨好，是典型的伪君子。孔子斩钉截铁地说：“乡愿，德之贼也！”（《阳货》）认为这种人是戕害道德的小人！

孔子讨厌乡愿，主要因为他们混淆了君子的形象。这又涉及孔子的另一主张——“正名”。

子路曰：“卫君待子而为政，子将奚先？”子曰：“必也正名乎？”子路曰：“有是哉，子之迂也！奚其正？”子曰：“野哉，由也！君子于其所不知，盖阙如也。名不正，则言不顺；言不顺，则事不成；事不成，则礼乐不兴；礼乐不兴，则刑罚不中；刑罚不中，则民无所措手足。故君子名之必可言也，言之必可行也。君子于其言，无所苟而已矣。”（《子路》）

◎奚：何。◎正名：辨正名称、名分，使名实相符。◎迂：迂阔。◎野：粗野。由：子路名仲由。◎阙如：空缺。◎刑罚不中：刑罚不恰当。◎名之必可言也，言之必可行也：命名一定要有理可讲，这理也是行得通的。◎苟：苟且，随便。

子路问孔子：假如卫君等着您去执政，您打算先干什么？孔子回答：“必也正名乎（一定要纠正名不副实的问题）？”子路不理解，认为孔子的想法有点迂阔，反问：有啥可正的呢？这语气有点不礼貌。

孔子斥责他说：子路休得无礼！君子对于他不知道的事物，应当闭口不谈，怎么能乱说呢！听我告诉你：名分不正，说话就不顺畅，事情也就难办成；事情难办成，礼乐也就不能振兴；礼乐不能振兴，刑罚也便不能公正；刑罚不公正，百姓也便不知如何去做。因此君子称说事物之名，一定要有据可言，说出来也一定行得通。君子说话称名，一定要一丝不苟、准确无误才行。说到底，孔子所谓“正名”，就是要求名实相符。

此外，孔子还说过“恶紫之夺朱也，恶郑声之乱雅乐也，恶利口之覆邦家者”的话。（《阳货》；夺：混淆。利口：强词夺理。覆邦家：颠覆家国。）孟子对此解释说：孔子最讨厌似是而非的东西，例如讨厌莠（yǒu）草，怕它混淆了禾苗；讨厌用歪了的聪明，怕它混淆了义理；讨厌夸夸其谈，怕它混淆了信实；讨厌郑国的小调，怕它混淆了雅乐正声；讨厌紫色，怕它混淆了正红色；讨厌乡愿，怕他混淆了道德！

说到这里，孟子总结说：君子要做的就是拨乱反正（“反经”），一切回归正道，百姓就会振作，邪门歪道也就行不通了。①孟子所说的“经”，乃是天下正道，也就是不偏不倚、无过无不及的中庸之道！

关于中庸之道，我们在后面还要说到。

朝闻道，夕死可也

孔子又是“自学成才”的典范。他总结自己一生的学习成长经历，说：

> **吾十有五而志于学，三十而立，四十而不惑，五十而知天命，六十而耳顺，七十而从心所欲，不逾矩。（《为政》）**

---

① （孟子曰：）“孔子曰：恶似而非者：恶莠，恐其乱苗也；恶佞，恐其乱义也；恶利口，恐其乱信也；恶郑声，恐其乱乐也；恶紫，恐其乱朱也；恶乡原，恐其乱德也。君子反经而已矣。经正，则庶民兴；庶民兴，斯无邪慝矣。”（《孟子·尽心下》；莠[yǒu]：即狗尾草，形状与禾苗相像。佞：有才智，善辩。乡原：也作乡愿，解释见正文。经：永恒的正道。邪慝[tè]：隐匿的邪恶。）

◎立：自立于社会。耳顺：对各种意见都能接纳、参考。矩：规矩。

这是说，孔子从十五岁立志于学习；三十岁已学有所成，能自立于社会了——没错，那时他已经开始办学授徒。四十岁渐渐不再困惑；五十岁懂得如何顺应天命；六十岁能兼收并蓄、听进不同意见；到了七十岁，则进入随心所欲又不出格的境界。

孔子有很强的紧迫感。他看到河中流水，就感叹说："逝者如斯夫，不舍昼夜。"（《子罕》）孔子这是拿有形的流水鞭策自己，说过去的一切就像这脚下流水一样，日夜不停啊！言外之意是：光阴无形，更容易白白流逝！

孔子的话既是说给自己，也是讲给学生的。他又说："后生可畏，焉知来者之不如今也？四十、五十而无闻焉，斯亦不足畏也已。"（《子罕》）——年轻后生最可敬畏，怎知他们将来的本领、成就赶不上现在的学者呢？一个人若四五十岁还默默无闻，那也就没啥可怕的了！

又说："年四十而见恶焉，其终也已。"（《阳货》）——人活到四十岁还招人讨厌，这辈子就算完了。

孔子自己是活到老、学到老的，说是"学如不及，犹恐失之"（《泰伯》）。这是拿自己的经验来告诫学生：学习时拿出唯恐赶不上的劲头，还怕被人落（là）下呢。又说："朝闻道，夕死可也。"（《里仁》）——早上获得真理，哪怕晚上死掉，也心甘情愿！

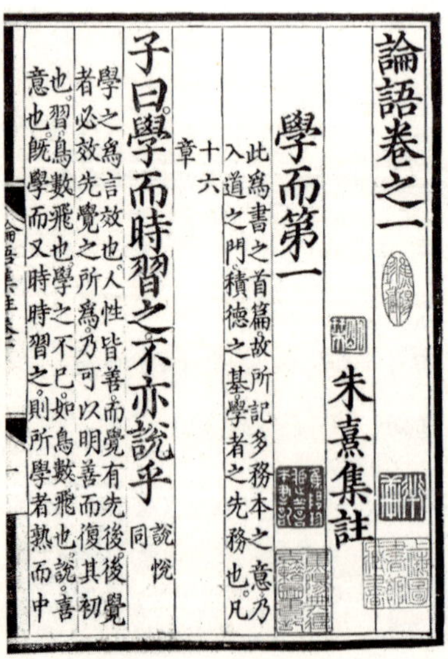

《论语》书影

有一回有人向子路打听孔子是怎样一个人，子路一时答不上来。孔子听到后说：你干吗不这么回答：他这个人啊，发愤读书就忘了吃饭，读到高兴处就忘了忧愁，甚至不去想岁月催人、老之将至，他就是这么个人啊！①

的确，孔子从读书中获得了深深的乐趣。他说：“知之者不如好之者，好之者不如乐之者。”（《雍也》）——懂得的不如喜爱的，喜爱的不如乐在其中的。读书乐在其中，当然也就不觉得苦了。

在学习上，孔子把人分成四等：“生而知之者上也，学而知之者次也；困而学之，又其次也；困而不学，民斯为下矣。”（《季氏》）意思是：不用学习、生来就了解“道”的，是最上一等的；主动学习了解的，是次一等的；感到困惑才去学习了解的，又次一等；感到困惑都不知学习，这样的人便是最下等的了。

孔子自己是哪一等呢，他说：“我非生而知之者，好古，敏以求之者也。”（《述而》）——我不是天生就通晓“道”的超人，我只是喜欢历史，勤奋求问罢了。

他又说自己“述而不作，信而好古”（《述而》），即只传述前人的知识，以敬信的态度喜爱历史文化。这当然是谦虚的话了。

总之，孔子从来没把自己看得过高，他概括自己的学习与生活，只有简简单单八个字：“学而不厌，诲人不倦。”（《述而》）——自我修习从不懈怠，教导学生永不厌倦。这可以看作孔夫子为自己画的一幅简笔肖像了！

孔子孜孜不倦地学，究竟是为的啥？听听他自己怎么说：“古之学者为己，今之学者为人。”（《宪问》）“古之学者为己”，那不是太自私了吗？其实这话的意思是：古代的学者发奋读书，是为了提高个人的修养、做个君子；相反，今天的学者读书，只是做样子给人看。

孔子当然要向“古之学者”看齐，他手不释卷读了一辈子书，都是为了提高修养，做个君子，在为社会培养人才、做出贡献的同时，在历史上留下自己的脚印。

---

① 叶公问孔子于子路，子路不对。子曰：“女奚不曰：其为人也，发愤忘食，乐以忘忧，不知老之将至云尔。”（《述而》；奚：何。）

“有教无类”的伟大意义

孔子又是伟大的教育家，被后人奉为“大成至圣先师”，也就是总揽所有学问、最为圣明的老师！他不仅是中华文化的代表，在世界文化史和教育史上也高高占着一席之地。从前的私塾学堂都供着孔夫子的牌位，开学之际，小学生是要向牌位磕头行礼的。

在孔子之前，读书受教育是贵族的专利。然而自打孔子开办私学，平民子弟也都有了读书的机会。按孔子的话说，这叫“有教无类”（《卫灵公》），也就是对求学者不分阶层等级，一律给予教诲。不过有个小小前提，即学生应主动拿一小捆干肉来：

子曰：“自行束脩以上，吾未尝无诲焉”（《述而》）

“束脩”即捆成捆儿的干肉，这一小捆儿干肉仅仅是见面礼，以示对老师的承认和尊重；后来则成为教师薪酬的代名词。也有人说，“束脩”即“束修”，也就是约束、修养，以此作为入学的前提。这样解释，也不能算错。

孔子时代的教育目标，不是培养工程师、文学家和银行经理，而是培养道德高尚、有社会责任感的君子。

我们知道，最早“君子”一词专指贵族，是一种世袭身份。那时也只有贵族才有接受教育、培养道德才干的权利。也正因如此，“君子”除了指出身高贵之外，还增添了才德兼备的内涵。

而今，限制身份的门槛被孔子撤掉了，教育的大门实际上朝着每位求学者敞开：哪怕你是平民子弟，居于陋巷，过着“一箪食、一瓢饮”的生活，只要你有志于学，便能获得学习的权利，并有可能通过修习成为君子，与贵族同列。——知识可以改变命运，这就是“有教无类”的伟大意义所在!

孔子教学的课本，就是《诗》《书》《礼》《易》《乐》《春秋》等典籍。这些大都经过孔子的整理，因而便有了“孔子删《诗》”“孔子作《春秋》”等传说流行。

此外孔门师徒还一同研习“六艺”，我们在讲《周礼》时已经做过介绍，也就是礼（礼仪）、乐（音乐）、射（射箭）、御（驾车）、书（文学）、数（算术）这六种技能。这些属于实际操作的学问，当时称之为“小学”。

按孔子的主张，一个潜心向学的人，其目标是“道”，根基是“德”，依靠“仁”来推行，并游憩于“六艺”之中（子曰：“志于道，据于德，依于仁，游于艺。”《述而》）。这就是孔门的“教学大纲”吧?

“因材施教”、学思并重

学堂的门槛降低了，不过跨入之后，老师的考察却不能少。孔子说：“中人以上，可以语上也；中人以下，不可以语上也。”（《雍也》）——中等智力水平以上的学生，可以给他讲授比较高深的学问；中等智力水平以下的学生，就不必给他讲太深的了。也就是说，要“看人下菜碟”，这个叫“因材施教”。

有这么个例子：

子路问：“闻斯行诸？”子曰：“有父兄在，如之何其闻斯行之？”冉有问：“闻斯行诸？”子曰：“闻斯行之。”公西华曰：“由也问‘闻斯行诸’，子曰：‘有父兄在’，求也问‘闻斯行诸’，子曰：‘闻斯行之’。赤也惑，敢问。”子曰：“求也退，故进之；由也兼人，故退之。”（《先进》）

◎诸：之乎的合词。◎斯：这。◎退（故退之）：使之退，阻拦。◎兼人：勇气过人。

子路问孔子：听到好的道理，是不是马上就去实行呢？孔子说：有爹爹、哥哥在，先听听他们的意见才好。另一个学生冉有也问同样的问题，孔子说：听到了就去干好了。

学生公西华在旁听了挺纳闷，便向孔子请教：为什么一个问题会有两种答案？孔子说：冉有做事退缩，所以我鼓励他勇往直前，不要犹豫；子路性格鲁莽，所以我要拦一拦他。——这就是“因材施教”的典型范例吧。

孔子还总结出一套科学的教学方法，至今仍被现代教育学奉为圭臬。例如他教导学生既要善于读书学习，又要善于自主思考。

子曰：“学而不思则罔，思而不学则殆。”（《为政》）

◎罔：迷惘。◎殆：疑惑。

孔子强调：只读书而不思考，就会迷惘；只空想而不读书，就会迷惑无所得。他又说：“吾尝终日不食，终夜不寝，以思，无益，不如学也。”（《卫灵公》）——我曾整天不吃、整夜不睡，昼夜思考，却毫无进益；还不如去读读书收获大。这一条，跟“思而不学则殆”是一个意思。

在引导学生方面，孔子也很有一套。他特别强调把握“火候”，说：“不愤不启，不悱不发。举一隅不以三隅反，则不复也。”（《述而》）也就是说，不到学生百思不解时（“愤”），就不去开导他；不到学生想说说不出时（“悱”），就不去启发他。又说，你举出一个角落，他如果不能顺着推知另三个角落，就不必再教他了——这种情况，是否就是孔子所说的“中人以下，不可以语上”呢？

再如孔子要求学生对所学知识不断复习、实践，从中获取新的心得体会，认为能做到这一点，他自己都能当老师了；即所谓“温故而知新，可以为师矣”（《为政》）。

孔子还鼓励学生“敏而好学、不耻下问”（《公冶长》）；并说：“三人行必有我师焉，择其善者而从之，其不善者而改之。”（《述而》）

这两条暗含着这样的导向：学习是终生的任务，即便离开学堂，也可以“转益多师”（向任何有长处的人学习），把提高修养当成终生目标——孔子自己在这方面就树立了好榜样！

一堂讨论课

孔老师的课堂上，时常洋溢着轻松而自由的气氛。且看《论语》对一次讨论课的记录。

这天孔子召集几位学生上课，一上来就说：我比在座的都痴长几岁，不要因我在场而拘束啊。你们平时总抱怨说：没人了解我！假如现在有君主看上你，你打算怎么做呢？

生性豪爽的子路总是头一个发言，他说：有个拥有千辆战车的国家，夹在大国之间，面临战争和饥荒的威胁；让我治理，不出三年，举国上下人人勇武、个个明理！

孔子微微一笑，又点名问冉求。冉求说：（大点的国家我治理不来，）六七十里或五六十里一块地方还差不多；让我治理，不出三年，能让百姓吃饱穿暖。至于礼乐教育，就要另请高明了。

接下来是公西赤发言，他说：我只是学着干罢了，在宗庙祭祀或诸侯会盟的庄严场合，穿戴好礼服礼帽，当个小司仪，我愿足矣！

孔子又转向第四位：曾点，你呢？——曾点即曾皙（他是曾参的父亲），当时正在鼓瑟，听到老师召唤，不慌不忙结束了乐章，起立说：我比不上他们三位。夫子说：不妨，各言其志嘛。

曾皙说：暮春天气，换上春天的单衣，招呼五六位志同道合的朋友，带上六七个小孩子，到沂水中洗个澡，在舞雩（yú）台上吹吹风，一路唱着歌走回家里去，如此而已！孔子似乎受到触动，感叹道：我赞成曾点啊！（《先进》）

曾皙描述的，是暮春“上巳”日“祓（fú）除”的情景。古人在这一天

孔门师徒畅谈志向

游赏踏青、到河边沐浴，举行祭祀以除灾祈福，叫作“祓除”。

孔子为什么单单欣赏曾皙呢？子路等人的追求，不是更合乎孔子的政治理念吗？也许可以这样理解：曾皙的理想，跟另三位不在一个层面上。有学者解释说，孔子“祖述尧舜，宪章文武”（继承尧舜的理想，以文王武王为榜样），却又生于乱世，四处碰壁，有志难伸！他从自己的经验得知，子路等人的从政理想是难以实现的。

唯独曾皙能高瞻远视，顺应自然，“澡身浴德”（沐浴于道德之中）、独善其身，追求天人合一的至高境界，从中获得无穷乐趣——这一点深深打动了孔子，因而他由衷慨叹说：“我与点也！”

清代有一位反对读“死书”的学者叫颜元，特别推崇孔门的教育。他说：孔子穿戴得整整齐齐，束带佩剑坐在堂上。弟子们有习礼的，有弹琴的，也有射箭练武的；他们可以随时跟老师谈仁谈孝，讲说兵农政事……而墙上的“教具”，则有弓箭、乐器、算筹、马鞭……比起后世儒生正襟危坐、如泥塑木雕，显然要活泼得多！

颜元的描绘，一定是从《论语·先进》这堂讨论课中得到启发的。

【文摘】

子路、曾皙、冉有、公西华侍坐。子曰：“以吾一日长乎尔，毋吾以也。居则曰：‘不吾知也！’如或知尔，则何以哉？”子路率尔而对曰：“千乘之国，摄乎大国之间，加之以师旅，因之以饥馑；由也为之，比及三年，可使有勇，且知方也。”夫子哂之。“求！尔何如？”对曰：“方六七十，如五六十，求也为之，比及三年，可使足民。如其礼乐，以俟君子。”“赤！尔何如？”对曰：“非曰能之，愿学焉。宗庙之事，如会同，端章甫，愿为小相焉。”“点！尔何如？”鼓瑟希，铿尔，舍瑟而作，对曰：“异乎三子者之撰。”子曰：“何伤乎？亦各言其志也。”曰：“莫春者，春服既成，冠者五六人，童子六七人，浴乎沂，风乎舞雩，咏而归。”夫子喟然叹曰：“吾与点也！”三子者出，曾皙后。曾皙曰：“夫三子者之言何如？”子曰：“亦各言其志也已矣。”曰：“夫子何哂由也？”曰：“为国以礼，其言不让，是故哂之。”“唯求则非邦也与？”“安见方六七十如五六十而非邦也者？”“唯赤则非邦也与？”“宗庙会同，非诸侯而何？赤也为之小，孰能为之大？”（《先进》）

◎长（zhǎng）乎尔：比你们年长。毋吾以：不要因我（而拘束）。◎率（shuài）尔：轻率。◎摄：夹。知方：懂得道理。◎哂（shěn）：微笑。◎会同：诸侯会盟。端章甫：端，礼服；章甫，礼帽。相：赞礼的司仪。◎希：同稀，形容琴声稀疏。铿（kēng）尔：形容琴声。舍：放下。撰：才能，才具。◎莫春：暮春。冠者：成年人。舞雩：鲁国的求雨台。◎与（吾与点）：赞同。◎让：谦逊。

孔子是“官儿迷”吗

常言道：“树大招风。”像孔子这样一棵矗立在历史文化原野上的参天大树，在受人景仰之余，也难免招致质疑和诟病。

譬如有人批评孔子宣扬“学而优则仕”，而且本人就是“官儿迷”。

这里恐怕有点误会。即如“学而优则仕”的话，并非出自孔子之口，而是他的学生子夏说的。

子夏曰：“仕而优则学，学而优则仕。”（《子张》）

一般人把“优”字理解为优秀，实则“优”在这里是指优游从容。子夏的话从两方面讲起：做官有余力，便去学习；学习有余力，再去做官。一个人当了官，还不断学习来充实自己；通过学习加强修养，然后再去做官。无论如何，这两者都不是坏事。

至于说孔子“官儿迷”，倒是有点像。据说孔子只要三个月不当官，就有点坐不住了。而每当离开一个国家时，总要在车中备好晋见下一位国君的礼物。

有一回，子贡问孔子：这里有块美玉，我是把它藏在柜子里呢，还是找个识货的把它卖掉？孔子说：卖了吧，卖了吧，我们就是等着识货的上门呢。①

子贡真的有一块美玉吗？他所说的美玉，是指君子的美德和才能吧。孔子认为，一位学有所成的君子，默默无闻地隐居林下是浪费生命，不如寻找机会报效国民、实现自身的价值！

还有一回，有个叫公山弗扰的家伙占据费邑想造反，召孔子前往，孔子居然动了心。子路明确表示反对。孔子表白说：如果有人用我，我没准能让周礼在东方复兴哩（“吾其为东周乎”）！②

这就是孔子“官儿迷”的原因吧？他需要一个平台，来实现克复周礼

---

① 子贡曰：“有美玉于斯，韫椟而藏诸？求善贾而沽诸？”子曰：“沽之哉！沽之哉！我待贾者也。”（《论语·子罕》；韫[yùn]：收藏。椟[dú]：木柜，匣子。贾[gǔ]：商人。或谓“贾”即“价”，“善贾”即好价钱，“待贾”即等人出价。沽：买或卖。）

② 公山弗扰以费畔，召，子欲往。子路不说，曰：“末之也已，何必公山氏之之也？”子曰：“夫召我者，而岂徒哉？如有用我者，吾其为东周乎？”（《阳货》；费[bì]：地名，季氏封邑。畔：同“叛”。末之也已：没处去就算了；末，无处；之，去。[“何必公山氏之之也”后一个“之”也是这个意思；]已，止。徒：徒然。）

的宏大理想。在这方面，孔子很有自信，说是“苟有用我者，期月而已可也，三年有成”（《子路》）——谁若能任用我，我让它一年小有模样，三年大获成功！

因为有自信，孔子倒不在乎跟谁合作。晋国有个声名狼藉的家臣佛肸（bì xī），也召孔子去做官。子路加以劝阻，孔子说：你没听说俗话讲吗？自身坚硬，磨是磨不薄的；自身洁白，染是染不黑的。我难道是个葫芦吗？挂在那里当摆设、吃不得？①——这话的后面，仍含有“吾其为东周乎”的志向。

不过孔子绝非一门心思钻营做官，他是有原则的人：

> **子曰：“笃信好学，守死善道。危邦不入，乱邦不居。天下有道则见，无道则隐。邦有道，贫且贱焉，耻也；邦无道，富且贵焉，耻也。”（《泰伯》）**
>
> ◎笃：忠实，专心。◎见：同现。

这是说：君子要坚定信仰、努力学习，以生命来捍卫大道。还要严守几条准则：危险之国不进入，动乱之邦不停留。天下太平就显身扬名，不太平就埋名隐居。国家政治清明却甘于贫贱，这是耻辱；国家政治混沌仍追求富贵，这同样是耻辱！

《论语》中这方面的论述还有不少，例如孔子对两位古人十分赞赏：

> **子曰：“直哉史鱼！邦有道，如矢；邦无道，如矢。君子哉蘧伯玉！邦有道，则仕；邦无道，则可卷而怀之。”（《卫灵公》）**

---

① 佛肸召，子欲往。子路曰：“昔者由也闻诸夫子曰：‘亲于其身为不善者，君子不入也。’佛肸以中牟畔，子之往也，如之何？”子曰：“然。有是言也。不曰坚乎，磨而不磷；不曰白乎，涅而不缁。吾岂匏瓜也哉？焉能系而不食？”（《阳货》；佛肸：晋大夫范中行的家臣，曾盘踞中牟反抗赵简子。磷[lìn]：薄。涅：这里有染黑之意。缁：黑色。匏[páo]瓜：葫芦的一种。）

史鱼和蘧（qú）伯玉都是卫国的贤大夫，可两人的表现有所不同。史鱼是一味的刚直，无论政治清明还是混沌，他的言行都像箭杆一样直！蘧伯玉呢，政治清明就出来做官，政治混沌就把自己的志向本领像画轴一样卷起来藏在怀里。——孔子似乎更欣赏蘧伯玉的态度，称赞他“君子哉蘧伯玉”！

苏格拉底的“老前辈”

“孔子看不起劳动人民！”这是近代人批评孔子时常说的话。根据呢，就是孔子同樊迟的一番对话。

> 樊迟请学稼。子曰：“吾不如老农。”请学为圃。曰：“吾不如老圃。”樊迟出，子曰：“小人哉，樊须也！上好礼，则民莫敢不敬；上好义，则民莫敢不服；上好信，则民莫敢不用情。夫如是，则四方之民襁负其子而至矣，焉用稼？”（《子路》）
>
> ◎圃（pǔ）：菜地，这里指园艺；后文的“老圃”指老菜农。◎用情：付出真情。◎襁（qiǎng）：背孩子用的带子。襁负，背着。

学生樊迟向孔子请教如何种庄稼。孔子说：我不如老农。樊迟又请教如何种菜，孔子回答：我不如老菜农。樊迟出去后，孔子发牢骚说：樊迟真是个见识不高的粗人！——“小人”在当时有两种意义，一是指地位不高的人，一是指道德水平低下的人；这里显然是指前者。

孔子接着讲出道理来：在位者如果喜好礼仪，老百姓就没人敢心怀不敬；在位者如果喜好义理，老百姓就没人敢不服从；在位者讲究诚信，老百姓就没人敢“玩虚的”。这样一来，四方百姓自会牵儿抱女来投奔你，君子又哪里用得着亲自下田种庄稼呢！

批评的人会说：看来孔子还是站在统治者立场上啊！没错，在孔子生活的春秋时期，就是号称欧洲文明灯塔的希腊，也还没有摆脱奴隶制。作为民主思想的摇篮，雅典城邦当时拥有八万多奴隶，平均每个“公民”家庭都有三四个奴隶供使唤。

然而就在同一时刻，身处东方的孔子已在关心养马奴隶的安危了。论年纪，孔子（前551—前479）是希腊学者苏格拉底（前469—前399）、柏拉图（前427—前347）和亚里士多德（前384—前322）的老前辈！

细想孔子对樊迟的批评，也并非没有道理。孔子办私学、兴教育的目的，便是培养君子，也就是好的领导者。然而在孔子的“君子学概论”课堂上，樊迟偏偏问起“农作物栽培”的问题，也难怪老师不高兴。

孔子接下来的解释，看似给统治者“支招”，教他们如何对付百姓；可是换个角度，难道不是对统治者的教育、约束和警告吗？

他告诉在位者：榜样的力量是无穷的！你要百姓“敬”，自己先要“好礼”；你要百姓“服”，自己先要“好义”；你要百姓“用情”，自己先要“好信”。你这样做了，百姓自会扶老携幼投奔你，巴不得受你的支使才好！

“民可使由之”到底啥意思

在治理百姓的问题上，孔子特别重视统治者的表率作用。季康子担忧盗贼横行，孔子说：假如你不贪求无度（搞得百姓一贫如洗），你就是奖励他们，他们也不会去偷盗！（《颜渊》）

孔子有个十分形象的比喻，他对季康子说：为政之道不用杀戮，“子欲善而民善矣。君子之德风，小人之德草，草上之风必偃（偃［yǎn］：仰倒，倒伏）”。即是说，领导者一心向善，百姓自然也就跟着向善。领导者的德行是风，百姓的德行是草，草遇上风，一定会随风倒——话外之音是：百姓的道德水平，取决于统治者的道德水平，百姓有问题，还要到统治者身上找原因。

孔子受人诟病的另一句“名言”，是“民可使由之，不可使知之”（百姓可以让他们沿着既定道路走，却不必让他们了解为什么。《泰伯》）。在现代人看来，这是典型的“愚民”政策。

不过也有人替孔子辩解，说这句话应当这样标点：“民可使，由之；不可使，知之。”即是说，百姓能做到，就任由他们去做；百姓做不到，再来教导他们不迟（“知之”即通过教育让他们明白）。这是孔子的原意吗？恐怕还是有点牵强。

也有学者引《史记·滑稽列传》中西门豹的话来印证：“民可以乐成，不可与虑始。”意思是说，老百姓可以跟你一块享受成功，你却很难跟他们一起谋划创业——战国时，西门豹治邺，征集民夫开凿河渠。百姓畏难，发牢骚，于是西门豹说了上面的话。

好的领导者，当然是一心为民；但要求他每件事都跟百姓商量好再做，恐怕也不现实。当然，以此为由剥夺百姓的知情权、参与权和监督权，也是要不得的。

还是那句话：孔子毕竟是两千多年前的哲人智者，让他完全具备现代人的意识，恐怕有些强人所难了！

附：《大学》、《中庸》

“大学”之道“三纲领”

前面说过，宋代学者朱熹把《礼记》中的两篇——《大学》和《中庸》（分别为第四十二篇和第三十一篇）抽出来，跟《论语》《孟子》合编为“四书”。从撰写时间上看，这两篇都撰于《论语》之后。《大学》的作者可能是孔子的学生曾参，《中庸》的作者相传是孔子的孙子子思（孔伋）。

《大学》篇幅不长，只有一千五六百字。“大学”一词有两种理解，一是指王公贵族子弟读书的学校；二是指“大人之学”，也就是培养君子的学问。这里应指后一种。

在此意义上，“大学”又与“小学”相对。“小学”即六艺，如前所说，那是指礼、乐、射、御、书、数等偏重于实际操作的学问。

《大学》分为十一章，第一章是“经”，据说是孔子的话，由曾参记录下来。余下各章是“传”，是对“经”的阐释。

“经”可以分为三层，一层讲“三纲领”，一层讲“八条目”，一层是小结。——先看第一层：

> 大学之道，在明明德，在亲民，在止于至善。知止而后有定，定而后能静，静而后能安，安而后能虑，虑而后能得。物有本末，事有终始。知所先后，则近道矣。

◎明明德：前一个“明”是动词，彰显；下一个“明”字是形容词，光明美好。亲民：“亲”同“新”，动词。◎定：意志坚定。静：心静，不妄动。得：指达到至善之境。

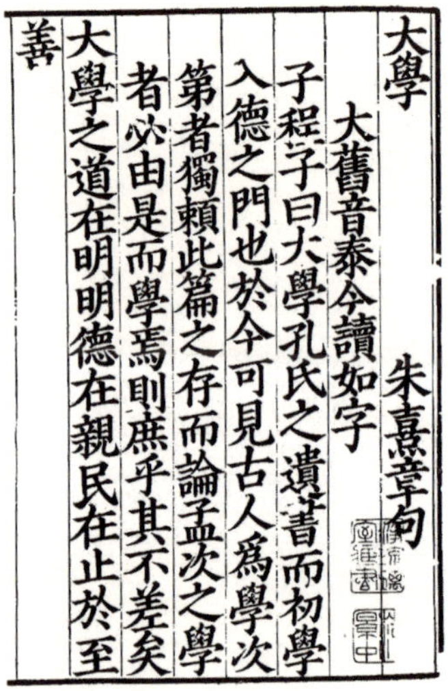
大學

大舊音泰今讀如字　朱熹章句

子程子曰大學孔氏之遺書而初學入德之門也於今可見古人爲學次第者獨賴此篇之存而論孟次之學者必由是而學焉則庶乎其不差矣

大學之道在明明德在親民在止於至善

《大学》书影

“三纲领”是“大学”的核心内容。第一条“明明德”是说君子（领导者）要发扬光大美好的德性；第二条“亲民”即新民，是指通过教化，使百姓提升道德、面貌一新；第三条“止于至善”，是说君民一同达到最完美的境界。“止”有达到之意。

知道所要达到的“至善”目标，才能意志坚定；意志坚定，才能心静；心静才能气舒神安；气舒神安才能潜心思虑；潜心思虑才能有所收获。万物都有根本与枝节，万事都有开始与终结；知道先本后末、由始而终的顺序，也便接近了大学的宗旨。

那么这“至善”目标又是指什么呢？便是后面“传”第三章所说的几条道德伦常标准：

为人君，止于仁；为人臣，止于敬；为人子，止于孝；为人父，止于慈；与国人交，止于信。

做国君的，要做到仁爱；做大臣的，要做到恭敬；当儿子的，要做到孝顺，当父亲的，要做到慈爱；跟人交往，要做到诚信。

领导者提升全社会的道德水平，百姓也面貌一新，上下共同追求至善的道德境界，这就是“三纲领”，也是“大学”的核心题旨！

修身当知“八条目”

那么《大学》第一章第二层的“八条目”，讲的又是什么？是讲君子“明明德”的八个步骤：

古之欲明明德于天下者，先治其国；欲治其国者，先齐其家；欲齐其家者，先修其身；欲修其身者，先正其心；欲正其心者，先诚其意；欲诚其意者，先致其知；致知在格物。物格而后知至，知至而后意诚，意诚而后心正，心正而后身修，身修而后家齐，家齐而后国治，国治而后天下平。

◎齐：整顿。◎致其知：发掘心中的良知。致，招致，达到。◎格物：去掉物欲对良知的蒙蔽。格，去。

这里用的是反推手法：君子要在天下提倡光明的德性，先要治理好国家；要治理好国家，先得治理好自己的家族；要想治理好家族呢，又先要以身作则、修治自身；修身的步骤，则先要端正自己的心；要端正自己的心，先要使意念真诚；使意念真诚，先要获取足够的知识；想获取足够的知识，就先得推究一切事物的原理。

这样一路反推过来，最终摸索出“明明德”的步骤，乃是格物、致知、诚意、正心、修身、齐家、治国、平天下。

第三层是总结，强调修身的重要性：

自天子至庶人，壹是皆以修身为本。其本乱，而末治者否矣。其所厚者薄，而其所薄者厚，未之有也。

◎壹：统一。

上自天子，下到平民，修身都是根本。这个根本问题没搞好，末梢问题反能解决，那是不可能的。应当大力去做的事却遭到忽视，不那么重要的事反倒用力去抓，如此而能成功的例子，也是从来没有过的。——你看，跟“修身”这件根本大事相比，治国、平天下都成了末梢问题，可见儒家对修身的重视，到了何种程度！

“经”以下各章，是阐释经文的“传”，我们就选择阐释“诚意”这一章（第七章，即“传”的第六章）看看吧：

所谓诚其意者，毋自欺也，如恶恶臭，如好好色，此之谓自谦，故君子必慎其独也！小人闲居为不善，无所不至，见君子而后厌然，掩其不善，而著其善。人之视己，如见其肺肝然，则何益矣。此谓诚于中，形于外，故君子必慎其独也。曾子曰：“十目所视，十手所指，其严乎！”富润屋，德润身，心广体胖，故君子必诚其意。

◎如恶恶臭：前一“恶”是动词，读wù；后一“恶”是形容词，极坏的。下一句中的“如好好色”，用法与此类同。谦（qiè）：同“慊”，满足，快意。◎厌（yǎn）然：掩藏貌。◎严：厉害。◎胖（pán）：安泰舒适貌。

“诚其意”就是让意念真诚。一个人的真诚是无法伪装的，骗得了别人，骗不了自己：闻到恶臭就不由自主地捂鼻子，看见美色就眼睛发亮，这一切掩盖得了吗？这就叫“自谦”，也就是自发的快乐与满足（极力掩盖反而是虚伪的了）。也正因如此，君子要特别重视“慎独”，即生怕在无人监督的环境里放松自己，破坏了“诚”的境界。——关于“慎独”，《中庸》中还有更深刻的阐释。

小人则不然，独处时为所欲为甚至无恶不作，可是见到君子又躲躲闪闪、极力掩盖，刻意伪装出善良的样子。这又骗得了谁呢？人们一眼就能洞穿了他的心肝五脏，掩饰又有何用？

这就是所说的“诚于中，形于外”吧：内心真诚与否，都在脸上写着呢！正如曾子所说：人在独处时，也像有十只眼看着，十只手指着，这有多么可怕（“其严乎”），君子能不“慎独”吗？

俗话说：“富润屋，德润身，心广体胖。”——有钱可以装饰居室，有德可以滋养身心，心胸宽广，外表自然安详舒泰。

人的心胸道德可以在身体面孔上表现出来，因此君子“必诚其意”、别无选择！

《中庸》：致中和

接下来看看《中庸》。和《大学》相比，《中庸》的篇幅要长一些，约有三千五六百字，分为三十三章，是对孔子中庸思想的阐释与发挥。其中第一章是总论，又可分为两层。先看第一层：

> 天命之谓性，率性之谓道，修道之谓教。道也者，不可须臾离也，可离非道也。是故君子戒慎乎其所不睹，恐惧乎其所不闻。莫见乎隐，莫显乎微，故君子慎其独也。
>
> ◎率（shuài）：遵循，顺从。◎见：同现。慎其独：在其独处时更要谨慎、守护良知、不违礼法。

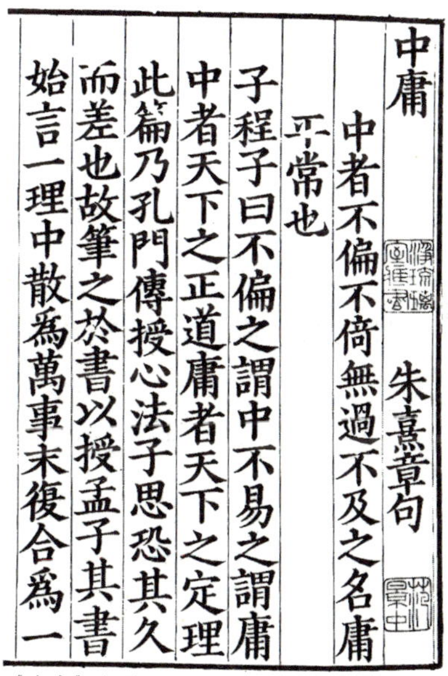
中庸 朱熹章句
中者不偏不倚無過不及之名庸
平常也
子程子曰不偏之謂中不易之謂庸
中者天下之正道庸者天下之定理
此篇乃孔門傳授心法子思恐其久
而差也故筆之於書以授孟子其書
始言一理中散爲萬事末復合爲一

《中庸》书影

这话有点高深是不是？但道理并不难懂。这是说，人的本性是自然所赋予的（“天命”）；顺着人的本性去做（“率性”），便是沿着人道而行了。

当然，这里说“率性”，是指不

要违逆、戕害人性，并不是说可以放纵欲望。非但不能放纵，还应有意识地修养约束，使自己的一言一行都合乎人道，这个过程就是“教”。道不可离，能离开，那就不是“道”了。换句话说，人离开了人道，跟禽兽又有啥区别？

接着作者提出“慎独”的理论，说君子的修养贵在自觉，越是在别人看不到、听不到的地方，越要谨慎，越要心存畏惧。因为在君子看来，没有比隐蔽的、细微的不合于道的念头更显明昭著的了。

下面一层，作者又提出“中和”的概念：

> 喜怒哀乐之未发，谓之中；发而皆中节，谓之和。中也者，天下之大本也；和也者，天下之达道也。致中和，天地位焉，万物育焉。
>
> ◎达道：共遵之道。◎位：到位，安于位。

什么叫“中”呢？人有喜怒哀乐等丰富的情绪，当它们没有发生时，人的内心是平衡的、宁静的，这就叫“中”。而当各种情感抒发于外时，只要能“中节”，也就是符合人之常情而不过分，就叫“和”。

“中”是天下的根本，“和”是天下共遵的规律。而人若能达到“中和”的境界，天地也就各安其位、万物也都欣欣向荣了！

“中庸”不是和稀泥

说到底，“致中和”便是追寻“中庸之道”。

“中庸”是孔子最重要的哲学思想。《论语》记述孔子的话说：“中庸之为德也，其至矣乎，民鲜久矣！”（《雍也》）——“中庸”作为一种道德，至高无上，人们缺少这种道德已经太久了！这话还被记录在《礼记·中庸》里：“子曰：‘中庸其至矣乎，民鲜能久矣！’”

为什么圣人之道总得不到推行呢？孔子认为，这是人们未能把握“中庸”之道的缘故。

子曰：“道之不行也，我知之矣。知者过之，愚者不及也。道之不明也，我知之矣。贤者过之，不肖者不及也。人莫不饮食，鲜能知味也。”（《中庸》第四章）

孔子说：圣人之道不能推行的原因，我算是知道了：智者总是理解过头，愚者又总是理解不到位。圣人之道不能彰明光大的原因我也知道了：贤者总是做过头，不贤者总是达不到。人没有不吃饭的，但真正能品出滋味的可不多啊。

关于“过”与“不及”的关系，《论语》中有个实在例子。子贡问孔子：我的两个同学颛孙师和卜商，哪个更优秀呢？孔子说：“颛孙师做事有点过头，卜商呢，总是差一点。子贡说：是不是颛孙师更优秀一点呢？孔子摇头：“过犹不及。”[①]——“过分”跟“达不到”一样，都不好。

《中庸》篇中有“子路问强”章，颇能体现孔子的中庸观念：

子路问强。子曰：“南方之强与？北方之强与？抑而强与？宽柔以教，不报无道，南方之强也，君子居之。衽金革，死而不厌，北方之强也，而强者居之。故君子和而不流，强哉矫！中立而不倚，强哉矫！国有道，不变塞焉，强哉矫！国无道，至死不变，强哉矫！”（《中庸》第一〇章）

◎抑：或者。而（抑而强与）：同尔，你。◎衽（rèn）：卧席。金革：兵器和铠甲。死而不厌：死而不足。◎流：随波逐流。强哉矫：强者貌。◎倚：偏。◎塞：充实。这里指内心既有的志向、道德。

① 子贡问：“师与商也孰贤？”子曰：“师也过，商也不及。”曰：“然则师愈与？”子曰：“过犹不及。”（《论语·先进》；师：孔子弟子颛孙师，字子张。商：孔子弟子卜商，字子夏。愈：超越。）

子路是孔门弟子中性情鲁莽的一位，他向老师请教什么是“强”，倒也符合他的个性。不过这问题也太简单了吧？“强”还用得着解释吗？其实他问的是：合于道义的“强”什么样。

孔子先反问一句，然后作答：你问的是南方的强呢，还是北方的强呢，抑或是你自认为的强呢？用宽容柔韧的精神去教导人，有人对我无礼也能隐忍不发，这是南方所推崇的强；君子便具有这种强。坐卧不离兵甲，死而不已，这是北方所推崇的强，勇武好斗的人就具有这种强（我赞赏南方的“强”，也就是君子的“强”）。君子待人温和，但在原则问题上却勇于坚持己见、不随大流，这才是真正的强！恪守中庸之道不偏不倚，这才是真正的强！国家政治清平时，不因安富尊荣而改变既有志向，这才是真正的强！国家政治黑暗时，能坚持操守、宁死不变，这才是真正的强！

听了孔子这番解析，你还会认为“中庸”是放弃原则、无是无非的代名词吗？还会认为秉持“中庸”之道就是当和事佬、和稀泥吗？还会认为持守“中庸”的人是软骨头、奴才相吗？

其实，“中庸”之道最重原则，对自己要求极高，做事追求“无过无不及”，也就是恰如其分、恰到好处！“中庸”又意味着外表和顺、内心强大，坚持操守、九死不悔！——孔子对此追求一生，呼吁一生，也不能说自己做得足够好。他因此感叹说：

天下国家可均也，爵禄可辞也，白刃可蹈也，中庸不可能也！（《中庸》第九章）

◎均：公平治理。爵禄：官爵禄位。蹈：踏。

在孔子看来，公平治理国家不难，辞掉高官厚禄不难，甚至踏上寒光闪闪的刀刃也不算难——秉持中庸之道比这些都要难啊！

“道不远人”，反求诸身

中庸之道听起来挺神秘，什么“天地位焉，万物育焉”；其实说到底，“道”又很简单，便是一切从“人”出发。

《中庸》篇第十三章记录孔子的话说：“道不远人。人之为道而远人，不可以为道（道离人不远；如果有人行道而远离人，那就不能行道了）。”

孔子引《诗经》的诗句来解释“道不远人”的道理：“伐柯伐柯，其则不远。”“柯”就是斧子把儿。孔子说：握着斧把去砍削斧把，斧把的样式就握在手上，可谓近在眼前；可是斜眼看过去，仍觉得远。因此，君子总能根据为人的道理来治理人，能推心置腹地理解人、原谅人，有了错误，改了也就是了（“故君子以人治人，改而止”）。

那么如何才能实行“道”呢？很简单，就是从“忠恕”入手：“忠恕违道不远，施诸己而不愿，亦勿施于人”。孔子接着检讨自己说：

> 君子之道四，丘未能一焉。所求乎子以事父，未能也；所求乎臣以事君，未能也；所求乎弟以事兄，未能也；所求乎朋友先施之，未能也。……（《中庸》第一三章）

孔子说：君子之道有四种表现，我一样儿也没做到：拿我要求儿子如何孝敬父亲的标准来孝敬父亲，我没做到；拿我要求下级如何对待上级的标准来对待上级，我没做到；拿我要求弟弟如何尊重兄长的标准来尊重兄长，我没做到；拿我要求朋友如何对待朋友的标准先来对待朋友，我也没做到。孔子这话是说，要求别人做什么，先想想自己做到了没有。这便是将心比心、推己及人，也就是“君子以人治人”了。

中庸之道的另一个角度，就是“君子素其位而行”。“素”便是现在、眼下，这是说，君子要安于眼下的地位，做分内的事，不要有非分之想。

> 君子素其位而行，不愿乎其外。素富贵行乎富贵，素贫贱行乎贫贱，素夷狄行乎夷狄，素患难行乎患难。君子无入而不自得焉。在上位不陵下，在下位不援上。正己而不求于人，则无怨。上不怨天，下不尤人。故君子居易以俟命，小人行险以侥幸……（《中庸》第一四章）
>
> ◎愿：此指非分之想。◎陵：仗势欺凌。援：攀附。

君子处于富贵地位，就做富贵人该做的事；处于贫贱地位，就做贫贱人该做的事。依此类推，身处夷狄、身处患难，也都如此。总之，无论处于何种境地，都能从容做好自己。

居于高位，决不欺凌下属；身为下属，也决不巴结上司。端正自身，不苛求别人，自然也就没什么好抱怨的。上不抱怨命运，下不责怪旁人，因此君子能安居平易的地位，等待时机的来临。——换了小人则是另一种表现：心存侥幸、铤而走险，总幻想有馅饼会砸到自己脑袋上，结果可想而知!

孔子还拿射箭来比喻君子行事："射有似乎君子，失诸正鹄（gǔ，箭靶的中心）。"——箭没有射中靶心，应当回头从自身找原因：是技艺不佳，还是眼睛出了问题?

立足于提升自身道德、时时检讨自身的不足，看看自己是否达到"中和"的最佳状态，这才是实现中庸的唯一正道!

"五道""三德"，"九经"治国

《中庸》篇第二十章篇幅最长。开篇便是鲁哀公与孔子的对话。在这次谈话中，孔子提出"人存政举、人亡政息"的著名论断。

子曰：“文、武之政，布在方策。其人存，则其政存；其人亡，则其政息。……故为政在人，取人以身，修身以道，修道以仁。

◎方策：木板和竹简。

孔子的政治理想，是贤人治国。他说：周文王、周武王的施政措施，典籍上都记得很明白。有这样的贤人在世，他们的好政策就能得到推行；贤人不在了，他们的好政策也就跟着废止了。……所以为政的重点在于用人，而用人的重点在于他的品行，好的品行在于修养道德，修养道德的根本便是培育仁心！

此外，本章还论述了“天下之达道”“天下之达德”以及治理天下国家的“九经”观念。

“天下之达道”就是天下人共同遵循的人伦之道，共五条，即“君臣也，父子也，夫妇也，昆弟也，朋友之交也”——后人称之为“五伦”。而用来履行这五条“达道”的品德，便是三种“天下之达德”：“知（智）、仁、勇。”

至于治理天下国家的“九经”，则是指修养自身、尊重贤人、亲爱亲人、敬重大臣、体恤下级、爱民如子、招徕工匠、优待远客、安抚诸侯。①——不用说，这都是对国君的建议，就一般学习者而言，没有多少实践意义。不过其中有些话，还是有启发的，像这几句：

凡事豫则立，不豫则废。言前定则不跲，事前定则不困，行前定则不疚，道前定则不穷。（《中庸》篇第二〇章）

◎豫：预先准备。◎跲（jiá）：窒碍。疚：愧疚，后悔。

---

① 凡为天下国家有九经，曰：修身也，尊贤也，亲亲也，敬大臣也，体群臣也，子庶民也，来百工也，柔远人也，怀诸侯也。（《中庸》第二〇章；体：体恤。子庶民：爱民如子。来：招徕。柔：怀柔，施恩惠以安抚；与下面的“怀”大致相同。）

做任何事，预先有准备就能成功，没有准备多半会失败。说话有稿子，讲起来就不至于结结巴巴；做事有计划，就不会临事困顿、迷失方向；行动事前有一定之规，即使失败也不会后悔；道路事先看清，就不会走进死胡同！到今天，这些话仍是指导我们说话行事的金玉良言。

《中庸》又说："凡为天下国家有九经，所以行之者一也。"这个"一"是什么？照朱熹的解释："一者，诚也；一有不诚，则是九者皆为虚文矣。"

孔子在《论语》中常常讨论仁、智、勇、信、忠恕，却极少提到"诚"。"诚"字在书中只出现两次，还都是用作副词。

从曾参开始重视"诚"，《大学》所谓"诚其意"即是。而"诚"在《中庸》里则成为一把金钥匙，子思用不少篇幅谈"诚"，这应是他对曾子学说的发挥吧。

讨论中庸之道，为什么说到"诚"呢？听听《中庸》篇的解释：

> 诚者，天之道也；诚之者，人之道也。诚者不勉而中，不思而得，从容中道，圣人也。诚之者，择善而固执之者也。（《中庸》篇第二〇章）
>
> ◎固执：牢固地把握。

原来，"诚"是上天赋予人的品行，而"诚之"（努力做到诚）是做人的原则。有一类天生真诚的人（"诚者"），不用努力就能合于中庸、不用思虑就能达到中庸，可以从容不迫地沿中庸之道前行，不必担心偏离方向。这样的人，是圣人。

而那些经过努力才能达到真诚的人（"诚之者"），要选择至善之道（也就是中庸之道）并坚守不渝，才有可能达到目标。这些人应该是普通人吧。

普通人通往中庸的路是艰辛的，要"博学之，审问之，慎思之，明辨之，笃行之"（广泛地学习，仔细地推问，慎重地思考，辨别明了，坚定地施行）。不过只要肯下力气、坚持不懈，“人一能之、已百之，人十能之、已千之”（人家用一分努力，我付出百分；人家用十分努力，我付出千分）；果真如此，那么即使愚笨也一定会变得聪明，即使柔弱也一定能变得刚强（“虽愚必明，虽柔必强”）！

读到这儿，您是不是觉得《中庸》是后世一切励志文章的老祖宗?

9

第九辑

Part Nine

《孟子》：浩然正气轻王侯

孟子与《孟子》

孟子名轲，字子舆（一说字子车或子居）。“孟子”是尊称，连同他的书也被称为《孟子》。

孟子出身于鲁国贵族，祖上即“三桓”之一的孟孙氏。只是到了公元前372年孟子出生时，他家这一支已败落，迁居到邹地（今山东邹县）。

跟孔子一样，孟子的父亲死得早，是寡母仉（zhǎng）氏一手把他拉扯大。母亲十分重视儿子的教育，关于孟母教子，有两个故事在民间流传不衰。

据说孟子小时，他家隔壁是坟地。小孟轲没事就跟孩子们学着举行丧礼的样子，哭泣祭拜做游戏。孟母见了说：这里可不是养孩子的地方。于是把家搬到集市旁。小孟轲又玩起吆喝做买卖的游戏。孟母于是又把家搬到肉铺旁。擅长模仿的小孟轲又学起屠户卖肉。最终孟母把家迁到学宫旁。每月初一、十五，官员来文庙参拜，孟子见了，也学着行礼如仪；孟母这才放心。——“孟母三迁”也成了流传百代的育子佳话。

另一个传说是“孟母断机”。相传孟子外出读书，一次回家看母亲，孟母问起学业，孟子满不在乎地说：就那样啦（“自若也”）！孟母一言不发，拿起刀把织机上的布匹一刀砍断，说：你荒废学业，就像我把布匹斩断一样，还能有什么指望呢！孟子深受震动，从此日夜苦读、不敢松懈，终于学有所成。——这两个故事，都记录在西汉刘向的《古列女传》里。

孟子十五岁时拜子思的学生为师，算得上孔门后学了。孟子自己说过："予未得为孔子之徒也，予私淑诸人也。"即是说，自己生得晚，没能亲耳聆听孔子的教诲，不过私下尊孔子为师。"私淑"即指私下学习汲取、尊对方为师的意思。

四十三岁以前，孟子一直在邹地活动，有时也到平陆（今山东东平）和任国（山东济宁）居住。四十三岁时，他前往齐国寻求施展抱负的机会。以后又到过宋国、滕国、魏国，还一度在楚国为卿，前后游历达二十年。

不过跟孔子不同，孟子活着时已有很高的社会声望。看看他出行时的排场：常常是后车几十辆，随从几百人，各国都把他奉为上宾。齐国曾答应为他提供万钟粟米，让他办学。宋国、滕国也向他馈赠黄金，一出手就是五十镒、七十镒（一镒为二十四两）。

可是孟子向诸侯推销仁政主张时，君主们却都装聋作哑，"顾左右而言他"。这也难怪，时当战国，诸侯们为了争权夺利杀红了眼。让他们施仁政，无异于对牛弹琴、与虎谋皮！

孟子六十五岁回到家乡，一面教书，一面著述。有人说《孟子》一书是孟子在周赧（nǎn）王二十五年（前290年）编撰完成的。第二年，他便与世长辞，享年八十四岁。

关于《孟子》的著作权，还有孟子与弟子同撰以及孟子弟子编撰等说法。前一说法是司马迁在《史记·孟子荀卿列传》中说的，得到多数学者认可。

孟子

今存《孟子》共七篇，分别为《梁惠王》《公孙丑》《滕文公》《离娄》《万章》《告子》《尽心》。每篇又分上下，全书共十四卷、二百六十章——据说本来还有《性善》《为政》等篇，称"孟子外书"，可惜早已失传。

孟子生活的时代，纵横家大行其道。受着纵横家文风的熏染，《孟子》

的文字也显示着感情丰沛、雄辩滔滔、富于鼓动性的特点。书中还记录了不少论辩场面，唇枪舌剑、往复辩驳，有的长达数百言，精彩纷呈。

孟子言必称孔子，对孔子倡导的仁、义、礼、智等，都有所继承发展。他还创造性地提出“性善”理念，高调倡导仁政、王道。他甚至说：老百姓比国君和社稷都尊贵——这样的观点实在“超前”，让历代统治者很不舒服。

总之，孟子丰富并发展了儒家理论，他也被后世奉为“亚圣”，地位仅次于“至圣先师”孔子。

人之初，性本善

从前孩子们上私塾，启蒙课本用《三字经》。别看不起这本小书，它诞生于宋代，距今已有七八百年历史。书中简述人伦道德及中国历史脉络，三字一句，朗朗上口。前面讲的两个孟母教子的小故事，书中便有记载，说是：“昔孟母，择邻处。子不学，断机杼（zhù）。”

这里要说的是《三字经》开篇几句：“人之初，性本善。性相近，习相远。”——这观点最初是孔子提出来的。他在《论语·阳货》篇中说：“性相近也，习相远也。”意思是说，人的先天本性都差不多，之所以有的成了圣贤、有的沦为“小人”，是因后天习染的结果。至于这个人人“相近”的“性”是善是恶（抑或善恶兼具）？孔子并没给出明确答案。

对此做出明确判断的是孟子。他不止一次举例证明：人之初，性本善。他说：

> 人皆有不忍人之心。……所以谓人皆有不忍人之心者，今人乍见孺子将入于井，皆有怵惕恻隐之心，非所以内交于孺子之父母也，非所以要誉于乡党朋友也，非恶其声而然也。（《公孙丑上》）

◎怵（chù）惕恻隐：惊惧、同情。内（nà）交：纳交，主动结交。要

（yāo）：求。

原来，人心中都有“不忍人之心”，也就是恻隐之心、怜悯之心。怎么证明呢？孟子做了个假设：人们猛然间看见有个婴儿爬到井沿儿上，就要掉下去了；这一刻，是个人都会心中一震、甚至惊叫失声。想想看，这样的反应，是想跟孩子的爹娘攀交情吗？是想在乡邻亲朋中博取仁爱的好名声吗？是厌恶孩子的哭叫声才这样做吗？显然都不是！这种慈悲怜悯是发自内心、自然产生的！

孟子就此引申说：

由是观之，无恻隐之心，非人也；无羞恶之心，非人也；无辞让之心；非人也；无是非之心，非人也。恻隐之心，仁之端也；羞恶之心，义之端也；辞让之心，礼之端也；是非之心，智之端也。人之有是四端也，犹其有四体也。（《公孙丑上》）

◎端：苗头。◎四体：四肢。

孟子在这里提出“四端”的理念。“端”就是起点、根苗。他说：人人都有恻隐（同情怜悯）之心，这是仁的根苗；人人都有羞恶（羞耻）之心，这是义的根苗；人人都有辞让（谦逊礼让）之心（有时又表述为“恭敬之心”），这是礼的根苗，人人都有是非（辨别对错）之心，这是智的根苗。而恻隐、羞恶、辞让、是非，便是仁、义、礼、智的根苗，都是与生俱来的，就像人有四肢一样自然。总之一句话：人性本善！

这些出自天性的善良根苗，孟子又称之为“良能”“良知”。“良能”是指人“不学而能者”；“良知”是指人“不虑而知者”。孟子举例说：小孩子没有不爱父母的，没有不敬兄长的，爱父母就是仁的表现，敬兄长就是义的表现，普天下莫不如此。[1]孟子把这个称作“赤子之心”[2]，也就是婴儿般发自天性、未受污染的纯洁心灵！

“性善说”不那么简单

人的本性真的可以用一个“善”字概括吗？人性中难道就没有一点“恶”的根苗？譬如一个饥饿啼哭的婴儿，多半会跟别的婴儿抢食物，此刻他那天生的“辞让之心”又体现在哪儿？对此，孟子的论辩对手没少跟他争论。

其实，对于人性中“负面”的东西，孟子并非不知。

> 孟子曰：“口之于味也，目之于色也，耳之于声也，鼻之于臭也，四肢之于安佚也，性也，有命焉，君子不谓性也。仁之于父子也，义之于君臣也，礼之于宾主也，知之于贤者也，圣人之于天道也，命也，有性焉，君子不谓命也。”（《尽心下》）
>
> ◎臭（xiù）：同嗅，气味。

孟子这是说：人们的味觉对于美味、视觉对于美色、听觉对于美声、嗅觉对于香气，身体四肢对于安逸舒适，都有偏好，体现了天性的欲求；但能否得到这些，却有着运气的成分；因此君子不认为这些欲求是人性的必然。

话头一转，孟子又举出一组关系来：仁在父子之间，义在君臣之间，礼在宾主之间，智慧之于贤者，圣人之于天道，能否实现，有命运的成

① 孟子曰：“人之所不学而能者，其良能也；所不虑而知者，其良知也。孩提之童无不知爱其亲者，及其长也，无不知敬其兄也。亲亲，仁也；敬长，义也；无他，达之天下也。”（《尽心上》；孩提：两三岁的婴儿。）

② 孟子曰：“大人者，不失其赤子之心者也。”（《离娄下》；大人：君子。赤子：具有纯真本性的初生婴儿。）

分，但又是人性的必然；因此君子总是在人性中苦苦追求，不认为这跟命运有关。

孟子的这番议论，带有明显的倾向性："食色，性也"；人人都喜欢品尝美味、听歌看舞……这难道不是本性的欲求吗？孟子也承认这是"性也"；但又认为这些欲望是消极的，应当加以约束、不宜放纵，因此便人为地把它们从"人性"中排除掉，说是"君子不谓性也"。

至于仁、义、礼、智等，孟子认为这些是人性中积极的东西，考虑到一般人很少自觉去追求，孟子于是特别强调：这才是人性的根本，不应采取听天由命的态度，应当努力培养、追寻！

由此可见，孟子的"性善"论带有明显的导向性：鼓励人们追求人性中的善，但也并未否认人性中存在着"消极"因素。

看来，要了解儒家的基本观点，只读《三字经》是远远不够的，还要多读经典原著、深思熟虑才行。

鱼和熊掌你挑哪样

孟子与孔子都推崇仁、义、礼、智，但侧重点有所不同。一部《论语》中，"仁"字出现了109次，"义"字出现了24次，"礼"字出现74次，"知（智）"字出现25次。而一部《孟子》呢，"仁"字157次，"义"字108次，"礼"字64次，"智"字34次。

也就是说，在"四端"中（这里借用孟子的概念），孔子更重视"仁"和"礼"，所占比重分别是47%和31%（另二项"义"和"知"分别是10%和11%）；孟子则更重视"仁"和"义"，所占比重分别是43%和30%（另二项"礼"和"智"分别是17%和9%）。

关于"仁"，我们在介绍《论语》时已经有过不少讨论。这里对"义"再多说几句——古人对义的解释是"义者，宜也"（《礼记·中庸》）；又说"礼也者，义之实也"（《礼记·礼运》）。也就是说，

“义”即合宜、合理、恰到好处；又是“礼”的根据。

在此基础上，孟子又提出“羞恶之心，义之端也”；把“义”列为人性“四端”之一，说是谁违背了“义”，便是没有羞恶心，是可耻的、“非人也”！

孟子关于“义”，有一段著名的论述：

> 孟子曰：“鱼，我所欲也，熊掌亦我所欲也；二者不可得兼，舍鱼而取熊掌者也。生亦我所欲也，义亦我所欲也；二者不可得兼，舍生而取义者也。……”（《告子上》）

鱼是我所喜欢的，熊掌也是我所喜欢的。如果两者不能同时拥有，我会舍掉鱼而选取价值更高的熊掌。同样道理，生命是我喜爱的，义也是我喜爱的，如果两者不能同时拥有，我宁可舍弃生命也要坚守义！在孟子看来，“义”的道义价值要高于生命！

孟子又进一步剖析说：

> 生亦我所欲，所欲有甚于生者，故不为苟得也；死亦我所恶，所恶有甚于死者，故患有所不辟也。如使人之所欲莫甚于生，则凡可以得生者，何不用也？使人之所恶莫甚于死者，则凡可以辟患者，何不为也？由是则生而有不用也，由是则可以辟患而有不为也，是故所欲有甚于生者，所恶有甚于死者。非独贤者有是心也，人皆有之，贤者能勿丧耳。（《告子上》）
>
> ◎苟得：不该得而得，这里指苟活。◎辟：通“避”。◎丧：丧失，丢弃。

这是说：生命是我所热爱的，但如果有比生命更可贵的，那么我就不会贪求生命、苟且地活着；死亡是我所憎恶的，但有些事比死还可怕，那么刀剑在前，我也不会躲避！

假如没什么比生命更宝贵，那么为了保命，又有啥做不出呢？假如没什么比死亡更可怕，那么为了避死，又有啥不能做呢？然而就有一些人，明明有保命的方法、避祸的手段，却统统放弃不用；这说明什么？说明对他而言，还有比生命更宝贵的、比死亡更可怕的！

这个东西究竟是什么？答案是——“义”！对君子而言，“义”比生命还宝贵；让君子背弃“义”，比让他死还难受！

人是靠尊严活着的，支持着尊严的是羞耻心。孔子说过“行己有耻”[①]“知耻近乎勇”的话；孟子认为“羞恶之心”是“义之端”，也是强调“知耻”的重要性。孟子另有名言说：“人不可以无耻，无耻之耻，无耻矣。”（《尽心上》）——人不可以没有羞耻感，不知羞耻的羞耻，是真正的无耻！

孟子把“义”抬高到仅次于“仁”的地步，正是引导人们远离只知“食色”的禽兽之境，做个知耻、有耻的大写的人！

不寻鸡犬求“放心”

在《论语》中，我们几乎找不到“仁”“义”连用的例子；可是在《孟子》中，这样的例子比比皆是。

孟子有个生动的比喻，把“仁”比作道德的住宅，把“义”比作人生的正道。他说：谁若白白空着仁的“安宅”不住，放弃义的“正路”不走，那可太悲哀了！[②]

孟子这方面的论述还有不少。且看他跟齐国王子垫的对话：

王子垫问曰：“士何事？”孟子曰：“尚志。”曰：“何谓

---

① 自己立身行事有羞恶感。出《论语·子路》。下文的“知耻近乎勇”出《中庸》第二〇章。

② （孟子曰：）“仁，人之安宅也；义，人之正路也。旷安宅而弗居，舍正路而不由，哀哉！”（《离娄上》；旷：空着。舍：放弃。由：经由。）

尚志？”曰：“仁义而已矣。杀一无罪非仁也，非其有而取之非义也。居恶在？仁是也；路恶在？义是也。居仁由义，大人之事备矣。”（《尽心上》）

王子垫问孟子：士应该做些什么？孟子说：提高自己的志行。王子垫又问：怎么做才能提高志行？孟子回答：不过是广施仁义罢了。杀掉一个无罪的人，就是不仁；不该自己拥有的却要夺取，就是不义。人的精神家园在哪儿？仁就是！人的人生正道在哪儿？义就是！安居在仁宅中，行走在义路上，仁人君子该做的事就齐全了！

孟子还有个“求放心”的理论：

孟子曰：“仁，人心也；义，人路也。舍其路而弗由，放其心而不知求，哀哉！人有鸡犬放，则知求之；有放心而不知求。学问之道无他，求其放心而已矣。”（《告子上》）

◎放：放失，丢失。

“放心”在这里指丢失的良心，“求其放心”就是把丢失的良心找回来。孟子替众人着急，说你家丢了鸡、狗，满世界去寻找；怎么丢了良心就不知道去找呢？学问之道其实很简单，就是把丢失的良心找回来啊！

不错，虽说良知、良能是与生俱来的，但仍需通过修养而求取。孟子说：

仁义礼智，非由外铄我也，我固有之也，弗思耳矣。故曰，“求则得之，舍则失之。”或相倍蓰而无算者，不能尽其才者也。（《告子上》）

◎铄（shuò）：同授。◎倍：一倍。蓰（xǐ）：五倍。

这是说，仁义礼智不是外人授予我的，是我天性中固有的，只是一般人不曾通过思虑探求罢了。俗话说得好：一探求就能得到，一放弃就会失掉。——为什么人跟人的境界能差一倍、五倍乃至无数倍呢？区别就在于能不能充分发掘自身人性中的良知良能、仁义美善啊！

“五十步笑百步”的梁惠王

孟子周游列国，去见梁惠王时已经五十二岁了，因而梁惠王称他为“叟”。不过梁惠王更老，当时已经八十了！

梁惠王即魏惠王（前400—前319），由于他继位后把国都由原来的安邑迁到大梁，因此人称“梁惠王”。

孟子去见他，他劈头就问：“叟！不远千里而来，亦将有以利吾国乎？”——老先生！您不远千里而来，将会给我国带来什么利益吗？

孟子抓住一个“利”字，引导说：“王何必曰利？亦有仁义而已矣。”——大王干吗开口就谈利啊？只要讲仁义就够啦！

孟子接着摆出道理来：当王的一心想着怎么对我的国家有利，当大夫的一心想着怎么对我的家族有利，老百姓一心想着怎么对我个人有利。结果怎么样？“上下交征利而国危矣”——上下相互争利，国家可就危险了！

孟子接着说：您看看，在一个兵车万辆的国家里，杀死国君的一定是兵车千辆的大夫；在兵车千辆的国家里，杀死国君的一定是兵车百辆的大夫。这些大夫拥有千百辆兵车，难道还少吗？可是只要人人都“利”字当头，不把国君的财产抢到手，他们是决不罢休的！

孟子由此得出结论：“未有仁而遗其亲者也，未有义而后其君者也。王亦曰仁义而已矣，何必曰利？”——没听说讲仁的人会遗弃父母的，没听说讲义的人会怠慢国君的。所以啊，大王您带头讲仁义就行了，干吗要带头谈利啊？

孟子十分善于揣测谈话对手的心理，能一下子抓住问题的要害。他暗示梁惠王：君主带头大谈利益，只会搞乱人心；还是谈“仁义”对君主更有益！

在后来的一次会见中，梁惠王抱怨说：我治理国家，十分尽心。河内发生了灾荒，我就把那里的百姓迁到河东去，再把河东的粮食调到河内来。如果河东发生灾荒，我也照此办理。可是我治下的百姓居然不见多，邻国的百姓竟然也不见少，这又是怎么一回事？

孟子于是讲了那个著名的寓言：

王好战，请以战喻。填然鼓之，兵刃既接，弃甲曳兵而走。或百步而后止，或五十步而后止。以五十步笑百步，则何如？（《梁惠王上》）

◎填然：阗然，声势大。接：短兵相接。曳（yè）兵：拖着兵器。

孟子的问题是：同是从战场上逃跑，跑得慢的笑话跑得快的，您认为合适吗？梁惠王老实回答：当然不可以，笑人者只不过没跑一百步而已，但本质相同，都是逃跑啊。孟子说：您既然知道这个道理，也就不要期待您的百姓比邻国多了。

孟子话里有话：在对待百姓这件事上，您就是那少跑了几步的逃兵，做得也不怎么样！

孟子心中有幅“农家乐”

孟子心中有张蓝图——那是一幅“农家乐”。孟子周游列国、口若悬河地向诸侯鼓吹仁政，便是为了实现这个梦想、让画图成真！

既然梁惠王谈到百姓的话题，孟子便情不自禁地向他描绘了这幅理想的图画：

不违农时，谷不可胜食也；数罟不入洿池，鱼鳖不可胜食也；斧斤以时入山林，材木不可胜用也。谷与鱼鳖不可胜食，材木不可胜用，是使民养生丧死无憾也。养生丧死无憾，王道之始也。五亩之宅，树之以桑，五十者可以衣帛矣。鸡豚狗彘之畜，无失其时，七十者可以食肉矣。百亩之田，勿夺其时，数口之家可以无饥矣。谨庠序之教，申之以孝悌之义，颁白者不负戴于道路矣。七十者衣帛食肉，黎民不饥不寒，然而不王者，未之有也。（《梁惠王上》）

◎不可胜（shēng）食：吃不完；胜，禁受。◎数罟（shuò gǔ）：网眼很密的渔网。洿（wū）池：大池。◎斧斤：斧子。◎憾：抱怨。◎豚（tún）：小猪。彘（zhì）：猪。◎谨：认真对待。庠（xiáng）序：古代的地方学校。申：反复，一再。颁白：即斑白。负戴：背着、顶着。◎王（wàng）：指以仁德统一天下。

孟子说：田间耕作不违背农时（譬如不要在农忙时征调百姓去干这干那），打下的谷子就吃不完。不用细眼渔网到池沼里去捕鱼，鱼鳖等能正常繁殖，也会多得吃不完。上山砍树有一定时间限制（譬如树木生长的春夏不准砍伐），木材也就用不光。谷子、鱼鳖吃不完，木材用不光，百姓生养死葬也就没啥可抱怨的了。而这就是王道的开端啊！

王道是什么样子呢？就是每家每户拨给五亩宅基地，盖上房子，四周种上桑树，用来养蚕。这样一来，五十以上的老人就可以穿上暖和的丝绵袄了。鸡狗猪等家畜只要按时喂养繁殖，七十往上的老人就可以吃上肉了。一家子再种上一百亩地，只要官家不来争农时，打下的粮食足够数口之家吃饱肚子的。生活富足了，再办好各级学校，教导年轻人尊老敬长，那样一来，须发花白的老汉也就不必身背重物奔走劳碌了。七十岁的老人穿绵吃肉，百姓不受饥寒之苦，如此这般还不能统一天下，那是不可能的！

接着孟子又当面指出魏国的种种问题：赶上丰年，不知节俭，拿粮食喂猪喂狗随便糟践；遇上荒年，百姓饿死在路边，当官的却不知开仓救济。老百姓遭了难，在位者一推六二五，说这不怪我，怪年成不好！这跟拿刀杀了人，却说杀人的不是我、是刀，不是一个样吗？——啥时候您不再归罪于年成，而是推行仁政、实施王道，别国的百姓自然会投向您的怀抱！

孟子所描绘的“农家乐”蓝图，两千多年来一直成为仁人志士的奋斗目标！

君子为啥“远庖厨”

孟子还曾把“农家乐”的蓝图向齐宣王展示。这一回，他是从“仁”与“仁政”说起的。

齐宣王跟孟子聊历史，很想听听齐桓公、晋文公的事迹；孟子对此并不“感冒”。孟子主张实行“王道”，而齐桓、晋文搞的是“霸道”。孟子推托说：孔门弟子是从来不谈齐桓、晋文的，因而我也不大清楚。要谈，还是谈谈王道吧。

齐宣王问：道德修炼到何种程度才可以实行王道呢？孟子回答：能让百姓安居乐业，就可以实现王道了，到那时，挡也挡不住。

齐宣王又问：像我这样的也能做到吗？孟子说：能。齐宣王问：何以见得呢？孟子于是讲出一大篇道理来。

孟子说：我听人说，有一回您见到有人牵着一头牛从堂下过，就问：牵牛到哪里去？对方回答：准备宰了祭钟。您说：放了它吧，我不忍心看着它瑟瑟发抖的样子，如同没罪却被送上刑场一样。那人问：难道就不祭钟了吗？您说：怎能不祭呢？换成一只羊吧！——不知有这事吗？

宣王说：确有其事。孟子说：有这个心，就足以实行王道了！尽管百姓听说这事都说您小气，可是我知道，您这是不忍啊！

宣王说：可不是！虽说齐国不大，我怎么会吝惜一头牛呢？我只是不忍心看着它瑟瑟发抖，所以用一只羊来调换。

孟子说：也别怪百姓说您小气，他们只知道您以小换大，哪知其中深意呢？他们想：如果可怜动物无罪被杀，那牛跟羊又有什么区别呢，不都是条性命吗？宣王笑了：是啊，这究竟是一种什么心理啊？我真不是因为吝啬才换成羊的。

孟子说：没关系，这正是仁慈的表现！于是孟子说了那段著名的话：

齐宣王问政

君子之于禽兽也，见其生不忍见其死；闻其声不忍食其肉，是以君子远庖厨也。（《梁惠王上》）

孟子说：君子对于禽兽的态度是：见到它活着的样子，就不忍见它死；听到它的哀号，就不忍吃它的肉。因此君子总是远离厨房！

宣王听了很高兴，说：我自己做的事，却说不出个所以然来；您真是说到我心坎里去了！

孟子话锋一转：如今您的恩惠能让禽兽沾光，却不能让百姓得到好处，这又是为什么呢？假如有人力大无穷，能举起百钧重物，却声称不能举起一根羽毛；另一个人眼力很好，能明察秋毫，却声称看不见一大车柴禾，这只能说明他们不是不能做，而是不肯做。

让你夹起泰山跨越北海，你说“我不能”，那是真不能；让你向长者鞠躬行礼（“折枝”），你说“我不能”，那是你不肯做啊！——施仁政、行王道，不是夹泰山跨北海，而是向长者鞠躬行礼啊！

下面的话，我们再熟悉不过：“老吾老以及人之老，幼吾幼以及人之幼，天下可运于掌。”——尊敬自家老人，推广此心也去尊敬别人家的老人；爱护自家孩子，延伸此心也去爱护别人家的孩子。这样做，治理天下就像在手心里摆弄玩意儿一样容易了！

说来说去，孟子把话头归结为“古之人所以大过人者，无他焉，善推其所为而已矣”。——古代圣王仁人之所以大大超越一般人，没别的，就是善于推己及人。其实孟子所要表达的，也正是孔子早就说过的：“己欲立而立人，己欲达而达人”（《论语·雍也》）、“己所不欲，勿施于人”（《论语·卫灵公》）！

得道多助说“人和”

明代小说《三国演义》中，诸葛亮对三顾茅庐的刘备说：“将军欲成霸业，北让曹操占天时，南让孙权占地利，将军可占人和……”

这是说，北方的曹操占据中原，“挟天子以令诸侯”，可谓“占天时”；南方的孙权借长江天堑为屏障，易守难攻，可谓“占地利”；刘备虽然没有外部优势，但可以凭借施仁政来获得百姓的拥护，因此“占人和”。

诸葛亮的话简明扼要、一针见血。然而这“天时、地利、人和”之说却不是他的发明，此言出自《孟子》。

> 孟子曰：“天时不如地利，地利不如人和。三里之城，七里之郭，环而攻之而不胜。夫环而攻之，必有得天时者矣；然而不胜者，是天时不如地利也。城非不高也，池非不深也，兵革非不坚利也，米粟非不多也；委而去之，是地利不如人和也。故曰：域民不以封疆之界，固国不以山谿之险，威天下不以兵革之利。得道者多助，失道者寡助。寡助之至，亲戚畔之；多助之至，天下顺之。以天下之所顺，攻亲戚之所畔，故君子有不战，战必胜矣。”（《公孙丑下》）
>
> ◎郭：外城。◎池：护城河。兵革：兵器和铠甲。◎委：丢下。◎域：这里是动词，限制。◎畔：同“叛”。

为什么说“天时不如地利，地利不如人和”？孟子举例说：有座城池，内城长三里，外城长七里，敌人围攻很久也打不下来。按说能围着打，肯定是得“天时”之助；然而人家凭借险要的地形、坚固的城池，让你始终攻不进去，这就说明“天时不如地利”。

还有一种情况：守城的一方城墙很高，护城河很深，刀枪锐利铠甲坚固，粮草也很充足，但结果却是弃城而逃（这肯定是士气出了问题），所以说“地利不如人和”。

总之，靠国界圈不住百姓，靠山川险阻巩固不了国家，靠刀枪也赢不来威风。那么怎么做才能战无不胜呢？孟子说：统治者走正道、施仁政，人们自会来帮助你；你不走正道、背离仁政，自然就没人来帮你。帮你的人少到极点，连亲戚也会背叛你！而帮你的人多到极点，普天下的人都会顺从你。君子带着普天下的拥护者去讨伐众叛亲离的家伙，其结果会怎样？所以说，君子不战则罢，战则必胜！

孟子的结论很明确：在政治家所有的优势中，“人和”是起决定性作用的；而获得人心的关键，即“得道”，也就是施仁政、行王道！

孟子“得罪”了朱元璋

一部《孟子》，“人”字出现了469次，“民”字出现了199次，足见孟子对“人”“民”的重视。这两个字的古、今意义没什么差别，基本上是指作为生物的人以及作为社会意义上的百姓。

孟子认为人民是得罪不得的，统治者丧失天下，多半是因为失掉民心的缘故。他举夏桀、商纣这两个末代君王的例子说：

> 桀纣之失天下也，失其民也；失其民者，失其心也。得天下有道：得其民，斯得天下矣；得其民有道：得其心，斯得民矣；得其心有道：所欲与之聚之，所恶勿施，尔也。民之归仁也，犹水之就下、兽之走圹也。

◎斯：于是，这样。◎尔也：如此而已。◎走圹：跑向旷野。

孟子说：昏君桀、纣丧失天下的原因，主要是失掉了民心。要想得天下，先要得到民心；而得民心的方法很简单：百姓想要的，就替他们聚拢；百姓厌恶的，就不要强加给他们，如此而已。百姓归附于仁德，就像水往低处流、野兽奔向旷野一样，挡也挡不住！

那么假设把“民”和政权、君主放在一起排排队，哪个最重要？按我们以往的认知，当然是君主第一、国家第二、百姓第三喽！且慢，看看孟子的回答：

孟子曰：“民为贵，社稷次之，君为轻。是故得乎丘民而为天子，得乎天子为诸侯，得乎诸侯为大夫。诸侯危社稷，则变置。牺牲既成，粢盛既洁，祭祀以时，然而旱干水溢，则变置社稷。”（《尽心下》）

◎社稷：土谷神，这里指政权。◎丘民：众民，百姓。得：得到认同、欢心。◎变置：改立，换掉。◎粢（zī）盛：供祭祀的黍稷等粮食。以时：按时。水溢：发洪水。

孟子的回答干脆利落、毫不含糊：老百姓最尊贵，应该排第一位；国家政权（“社稷”）次之，君主的分量最轻，只好奉陪末座！

为什么这样排呢？孟子解释说，因为获得百姓（“丘民”）欢心的人，才配做天子（可见“民”是最尊贵的）；而获得天子欢心的，可以当诸侯；获得诸侯欢心的，可以当大夫。诸侯若危害国家，就要换人（因此说“社稷”的重要性在诸侯之上）；如果祭祀按时、所用的祭品也丰盛整洁，却仍然水旱不断，百姓因而受苦，就应当变易政权（所以国家政权应排在百姓之后）。

就是今天的读者，读了这段话也会心中一震：孟子竟敢把君主置于百姓、社稷之后，胆子不小！——明代开国皇帝朱元璋读到这里，大为恼火，命令把孔庙中“陪祀”的孟子牌位撤掉，并让人把“君为轻”这一章连同其他几章“碍眼”的文字从《孟子》中删去。

结果是，明人所读的《孟子》只是个删节本，称《孟子节文》。孟子思想之超前，也由此可见一斑！

“用脚投票”与“出尔反尔”

在孟子的论述中，“民”与“天”几乎是平起平坐的。——孟子也谈天命，认为天子的宝座是“天”所赐予的。怎么知道是“天”赐予的？难道“天”会说话吗？照孟子的解释，天子的“候选人”先要主持祭祀，如果他奉献的祭品得到“百神”的享用，就表示“天”接受了他。不过还没完，推举者还要把他介绍给百姓，“候选人”还得过百姓这一关。

孟子在此讲了一段尧、舜禅让的历史往事：尧把舜推荐给天，让舜主持祭祀典礼，天接受了他。待尧死后，谦虚的舜为了把帝位让给尧的儿子丹朱，自己特意跑到老远的地方去躲避。

不料诸侯不去朝见丹朱，而是不远千里去拜见舜；打官司的人也不去找丹朱评理，而是找舜主持公道；歌咏者也不歌颂丹朱，只来歌颂舜。百姓的表现就是天意吧？所以最后还是舜坐了天下！（《万章上》）

孟子说到这儿，引《尚书·泰誓》那两句话说：“天视自我民视，天听自我民听。”——上天通过百姓的眼睛来看、通过百姓的耳朵来听，可见百姓地位之高，可以与天平起平坐！

孟子所讲述的历史，显然带有虚构成分。根据历史上留下的蛛丝马迹，当年为了争夺氏族领导权，舜与丹朱的斗争肯定也是你死我活的！

不过孟子并不是在考证历史，他是通过虚构的历史来表达自己的政治理想：即让百姓来决定谁是他们喜爱、信任的领导者。两千多年的孟子还想不出“无计名投票”的选举方式，不过他为我们勾画了一幅“用脚投票”的理想画图，今天看起来，也仍然是新鲜的！

孟子看问题的着眼点，总不离一个“民”字。他在邹国时，邹国与鲁国发生了冲突，邹国的官吏死掉了三十三个；可邹国的老百姓却袖手旁观，谁也不肯出手援救。邹穆公为此十分恼怒，跟孟子唠叨说：这些百姓太可恨！杀了他们吧，人太多，杀不完；不杀吧，眼瞅着长官死了却不肯一伸援手，着实可恶，真不知拿他们怎么办！

孟子回答：荒年灾月，您的百姓境遇凄惨，老弱弃尸山沟，强壮的逃亡四方，人数成百上千。可您的粮库却仓满囤流，府库里满是财宝，官吏也不向您汇报灾情，这等于残害百姓啊！曾子说过："戒之戒之！出乎尔者，反乎尔者也。"如今不过是百姓得着报复的机会罢了，您就别责怪他们了。假如您行仁政、爱百姓，百姓自会亲近上级，到了关键时刻，也会挺身而出、替长官效命的！

"出乎尔者，反乎而者"是孟子借曾子之言对统治者发出的警告：你怎样对待人家，人家也会怎样对待你！当你抱怨百姓时，应当好好想想你是怎么对待他们的？

成语"出尔反尔"便是由这里演化而来，只是今天的意思已有所转变，变成对言而无信者的批评了。

孟子也有"犟脾气"

孟子是个有"脾气"的人——不跟小民耍脾气，专跟在位者耍，而且对方地位越高，他的脾气越大！

孟子到齐国去，准备朝见齐王。刚要出门，恰好碰上齐王的使者来传话：寡人本打算到客舍拜会孟先生，不料患了感冒，怕风不敢出门。不知孟先生肯不肯屈尊到我这里一谈？孟子一听，回答说：不幸得很，我也病了，不能前往——给齐王碰了个软钉子。

孟子不是正准备进见吗，怎么人家一请，反而"拿起糖"来？多半孟子是被齐王的虚伪惹恼了：你召唤我去，明说就是了，何必装病啊？你这样，我偏不去！你能生病，我就不能生病吗？

第二天，孟子大摇大摆出门拜客。学生公孙丑劝他：昨天您托病谢绝齐王，今天又公然出门拜客，有些不妥吧？孟子说：昨天病了，今天不许好吗？硬是去了。这工夫，齐王派人来探视，孟子的堂弟孟仲子接待使者，临时撒个谎，说我哥昨天确实不舒服，今天好了，正去朝见齐王呢。一边派人分头去堵孟子，告诉他：先别回家，无论如何到朝廷走一遭。

孟子来了犟脾气：不去！一拐弯，躲进齐臣景丑家里。景丑劝孟子：齐王待您够恭敬的，可您对齐王却缺乏足够的尊重。孟子反驳说：你们才不尊重齐王呢！你们从来不拿仁义的道理去劝说他。我知道你们心里怎么想的：就他？也配谈仁义？我呢，不是尧舜之道就不敢对齐王讲；我是不是比你们更尊重齐王？

聊着聊着，聊到谁该先见谁的话题。孟子说：天下有三样东西最尊贵：一是爵位，一是年龄，一是道德。在朝廷上重爵位；在乡间重年龄；至于辅助君王、治理百姓，则最重道德。哪能依仗其一、轻视其二呢？这显然是批评齐王轻视贤者。在孟子看来，道德才是三者中最尊贵的。

孟子最后的结论是：凡是打算大有作为的君主，就一定有不可随便召唤的大臣（“故将大有为之君，必有所不召之臣”）。有要事相商，君主就该到大臣那里屈尊俯就。现如今，几个诸侯大国势均力敌，谁也压不倒谁。为什么呢？就因为各国领导都喜欢听话的大臣，却不喜欢可以让自己受教的大臣。——言下之意，我孟轲就是传说中的“不召之臣”，齐王对我招之即来、挥之即去，休想！

臣可视君如“寇雠”

孟子的脾气可真够犟的！其实不是脾气犟，孟子对待统治者是有原则的，这原则来自孟子的“师爷”子思。

子思是孔子的孙子，继承了祖父的儒学衣钵。前头说过，《礼记·中庸》据说就是子思所撰。

鲁缪公尊重子思，常常派人问候他，还不时送些肉食美味等。时间一久，子思有点不耐烦了。有一回，直接把缪公的使者赶出大门，朝北磕头拜了两拜，表示不再接受馈赠，说是：今天我才知道国君是拿我当犬马养着！

原来，子思是嫌缪公不能重用自己，又不能给以足够的尊重；时不时送一锅肉来，子思还得为了这点吃食，对使者一再行礼拜谢，这能不让他窝火吗？

其实鲁缪公倒没有不敬的意思，还经常屈尊拜访子思。有一回他略带讨好地问：古代的千乘之君跟士人交朋友，是怎么做的呢？言外之意是：他们做得有我好吗？子思听了不高兴，说：古人是说国君拜士人为师吧？难道说的是跟士人交朋友吗？（《万章下》）

子思这是话里有话：若论地位，您是君主，我是臣下，我哪敢跟您称兄道弟攀交情啊？可若论道德，您向我求教，这难道是朋友关系吗？您得管我叫“老师”才对啊！——你看，鲁缪公主动来看子思，子思还不依不饶呢；孟子又怎能主动去看齐王呢！

孟子这样做，还算客气的。有一回齐宣王问孟子：公卿的职责是什么？孟子反问：您问的是哪一类公卿？齐王很奇怪：公卿还有不同吗？孟子说：有王族的公卿，也有异姓的公卿。齐王说：您说说王族的公卿吧。孟子说：君主有大的过失，他们就该劝谏；反复劝谏不听，就该把君主废掉！齐王听了，脸色都变了。孟子说：您别见怪，您问我，我不能不实话实说。齐王脸色稍稍恢复，又问异姓公卿的作为。孟子说：君主有过错就该劝谏，反复劝谏不听，自己就该辞职走人。①

齐宣王很在乎君臣关系这事，一次问孟子：我听说商汤放逐了夏桀，周武杀掉了商纣，这是以臣弑君啊，怎么可以这么干呢？孟子回答：戕害仁的叫作“贼”，戕害义的叫作“残”，既“贼”且“残”的，叫作“独

① 齐宣王问卿。孟子曰：“王何卿之问也？”王曰：“卿不同乎？”曰：“不同；有贵戚之卿，有异姓之卿。”王曰：“请问贵戚之卿。”曰：“君有大过则谏；反覆之而不听，则易位。”王勃然变乎色。曰：“王勿异也。王问臣，臣不敢不以正对。”王色定，然后请问异姓之卿。曰：“君有过则谏，反覆之而不听，则去。”（《万章下》；贵戚之卿：与王族同姓的公卿。易位：更换王位。去：［公卿自己］离开。）

夫”。我只听说杀掉了独夫纣，没听说臣弑君这回事。[1] ——在孟子看来，君一旦背离了仁义，也便破坏了君臣之义，臣杀死君不但不是罪过，反而成了正当行为！

孟子这话借古讽今，还算客气的，他还有更让君主难堪的呢：

> 孟子告齐宣王曰：“君之视臣如手足，则臣视君如腹心；君之视臣如犬马，则臣视君如国人；君之视臣如土芥，则臣视君如寇雠。”（《离娄下》）
>
> ◎土芥：泥土小草。◎雠（chóu）：同仇。

这话是当面对齐宣王讲的：君主若把大臣当成自己的手足四肢，大臣也应把君主当作心腹来护卫；君主若把大臣看作犬马，大臣便可把君主视为陌路旁人；君主若把大臣看做一钱不值的泥土小草，大臣完全可以把君主视作仇敌！

《孟子》中没记录齐宣王当时的反映；不过明朝删改《孟子》时，这两段文字都没逃过朱元璋的剪刀！

大丈夫的三条标准

孔子给人的印象是“温而厉，威而不猛，恭而安”（《论语·述而》）。——温和而严肃，有威仪却不凶狠，庄重而安静。外表是内心的反映，孔子的内心无比强大，才会显现出这样的仪态风度。孔子说过这样的话：

---

① 齐宣王问曰：“汤放桀，武王伐纣，有诸？”孟子对曰：“于传有之。”曰：“臣弑其君，可乎？”曰：“贼仁者谓之‘贼’，贼义者谓之‘残’。残贼之人谓之‘一夫’。闻诛一夫纣矣，未闻弑君也。”（《孟子·梁惠王下》；放：放逐。传：史传。贼：戕害。一夫：独夫，也就残暴无道、众叛亲离的统治者。）

三军可夺帅也，匹夫不可夺志也！（《论语·子罕》）

◎夺：强迫改变。

君子哪怕只是孤单一人，一旦立下志向，任什么力量都无法迫使他改变，哪怕那力量可以从千军万马中轻取统帅！

孟子自称“私淑”孔子，在自尊、自信这方面青出于蓝。他有一番话，专论大丈夫：

居天下之广居，立天下之正位，行天下之大道；得志，与民由之；不得志，独行其道。……（《滕文公下》）

孟子说：住在天下最轩敞的住宅——仁宅中，立在天下最端正的位置——礼位上，走在天下最宽阔的大道——义路上；得志的时候，便偕同百姓沿正道向前；不得志时，则坚持自己的理念不动摇。

说到这儿，孟子总结了三句话：

富贵不能淫，贫贱不能移，威武不能屈，此之谓大丈夫。（《滕文公下》）

◎淫：摇荡其心。◎移：转移，改变。

高官厚禄不足以诱惑他，贫贱境遇不能改变他，武力威慑不能让他屈服——这才叫“大丈夫”！

在大丈夫面前，君王的排场、奢靡的生活，又算得了什么？孟子说：

说大人，则藐之，勿视其巍巍然。堂高数仞，榱题数尺，我得志，弗为也。食前方丈，侍妾数百人，我得志，弗为也。般乐饮酒，驱骋田猎，后车千乘，我得志，弗为也。在彼者，皆我所不为也；在我者，皆古之制也。吾何畏彼哉？（《尽心下》）

◎说（shuì）：说服，劝说。大人：在位者。藐：藐视。◎仞：古代长度单位，七尺或八尺。榱（cuī）题：屋檐。◎食前方丈：指肴馔非常丰富。◎般乐：奏乐。

“说大人”是指向诸侯公卿们游说进言，劝他们施仁政、行王道。孟子的心态是，首先要藐视他们！别看他们高高在上，住在巍峨的宫殿里；别看他们吃饭时佳肴堆满食案，侍妾簇拥数百；别看他们在高堂奏乐宴饮，到田野驱驰射猎，随从的车子上千辆——凡是“大人”自认为了不起的奢华享受，我若到他们那个位置上，全都不屑一顾！

我会怎么做呢？“在我者，皆古之制也”，也就是依照古代圣人的礼仪规矩行事！我比他们高尚得多，“吾何畏彼哉”——我怕他做什么！

“浩然之气”是怎样养成的

有人疑惑：孟子超人的自信和勇气打哪儿来的？学生公孙丑就曾向老师发问：如果让您现在就做齐国的卿相，得以辅佐齐王成就霸业，您会动心吗？孟子回答：不会的，我从四十岁起就对任何事都不动心了！公孙丑向老师请教修炼的方法，孟子于是从几位勇士说起。

一位叫北宫黝，他培养勇气，可以做到刺肌肤不躲、刺眼睛不逃，让他刺杀万乘之君，他觉得跟杀一个小百姓没啥两样；高高在上的诸侯骂他，他也要反唇相讥、毫不犹豫！另一位叫孟施舍，他培养勇气，到了根本不考虑胜负的地步，只知道勇往直前！

然而孟子更佩服曾子，曾子的勇敢理念来自孔子：

（曾子曰）：“……吾尝闻大勇于夫子矣：自反而不缩，虽褐宽博，吾不惴焉；自反而缩，虽千万人，吾往矣！”（《公孙丑上》）

◎自反：自我反思。缩：直，引申为正义。褐宽博：即褐夫，指穿麻布衣的下等人。惴（zhuì）：忧惧；这里有恐吓意。

这话是说，遇事先自己思考一下，如果正义不在自己一方，即使对方是个下等人，我也不会欺凌他；若自忖我有正义在手，哪怕面对千军万马，我也会勇往直前！

正是基于这样的理念，孟子说了下面的话：

（孟子）曰：“我知言，我善养吾浩然之气。”“敢问何谓浩然之气？”曰：“难言也。其为气也，至大至刚，以直养而无害，则塞于天地之间。其为气也，配义与道；无是，馁也。是集义所生者，非义袭而取之也。行有不慊于心，则馁矣。”（《公孙丑上》）

◎浩然：盛大磅礴之貌。◎直养：用正直来培养。◎馁（něi）：这里意为疲软，气馁。◎集义：累积义。袭：突击，进入。◎慊（qiàn）：快意，满足。

孟子说：我善于分辨别人的言词，更善于培养我的浩然之气。这个“浩然之气”很难表述——这么说吧，这种气广大而刚劲，用正直去培养它而不加损害的话，它能充塞于天地之间！这种气必须用义和道来滋养、配合，没有道义，它就会衰减。这种气，是由正义逐渐累积而成的，不能仅靠一两次正义之举而获得。只要干一件亏心事，这股气就会受损、疲弱！

孟子的描绘带着点形而上的神秘味道；不过道理讲得再清楚不过：君子培养浩然之气，靠的是对正义的不懈追寻和坚守——北宫黝、孟施舍的勇敢只是匹夫之勇，植根于思想和信仰的勇气，才可以无敌于天下！

得天下英才而教之

跟孔子一样，孟子也是教育家。他带着学生周游列国，还差点当上齐国的“中央大学”校长哩。

孟子到齐国“推销”仁政，齐王对孟子很感兴趣，却不肯采纳他的“道”；只表示要请他在国都办学，并给他提供万钟粟米做经费，结果被孟子拒绝了（《孟子·公孙丑下》）——他大概不愿被人当摆设吧？

孟子确实有当大学校长的资质。在教育上，他站得高，看得远，说老百姓吃饱穿暖之后，最重要的事情就是“设为庠、序、学、校以教之”。我们在介绍“三礼”时说过，庠、序、学、校是各级学校的名称。

至于教育的内容，主要是“明人伦”（明辨人伦关系）。学生毕业当了“干部”，能把人伦关系理顺，百姓自然会亲密和谐（《孟子·滕文公上》）——齐王邀请孟子时就说：你在国都办学，好让“诸大夫、国人皆有所矜式”（让官员和百姓都有效法的榜样）。

孟子深爱教育，可以说乐在其中。他说：

> 君子有三乐，而王天下不与存焉。父母俱存，兄弟无故，一乐也；仰不愧于天，俯不怍于人，二乐也；得天下英才而教育之，三乐也。君子有三乐，而王天下不与存焉。”（《尽心上》）
>
> ◎不与存：不同在。◎故：事故，灾病。◎怍（zuò）：愧疚。

在孟子看来，人生有三乐：一是父母健在、兄弟没灾、全家安康；二是自己坦荡做人，抬头无愧于天、低头无愧于人；三是能遇上天下最优秀的人才给自己当学生。君子有了这三种乐趣，天子的宝座都不换！

的确，孟子有不少高足，名字出现在《孟子》中的就有十几位。像万章、公孙丑，乐正克、孟仲子、陈臻、屋庐连、公都子、盆成括、浩生不害、滕更，等等。

其中乐正克后来还做了鲁国的高官，滕更则是滕国国君的弟弟，孟仲子是孟子的堂弟。而万章、公孙丑的名字，还成为《孟子》书中的篇章标题。《孟子》中的不少内容，便是与弟子的谈话记录。

孔子“有教无类”的教育原则，也被孟子继承了。孟子在滕国办学时，住在“上宫”，那应该是一处官方招待所吧。馆舍中有人把一双正在编织的草鞋放在窗台上，结果不见了。

馆舍的人来问孟子：是不是您的人把它藏起来了？孟子说：你以为他们来这里学习，是为了偷一双草鞋吗？对方回答：那倒不会。不过您开课讲学，对学生“往者不追、来者不拒”（走的不追问，来的不拒绝）；只要有学习意愿的，您统统接收——这样做，难免会良莠不齐，所以我来问一声。（《尽心下》）

孟子怎么回答，书中没记。但这足以从侧面证明，孟子的教育理念是宽松自由的。

严师出高徒

孟子对待弟子宽中有严，而且越是喜爱的学生，要求越严格。孟子在齐国时，学生乐正子（乐正克）也跟着一位齐国贵族来到这里。第二天，乐正子去看老师，没想到孟子虎着脸问：你还来看我吗？

乐正子吃了一惊，忙问：先生何出此言？孟子说：我问你，你来了几天了？乐正子回答：昨天到的。孟子说：既然如此，我这话有错吗？乐正子解释说：我昨天找旅馆来着。孟子说：你听谁说的，要先找旅馆、后见老师？乐正子只好低头说：学生有罪！（《离娄上》）

孟子火气未消，数落乐正子说：你这回跟王子敖（就是那位齐国贵族）一块来，就是为了贪图吃喝吧？没想到你学习古人之道，归齐就是为了吃喝啊！——孟子大概不满意王子敖，结果一肚子火都撒在学生身上；

当然这里也有批评学生跟错“老板”的意思。想必乐正子心里也知道，所以低头闭嘴，没敢再说话。

其实乐正子是孟子最喜欢的学生。另一个学生曾问孟子：我师兄乐正子怎么样？孟子说：“善人也，信人也。”又解释说：人品分六等，值得喜欢叫“善”；优点实际存在叫“信”；再扩充到全身叫“美”，不但扩充到全身，还光大于外，叫“大”；既光大于外，又融会贯通，叫“圣”；圣德发挥到不可测度时，就叫“神”了！你的师兄乐正子嘛，乃是“二之中，四之下”：也就是居于“善”“信”二者之间，处于“美”“大”“圣”“神”四者之下。（《尽心下》）——孟子对学生的观察剖析，真是细致而透彻。他整个身心都扑在学生身上。

严师出高徒。乐正子到底没辜负老师的栽培与厚望，日后做了鲁国执政。消息传来，孟子“喜而不寐”——倒不是因为今后可以走个“后门”什么的，孟子这是替国家高兴。

不过就在这时，孟子的头脑仍是清醒的。弟子公孙丑问：老师，乐正子强吗？孟子说：不强。又问：思想深邃吗？回答：不深邃。又问：见识广吗？回答：不广。公孙丑不解：那您为什么“喜而不寐”呢？孟子回答：乐正子好善，这就够了！好善的人，就能吸引天下好善的人来给他出好主意；不好善者，“距（拒）人于千里之外”，只会引来一帮“谗谄面谀之人”（花言巧语、当面奉承的人），还指望能治理好国家吗？（《告子下》）

“得天下英才而教之”，孟子的确从中获得了极大的乐趣和成就感！

冷淡“官二代”，回避亲儿子

孟子对教育做过深层研究，总结出君子育人的五种方式：

孟子曰：“君子之所以教者五：有如时雨化之者，有成德

者，有达财者，有答问者，有私淑艾者。此五者，君子之所以教也。”（《尽心上》）

◎达财：朱熹认为“财”与“材”通。◎私淑艾：即私淑。

这五种方式，有的像及时雨沾溉万物，有的侧重于成就学生的品德，有的着重培养学生的才能，有的只是答疑解惑，也有的是留下道德文字、供后人私下学习。看来，孟子把孔子的“因材施教”又推进了一步。

其实还有一种教育方式，可以称作“不教之教”。举个例子看。

孟子从不“巴结”学生，哪怕学生是“官二代”。例如他的弟子滕更是滕君的弟弟，也来孟子门下听课。可其他弟子发现，孟子很少回答滕更提出的问题，大家甚至觉得老师有点失礼。

孟子回答：我有五不答：倚仗贵势来问，倚仗聪明来问，倚仗年长来问，倚仗功劳来问，倚仗交情来问，我都不会搭理他！滕更同学在这五项中占了两项。[1]——哪两项呢？孟子没说。可能是贵势和功劳吧？孟子所厌恶的，是倚仗某种优势而流露出的倨傲态度，这破坏了师徒间应有的尊敬。

不过孟子还说过这样的话：教诲也是多种多样的；我对某些人不屑于教诲，那也是一种教诲！（孟子曰：“教亦多术矣。予不屑之教诲也者，是亦教诲之而已矣！”《告子下》）——想来滕更也从这“不教之教”中受了益，今后再向老师请教，还会摆出贵族派头吗？

很明显，孟子是“师道尊严”派，主张在学校教育中树立教师的权威。然而在家庭教育中，孟子的主张正相反：他反对父母过多插手孩子的教育，这大概也是当时的一种共识。

学生公孙丑就曾问孟子：“君子之不教子也，何也（君子不亲自教育自己的孩子，这是为什么）？”孟子回答：

① 公都子曰：“滕更之在门也，若在所礼，而不答，何也？”孟子曰：“挟贵而问，挟贤而问，挟长而问，挟有勋劳而问，挟故而问，皆所不答也。滕更有二焉。”（《尽心上》；所礼：应该以礼相待的。挟[xié]：倚仗。）

势不行也，教者必以正；以正不行，继之以怒。继之以怒，则反夷矣。“夫子教我以正，夫子未出于正也。”则是父子相夷也。父子相夷，则恶矣。古者易子而教之，父子之间不责善。责善则离，离则不祥莫大焉。（《离娄上》）

◎夷：伤害。◎易：交换。责善：因要对方好而责备。◎离：隔阂。不祥：不吉，不善。

孟子的意思是：君子不亲自教育孩子，是迫于情势：你要教育孩子，就得摆出正理来；正理讲不通，就难免发脾气；这一发脾气，也便伤了父子和气。儿子就会说：您拿正理教导我，您自己却有悖正理、乱发脾气！于是父子感情受到伤害。父子间伤了感情，这结果太可怕了！古人明白这个道理，所以总是交换儿子来教育，这就避免了父子间为了求善而相互责备。为求善而相互责备，必然导致隔阂，那可是太糟了！

孟子在跟另一个学生公都子讨论时，还提到他的一个朋友匡章，就是因为“子父责善”，最终落了个“不孝”之名。孟子总结道：“责善，朋友之道也；父子责善，贼（戕害）恩之大者。”（《离娄下》）——以善相责是朋友相处之道；父子间以善相责，没有比这更容易伤害恩义感情的了！

《三字经》把这种关系总结为“养不教，父之过；教不严，师之惰”，把“父”和“师”的责任义务分得很清楚：“父”的责任是为孩子提供受教育的条件；至于对孩子认真施教、严格要求，则是“师”不可推卸的责任！——《三字经》的说法，显然来自孟子，至今仍有参考价值。

生于忧患，死于安乐

儒家主张终身教育，不但重视拜师求学、及门受教，也提倡转益多师、私淑圣贤；不但重视目览口诵的书本研读，也重视社会实践、生活磨砺。孟子就特别强调险恶环境、苦难经历对人生成长的磨砺作用。

孟子曰："人之有德、慧、术、知者，恒存乎疢疾。独孤臣孽子，其操心也危，其虑患也深，故达。"（《尽心上》）

◎慧：智慧。术：本领。疢（chèn）疾：灾患。◎孤臣：被疏远的臣子。孽子：由妾所生的儿子，即庶子，地位卑贱。危：不安。达：通达。

孟子说：一个人所以有道德、智慧、本领、知识，多半由于他常常遭逢灾患的缘故。什么人在德、慧、术、知上更有优势呢？恰恰是那些"孤臣孽子"，也就是在朝廷上受排挤、遭孤立的臣僚，以及家族中没有地位的庶出子弟。他们因处境险恶，因而常怀忧患意识，临事能深谋远虑，做事反而更容易成功。

孟子并非随便说说，他还举出许多前代圣贤的例子，来说明这个规律：

孟子曰："舜发于畎亩之中，傅说举于版筑之间，胶鬲举于鱼盐之中，管夷吾举于士，孙叔敖举于海，百里奚举于市。故天将降大任于是人也，必先苦其心志，劳其筋骨，饿其体肤，空乏其身，行拂乱其所为；所以动心忍性，曾益其所不能。人恒过，然后能改；困于心，衡于虑，而后作；征于色，发于声，而后喻。入则无法家拂士，出则无敌国外患者，国恒亡。然后知生于忧患而死于安乐也。"（《告子下》）

◎畎（quǎn）亩：田间。版筑：夹版填土筑墙。◎拂乱：扰乱。◎曾：同增。◎征于色：表现在脸色上。◎法家拂（bì）士：有法度的世臣及辅弼的贤士。拂，同"弼"，辅佐。

孟子一连举了六位先贤，全都有着苦难的人生经历。先是五帝之一的大舜，相传他出身农夫，种田、修屋、淘井无所不能。第二位傅说是商王武丁的大臣，他原本是傅岩那地方筑版墙的壮工。第三位胶鬲则是商代大臣，关于他"举于鱼盐之中"的事迹已无从了解，大概他曾在海边打鱼贩盐吧。

第四位管夷吾即管仲，前面说过，他因辅佐公子纠，得罪了齐桓公，下过大狱。“士”是刑狱官；“举于士”是说他的好友鲍叔牙把他从刑狱官手中解救出来，举荐给桓公。

第五位孙叔敖是春秋时楚国人，先前躬耕于海滨，后经举荐，做了令尹（宰相）。而第六位百里奚也是春秋时楚人，曾在虞国做官；晋人灭掉虞国，百里奚被贬为媵（yìng）人（奴隶）。后来他逃到民间牧牛为生，秦穆公闻听他的大名，用五张黑公羊皮把他换回，拜他为上大夫。在他的主持下，秦国迅速强大。人们不忘他的出身，都叫他“五羖大夫”。“羖（gǔ）”即黑色公羊。

孟子总结说：这几位的成长经历说明，上天想要把重任交给谁，一定先要他心智苦恼、筋骨劳碌、饥肠辘辘、身体困顿，让他一举一动总是不合意。实则正是通过这个来触动他的心志、坚韧他的性情、增强他的能力。人常犯错、常吃亏，才知道改正；心意困苦、思虑阻塞，才能愤发有为；变了脸色，叫出声音，才能领悟到苦难的真谛。

说到这儿，孟子话锋一转说：一个国家，内部没有知法度的大臣和辅国之士，外部没有可抗衡的邻国及种种外患，这样的国家总是容易灭亡的。由此可知，忧愁祸患可以使人生存，安逸快乐反足令人败亡！

孟子总结的这番道理，既是个人修身的指南，也是领导者治国的镜鉴。而“生于忧患、死于安乐”八个字，也成为人们常常挂在嘴边的警世名言与自励隽语！

“劳心者治人”有道理吗

孟子是位论辩能手，有一回他跟陈相展开一场辩论。陈相是许行的弟子，许行则是信奉“神农之言”者，带着几十个弟子从事农耕，穿着粗麻衣，还自己打草鞋、织席子售卖。

滕国国君收留了许行，可许行却批评滕君说：你虽然是位不错的君主，可惜没有掌握真理。真正的贤人应该跟百姓并肩耕种，自己烧饭吃，然后再替老百姓办事。可眼下你有粮仓、有金库，这都是剥夺百姓所得，又怎么称得上明君呢？

陈相把师傅的理论讲给孟子听，孟子不置可否，问道：许先生是不是只吃自己种的粟米呢？陈相回答：不错。孟子又问：许先生戴帽子吗？回答：戴。问：戴什么帽子？回答：戴白绸子帽。问：是自己织的吗？答：不是，是用粟米换来的。问：许先生干吗不自己织呢？答：那会耽误种地的。又问：许先生是用陶锅烧饭、用铁器耕田吗？答：是。问：这些东西也都是许先生亲手制作的吗？答：不是，也是用粟米换的。

孟子开始转守为攻：农夫用粟米换陶锅、农具，不能说是损害了陶匠、铁匠；那么陶匠、铁匠用陶锅农具换粟米，难道就是损害了农夫吗？许先生为什么不亲自烧窑打铁、制造各种器具，放在家里随时取用？干吗这么不怕麻烦，跟各种匠人去交换呢？陈相回答：各式各样的工作，本来不是一面耕种一面干得来的。

孟子抓住了对方的漏洞，反问道：难道管理国家是可以一面耕种一面干得来的吗？世间万事，有管理者的工作，有百姓的工作。就一个人而言，如果各种东西都需要自己动手造，这是率领天下人疲于奔命啊！所以说，这个社会上有动脑的、有动手的；动脑的管理人，动手的听人管（“劳心者治人，劳力者治于人”）；被管理的养活人，管理人的被养活（“治于人者食人，治人者食于人”）。各有分工、相互依赖，这是天下的通理啊！

你不能不佩服孟子的论辩能力，他远远说来，似不经意，却能一点点把对方带进事先挖好的“坑”前，对方不跳都不行。

其实想想，这的确也只是个社会分工问题。试看古今中外各种事业（包括政府行政、公司运转、工农业生产乃至战争），哪一样不是“劳心者治人”呢？总要有少数人规划、指挥、管理，而多数人去实践、执行、操作——问题在于对“治”的理解：“治”的本义不过是“治理”“管理”，可是在后世的某些阐释中，额外加入“整治”“打压”“迫害”等义，孟子的论断于是被曲解了。

其实在讨论“劳心者治人，劳力者治于人”时，也不应忽视下面的一句：“治于人者食人，治人者食于人。”——这里的“食（sì）”有喂养、供养之意。治人者靠被治者来供养，你要把心摆正，对得起手里捧着的这碗干饭才好！

寓言故事寄哲思

孟子在与人论辩时，喜欢用寓言讲道理。即如以“五十步笑百步”来讽谕梁惠王，就是有名的例子。此外如“揠苗助长”“日攘一鸡”“弈秋”“楚人学语”“齐人妻妾”等，也都脍炙人口。

看看“日攘一鸡”。宋臣戴盈之和孟子讨论百姓的税负问题，说是今年完全减免关税和商业税还做不到，先减一点，剩下的等来年再说，怎么样？孟子于是讲了个邻人偷鸡的寓言：

> 孟子曰：“今有人日攘其邻之鸡者，或告之曰：‘是非君子之道。’曰：‘请损之，月攘一鸡，以待来年，然后已。’如知其非义，斯速已矣，何待来年？”（《滕文公下》）
>
> ◎攘：偷。◎损：减损，减少。已：停止。◎速：马上。

有个人每天都偷邻人的鸡。别人对他说：这可不是正派人的行为。他说：请允许我少偷一些，改为每月偷一只，到来年彻底断绝，如何？——如果知道不合义理，就赶快停止罢了，干吗还要等来年呢？

孟子的寓言里含着讥刺，但宋国的君臣们很可能假装听不懂。

在寓言“齐人妻妾”中，孟子的讽刺锋芒更犀利：有个齐国人跟一妻一妾共同生活。他每天出门去，回来时总是酒足饭饱。问起来，他说他的朋友都是有钱有势之人。可是有一回他的妻子偷偷跟踪，却发现他是到城郭外的墓地里去乞讨，饱食人家祭祀剩下的酒肉！妻妾得知真相，在院子里抱头痛哭：我们仰仗终身的人，竟是这样一副德性！

孟子最后提示寓意："由君子观之，则人之所以求富贵利达者，其妻妾不羞也，而不相泣者，几希矣！"——在君子看来，一些人追求升官发财所用的卑劣手段，妻妾一旦得知而不感到羞耻以至于相对痛哭的，简直没有！

是啊，社会上总有一些人，在邻里亲友以及大众面前趾高气扬、不可一世，可是一想到他们在另外的场合（如上级或老板面前）还会有鸢肩谄笑、阿谀奉承的另一副"德性"，人们便不免联想到孟子笔下的齐人，嘴角不由得挂上一丝轻蔑的讪笑！

【文摘】

齐人与一妻一妾

齐人有一妻一妾而处室者，其良人出，则必餍酒肉而后反。其妻问所与饮食者，则尽富贵也。其妻告其妾曰："良人出，则必餍酒肉而后反；问其与饮食者，尽富贵也，而未尝有显者来，吾将瞷良人之所之也。"蚤起，施从良人之所之，遍国中无与立谈者。卒之东郭墦间，之祭者，乞其余；不足，又顾而之他，此其为餍足之道也。其妻归，告其妾，曰："良人者，所仰望而终身也，今若此。"与其妾讪其良人，而相泣于中庭，而良人未之知也，施施从外来，骄其妻妾。——由君子观之，则人之所以求富贵利达者，其妻妾不羞也，而不相泣者，几希矣。（《离娄下》）

◎良人：丈夫。餍：足。◎瞷（jiàn）：偷看。◎蚤：同早。施（yì）从：有偷随之意。国：这里指都城。◎卒：最后。墦（fān）：坟墓。◎讪（shàn）：怨谤。施施（yì yì）：志得意满的样子。◎几（jī）希：不多，一点儿。

附：《孝经》、《尔雅》

《孝经》：行孝从爱护自己开始

有句古话叫“千金之子，坐不垂堂”，意思是提醒年轻人不要坐在房檐底下，小心被意外掉下的瓦块砸到。也就是说，要有保护自己的意识。儒家主张爱人，这个“人”既包括他人，也包括自己；准确地说，是为父母爱自己。

这不禁令人想起另一段话：“身体发肤，受之父母，不敢毁伤，孝之始也。”——你的躯体四肢、毛发肌肤都是父母给的，你若受了伤，无疑会让父母心疼，这便是不孝了。所以说，行孝是从爱护自己开始的。

这段话出自《孝经》，那是一部专门讨论孝道的儒家经典，记录了孔子与曾参的对话，如同孔子为曾参一个人开了一门“孝道研究”课。

有人把《孝经》的著作权归于孔子，不过也有人认为作者应该署名曾参——这分明是曾参的听课笔记嘛。此外，关于作者，还有孔子的学生、曾子的学生以及子思等不同说法。

历代统治者无不重视《孝经》，战国时魏文侯就曾亲自为它作注。汉代设置儒学博士，其中便有《孝经》传记博士 ——汉代标榜以孝治天下，自惠帝以下，皇帝谥号前都要加一“孝”字，如孝惠帝、孝文帝、孝景帝、孝武帝……地方上举荐人才，也首先考察他是否孝顺父母、廉洁正直，入选者称“孝廉”。

唐玄宗李隆基在佛、道、儒三教之间搞平衡，曾亲手抄写三教经典并为之作注；其中儒家经典选的便是《孝经》（其他两部是《金刚经》和《南华经》）。

此外，历史上为《孝经》作注的帝王还有晋元帝、晋孝武帝、梁武帝、梁简文帝以及清代的顺治、康熙、乾隆等。作注的学者更是数不胜数，粗略统计有五百位之多！

《孝经》篇幅不长，全书不到两千字。总共十八章，每章短的只有几十字，长的也不过二三百字。依顺序，分别为《开宗明义章》《天子章》《诸侯章》《卿大夫章》《士章》《庶人章》《三才章》《孝治章》《圣治章》《纪孝行章》《五刑章》《广要道章》《广至德章》《广扬名章》《谏诤章》《感应章》《事君章》和《丧亲章》。

孔子的“行孝三部曲”

《孝经·开宗明义章》是全书的总纲，以下几章分别论说天子、诸侯、卿大夫、士和庶人应当如何行孝。《庶人章》以下诸章，有的是从政治角度阐释孝道的意义和作用，有的是对第一章的阐释发挥，也有的点拨行孝的具体方法。

前面提到的“身体发肤”一段，便出自《开宗明义章》。一上来，孔子便问曾参：古代圣王把握“至德要道”（最高的道德和教化手段），可以把天下治理得顺顺当当，百姓也因此和睦相处，上下和谐、没人抱怨。你知道这“法宝”是什么吗？

曾子离席而起，老实承认自己无知，请老师点拨。孔子说：

> 夫孝，德之本也，教之所由生也。……身体发肤，受之父母，不敢毁伤，孝之始也。立身行道，扬名于后世，以显父母，孝之终也。夫孝，始于事亲，中于事君，终于立身。……（《孝经·开宗明义章》）

原来，孔子所说的“至德要道”，便是孝道。孔子说：孝是一切道德的根本，是教化百姓的起点。

照孔子分析，人生行孝分三阶段：“身体发肤……不敢毁伤，孝之始也”，是指身为孝子，心里要时刻装着爹娘，要尽量保护自己、躲避伤害，以免爹娘操心，这是行孝的起码要求——存了这样的心，事奉爹娘还会有问题吗？

中年做官，不在父母身边，又该如何行孝呢？此刻应当用孝顺父母之心来对待君王和事业，让孝始终在心里占着重要位置。

有人说：原来儒家奖励行孝，最终目的仍是替统治者效力啊！你错了，行孝的最高境界是“终于立身”。也就是修身行道、成就事业、扬名天下、传之后世；人家提起来，说这是某某人的儿子，于是父母跟着脸上生光——这才是对父母最大的孝敬，也是行孝的最圆满结局。

弘扬孝道没错。就是到今天，我们也仍然提倡孝敬父母；而孝敬父母的方式，除了在生活上关心他们，在物质上给以回馈，同时也包括爱护自己的身体，不让父母操心；而更高层次的行孝，是努力做好自己的工作，为社会做出贡献，让父母“望子成龙”的梦想得以实现！——孔子的“行孝三部曲”，到今天也仍有其积极意义！

同是行孝道，对天子、诸侯、卿大夫、士以及百姓，各有不同要求。看看天子如何行孝：

> 子曰：“爱亲者，不敢恶于人；敬亲者，不敢慢于人。爱敬尽于事亲，而德教加于百姓，刑于四海。盖天子之孝也。《甫刑》云：‘一人有庆，兆民赖之’。”（《孝经·天子章》）
>
> ◎刑：通型，做榜样。◎《甫刑》：即《尚书·吕刑》。兆民：万民。赖，依靠。

孔子说：天子爱父母，便把这爱扩展到天下，不敢嫌恶天下人；天子敬父母，便把这敬扩展到天下，不敢怠慢天下人。爱和敬的极致即孝敬父母，以此教化百姓，给天下人做个好榜样。这就是天子的孝。正如《尚书·吕刑》所说：天子有了爱心，万民便都有了依靠！

至于诸侯、卿大夫和士，他们要做的是居高思危、谨遵礼法、忠君敬长，这样也便保住了自己的社稷、宗庙和禄位，也就是行孝了。

在《士章》中，孔子还特别提到对父亲的敬和爱，说是拿对父亲的爱来爱母亲，拿对父亲的敬来敬国君，“母取其爱”，“君取其敬”，而“兼之者，父也”（兼获爱和敬的，便是父亲）。

庶人之孝要简单得多，“用天之道，分地之利，谨身节用，以养父母，此庶人之孝也”。庶人上顺天道，下分地利（也就是土里刨食，通过农耕获取生活物质），中间修养自身、节俭衣食，以此奉养父母，这就是庶人的孝道了。

孔子总结说：从天子到庶人，凡是“孝无始终”（行孝有头无尾的）的，没有不祸患及身的！这也可以说“孝道面前人人平等”吧。

行孝勿忘“五要”“三戒”

在《纪孝行章》里，孔子还谈到行孝的具体做法，即“五要”“三戒”。

“五要”是“居则致其敬，养则致其乐，病则致其忧，丧则致其哀，祭则致其严”。就是说，孝子对待父母，在日常生活中要恭敬，在供养衣食时要愉悦，在父母生病时要忧愁，在父母过世时要悲痛，在祭祀先人时要严肃恭谨。

“三戒”呢，是“居上不骄，为下不乱，在丑不争”。——“居上不骄”是针对国君而言，因为“居上而骄则亡”。“为下不乱”是针对士大夫说的，士大夫最忌有犯上作乱的念头，因为“为下而乱则刑”（居臣位而犯上作乱，就会招致刑法严惩）。“在丑不争”是说地位卑贱的大众不要争竞，“丑”即大众；“在丑而争则兵”（居于众庶之位而争斗，便会引来刀兵之祸）。

其实无论“五要”还是“三戒”，都体现着孔子的礼治理想：把整个社会纳入礼法轨道，上下恪守礼法、各安其位，社会便会和谐稳定、步入小康。

一般对儒家的批判，也总是抓住这一点，认为孔子要求臣下“不乱”、百姓“不争”，是提倡“奴性”。其实孔子最先警告的是“居上”者，要他们在位“不骄”，否则便难逃国破家亡的灭顶之灾！

总体来看，儒家的礼治观是对等的、全面的，对“君父”的要求和责备，总要更多一些；而对于地位低下者，也并不主张他们盲目听话、一味顺从。

譬如在《谏诤章》里，曾子向老师发问：孝子要爱父母、敬父母，让父母安乐，为父母增光，这些我都懂了；“敢问子从父之令，可谓孝乎（请问儿子对爹爹的命令绝对服从，这可以叫作孝吗）？”

孔子当即否定说：“是何言与，是何言与（这是什么话，这是什么话）！”他说：从前天子跟前有七位专职的“争臣”（谏诤之臣），即使这位天子没有德政，也不致丢掉天下；诸侯跟前有五位专职的“争臣”，即使诸侯没有德政，也还不致亡国；大夫之家有“争臣”三人，即使大夫没有德政，也还不致败家；士若有诤友（“争友”），就不至于丢掉好名声；当爹的若有个直言规劝的儿子（“争子”），就不至于陷于不义！

孔子归纳说：如果君、父不义，当儿子、做大臣的绝不能听之任之，要直言规劝谏诤！一味听爹话的儿子，又哪里算得上孝子呢！。看来，在“至高无上”的“孝”的上面，还有个“至高无上”的“义”管着哩！

由尽孝的态度，又可推出尽忠的原则。《事君章》说：

> 君子之事君也，进思尽忠，退思补过，将顺其美，匡救其恶；故上下能相亲也。
>
> ◎将顺：顺势促成。匡救：匡正补救。

君子对待国君的准则是：做官时要竭尽忠诚，退隐时要弥补缺失。国君有美政，我要大力赞助推进；国君有恶政，我要直言匡谏补救，这才能使君臣关系协调如亲人。

这里遵循的，依然是儿子对待父母的孝道原则啊。

《尔雅》是本什么书

读书离不开词典，今人如此，古人也如是。春秋战国时人读更早的《尚书》《诗经》等典籍，因时代久远或地域隔阂，有些字义已不能明了，于是《尔雅》这样的训诂之书也便应运而生。——“训诂（gǔ）”意为解释，一般专指对古籍词语的解释。

“尔雅”的“雅”指雅言、正言，也就是古代中原地区通用的规范语言，有点近乎今天的普通话。“尔”即迩，是近的意思。“尔雅”即“接近于正言”，也就是用当时的“普通话”来解释古语、方言。

《尔雅》的作者，有人说是周公，也有说是孔子的门人。不过一般认为此书不是一人一时之作，而是许多学者采集、编辑词语训诂材料汇集而成的，时间大致在战国末到西汉初。

今天的词典编排，有的按部首，有的按音序，近代还有“四角号码”等方式。作为词书的老祖宗，《尔雅》则是按词义分类排列的。

全书共收词语四千三百多个，分两千多个条目，共十九篇。前三篇为《释诂》《释言》《释训》，集中解释古文献中常见的词语。多半是把词义相近的词放到一块来解释。像《释诂》第一条：

初、哉、首、基、肇、祖、元、胎、俶、落、权舆，始也。

细说起来，“初”指裁衣之始；“哉”指草木之始；“首”（即头）

是人体之始；“基”是筑墙之始；“肇”是开门之始；“祖”是人类之始；“元”即人头，跟“首”一样，也是人体之始；“胎”是人生之始；“俶”是品德最高者，也可引申出“始”的意思；“落”是指庙堂等宫室落成；“权舆”是草木迂曲出土，即植物生长之始——总之，都是开始的意思。

不过《释诂》《释言》《释训》三篇还是有所区别的，《释诂》多收名词，《释言》偏重收形容词，而《释训》所收多为描写事物情貌的词语，其中有不少出自《诗经》，还净是叠音词。

例如这一条：“明明、斤斤，察也（明明、斤斤，是明察的样子）。”这两个词分别出自《诗经·大雅·常武》的“赫赫明明，王命卿士”和《诗经·周颂·执竞》的“斤斤其明”。

又如“穆穆、肃肃，敬也（穆穆，肃肃，肃敬的样子）”。两词分别出自《诗经·大雅·文王》的“穆穆文王，于辑熙敬止”和《诗经·大雅·思齐》的“肃肃在庙”。

先秦文献中，《诗三百》最具文学之美，辞藻也最丰富；《尔雅》多从《诗经》中取例，也就不难理解。

百科辞书，包罗万象

这三篇以下的篇章，则带有百科辞书的性质。像《释亲》，主要解释亲属关系；《释宫》《释器》《释乐》则分别解释跟建筑、器物及乐器有关的词语。另有天文地理类的篇章，像《释天》《释地》《释丘》《释山》《释水》；此外又有解释植物、动物名称的篇章，像《释草》《释木》《释虫》《释鱼》《释兽》《释畜》等。

举几个例子看。古人重视亲族关系，远近亲戚各有称谓。《释亲》篇解释这些称谓，又分为宗族、母党、妻党、婚姻等。如开篇的两条：

父为考，母为妣（bǐ）。

父之考为王父，父之妣为王母。王父之考为曾祖王父，王父之妣为曾祖王母。曾祖王父之考为高祖王父，曾祖王父之妣为高祖王母。

前一则说：父亲称“考”；母亲称“妣”。后一则说：父亲的父亲称“王父”，父亲的母亲称“王母”。王父的父亲称“曾祖王父”，王父的母亲称“曾祖王母”。曾祖王父的父亲称“高祖王父”，曾祖王父的母亲称“高祖王母”。——这是往上数，那么往下呢？

子之子为孙。孙之子为曾孙。曾孙之子为玄孙。玄孙之子为来孙。来孙之子为晜（kūn）孙。晜孙之子为仍孙。仍孙之子为云孙。

今天人们只数到玄孙，不知下面还有“来孙”“晜（同昆）孙”“仍孙”“云孙”……一条解释，把子孙八代的称呼都交代得清清楚楚。

今天男子娶妻，称妻子的父母为岳父、岳母（或丈人、丈母）；从前则不同，称岳父为“外舅”，称岳母为“外姑”。

反过来，“妇称夫之父曰舅，称夫之母曰姑”——唐代诗人朱庆余有诗云：“洞房昨夜停红烛，待晓堂前拜舅姑”，写的便是新娘子入门第二天晨起拜见公婆的情景。

《尔雅·释宫》篇解释跟房屋、道路、桥梁等土木建筑有关的名词。其中还包括屋室内外各个部位的名称。如在一室之内，西南角叫“奥”，西北角叫“屋漏”，东北角叫“宧（yí）”，东南角叫“窔（yào）”。古人常说“不愧屋漏”，即是说君子独自一人呆在屋子角落、没人见到的地方，也应不干坏事、不起恶念，做到问心无愧，这就叫“慎独”。

《释宫》中还有涉及道路名称的词条：

一达谓之道路，二达谓之歧旁，三达谓之剧旁，四达谓之

衢，五达谓之康，六达谓之庄，七达谓之剧骖（cān），八达谓之崇期，九达谓之逵。

这里说的“达”，有通达、达到之意。“一达”就是通往一个方向，“四达”就是通往四个方向。读了这一条，使我们对“通衢大道”、“康庄大道”一类的常见词汇，有了更清晰的了解。

《释器》篇则专门解释各种器物。如有一种盛放食物的高脚盘叫“豆”，可以用各种材质制作，又有不同名称：“木豆谓之豆，竹豆谓之笾（biān），瓦豆谓之登”。

再如古代的玉器多为礼器，其中有一种圆片的形制，或称“璧”、或称“宣”、或称“瑗”（yuàn）、或称“环”。据解释：“璧大六寸谓之宣。肉倍好谓之璧，好倍肉谓之瑗，肉好若一谓之环。”

什么叫“肉”和“好”？原来这些圆片形玉器中间都带孔，孔的空缺部分叫“好”（hào），孔缘至外沿的玉质部分叫“肉”。这里是说，六寸大的璧称作“宣”。“肉”比“好”大一倍的（也就是孔小的）叫“璧”，“好”比“肉”大一倍的（也就是孔大的）叫“瑗”，“肉”与“好”等宽的叫作“环”。

有意思的是，少量衣物和食品的名称也归入《释器》中，大概《尔雅》编纂者认为衣食也是为人所用的“器物”吧。

《释天》篇主要解释天文、历法、气象方面的词语。像天空、四时、祥、灾、风雨、祭祀，等等。《释地》篇主要解释地理方面的专名，包括九州的划分，各地的山川特产等。此外关于山丘、川流等词语，也都有专篇训释。读者不难自行披览。

稳坐着“经书”的交椅

《尔雅》中有关动物的词语要比植物的多，又分为虫、鱼、鸟、兽、畜等篇。虫即昆虫，其中的“螜”（hú，蝼蛄）、“蜚”（蟑螂）、“蜩”（tiáo，蝉）、“蛣蜣”（qiè qiāng，屎克郎）、“蛂”（bié，金龟子）等，至今还随处可见。

对一些害虫的描写，也十分准确。如：

食苗心，螟。食叶，蟘。食节，贼。食根，蟊。

“螟”即螟蛉的幼虫，专吃农作物的苗。“蟘（tè）”即蝗虫，专吃庄稼的叶子。吃禾秆的害虫叫“贼”；而在地下啃食庄稼根系的是“螯”，也就是俗称的“拉拉蛄”。——读旧小说，好汉们见了劫道小贼，常喊：“哇！胆大蟊贼！……”原来根子是在这里！

《释兽》篇中罗列了各种动物名称，如麋、鹿、獐、兔、野猪、老虎、豺狼、狐狸、狗熊、犀牛、猴子、猩猩……简直就是个动物园。有意思的是，有一种“貘”，训释为“白豹”。后人作注说：“似熊，小头，痺脚，黑白驳。能舔食铜铁及竹骨，骨节强直，中实少髓，皮辟湿。……”并说“出蜀郡”——原来“貘”便是被今人视为“国宝”的大熊猫，两千多年前的先民已开始注意这种珍稀动物！

《尔雅》作为一部语言工具书，本来跟探讨人文理念的儒家经典不在一个层面上。然而它又是读经者手边必备的参考书，往往跟架上经书插在一起。西汉时，文帝设置《尔雅》传记博士，于是《尔雅》也跟《论语》《孟子》等一同成为“候补经典”。汉武帝则将这几部书（还包括《孝经》）列为“中学”科目，地位仅次于“大学”科目的“五经”。到了唐代，《尔雅》终于升格为经书，排在了《孟子》之前。

《尔雅》的编排并不严密，字词也不够丰富，解释上更有简单笼统之弊。然而它是训诂学的开山之作；就是在当时的世界范围，如此规模的释词专书也是首屈一指的。

后人推崇《尔雅》，称它为“诗书之襟带”（刘勰《文心雕龙》）、“训故之渊海，五经之梯航”（清宋翔凤《尔雅郭注义疏序》）。人们对《尔雅》

的学习研究也从来没停止过，甚至还形成一门学问，称作“雅学”。

今天收字最多的字典，收有汉字五万六千多个，是《尔雅》的十几倍，标音注释也比《尔雅》完备得多。然而当我们俯首翻查这些工具书时，别忘了偶尔抬头向书架上的《尔雅》致敬：它是今天一切辞书的老祖宗，在儒学群经中稳稳坐着一把交椅——它完全有这个资格！